俄语系列图书

大学俄语
高级语法

王利众　编著

哈尔滨工业大学出版社

图书在版编目(CIP)数据

大学俄语高级语法/王利众编著. —哈尔滨:
哈尔滨工业大学出版社,2014.7
ISBN 978-7-5603-4776-9

Ⅰ.①大… Ⅱ.①王… Ⅲ.①俄语－语法－高等学校－教材 Ⅳ.①H354

中国版本图书馆 CIP 数据核字(2014)第 121595 号

责任编辑　甄淼淼
封面设计　刘长友
出版发行　哈尔滨工业大学出版社
社　　址　哈尔滨市南岗区复华四道街 10 号　邮编 150006
传　　真　0451-86414149
网　　址　http://hitpress.hit.edu.cn
印　　刷　黑龙江省地质测绘印制中心印刷厂
开　　本　787mm×1092mm　1/16　印张 11.25　字数 310 千字
版　　次　2014 年 7 月第 1 版　2014 年 7 月第 1 次印刷
书　　号　ISBN 978-7-5603-4776-9
定　　价　33.80 元

(如因印装质量问题影响阅读,我社负责调换)

前言

  语法是学习俄语的基础,也是大学俄语专业教学的重点。近些年俄语专业的招生基本都是以零起点的学生(中学没学过俄语)为主,我们根据零起点学生掌握俄语语法的思维方式编写了《大学俄语基础语法》(适用于初级阶段,哈尔滨工业大学出版社)。初级阶段(大学俄语专业一、二年级)对零起点学生的语法教学大多集中在名词变格、动词变位、复合句等基本语法知识,而对于俄语语法教学中名词的数、动词的体、句子的词序等重点、难点语法知识涉及较少。

  目前,在我国俄语专业的教学过程中亟须《大学俄语高级语法》供俄语专业零起点学生在高年级(大学俄语专业三、四年级)强化语法教学使用。正是在这种情况下,作者决定编写此书。该书的重点不在于讲述基本的语法知识(变格、变位等),而是分专题重点讲授学生在初级阶段还没有系统掌握或尚未理解的语法点,以便巩固学生的语法知识,完善学生的语法体系。

  在本书的编写过程中作者参阅了大量的中俄文语法文献,每次阅读老一辈语法学家的作品,都会感激他们给我们的宝贵知识财富,也激励我们在俄语这块土地上继续耕耘。谨向这些著作的作者、我们的前辈表示诚挚的感谢!

  限于水平,书中疏漏和遗漏之处在所难免,恳请读者批评指正。

哈尔滨工业大学俄语系
电子邮箱:wanglizhongs@163.com
王利众
2014 年 5 月

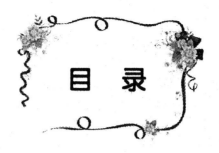

目 录

名词的性 //1
    一、共性名词 //1
    二、具有主观评价意义的名词的性 //2
    三、不变格名词的性 //2
    四、复合缩写词的性 //4
    五、复合名词的性 //5
    六、表示职业的阳性名词 //6
    七、戏剧、电影、书籍等专有名词的性 //7

名词的数 //9
    一、具体名词单复数的意义和用法 //9
    二、物质名词单复数的意义和用法 //13
    三、抽象名词单复数的意义和用法 //14
    四、集合名词单复数的意义和用法 //15
    五、非一致定语单复数的选择 //16
    六、否定句中名词的数 //17
    七、疑问句中名词的数 //18
    八、一些名词单复数的特殊对应问题 //18

名词的格 //22
    一、复合缩写词的变格 //22
    二、复合名词的变格 //25
    三、否定第二格和第四格的用法 //26
    四、名词第二格的变体 //29
    五、动物名词和非动物名词的第四格 //34

六、名词第六格的变体　//37

形容词长尾和短尾　//41

形容词比较级　//49

数量数词　//52

一、один 的用法　//52

二、два，три，четы́ре 的用法　//52

三、пять 以上数词的用法　//56

表示数量的名词　//58

集合数词　//60

一、集合数词 дво́е — де́сятеро 的用法　//60

二、集合数词 óба(óбе)的用法　//62

不定量数词　//64

反身代词　//65

物主代词　//67

限定代词　//69

一、限定代词 ка́ждый, любо́й, вся́кий　//69

二、限定代词 сам, са́мый　//70

带 кóе-，-то，-нибудь，-либо 的不定代词　//73

动词的体　//76

一、动词不定式体的用法　//76

二、动词命令式体的用法　//86

动词的时　//95

一、未完成体动词现在时的意义和用法　//95

二、未完成体动词过去时的意义和用法　//96

三、完成体动词过去时的意义和用法　//99

四、语气词 бы́ло 与完成体动词过去时连用　//100

五、否定结构中动词过去时体的用法　//100

六、未完成体动词将来时的意义和用法　//101

七、完成体动词将来时的意义和用法　//101

八、否定结构中动词将来时体的用法　//102

九、быва́ло 与动词连用　//104

运动动词　//107

一、定向和不定向运动动词的语义特征 //107

　　二、定向和不定向运动动词现在时的用法 //108

　　三、定向和不定向运动动词过去时的用法 //110

　　四、定向和不定向运动动词将来时的用法 //111

　　五、定向和不定向运动动词命令式的用法 //112

　　六、带前缀的运动动词 //113

前置词 в 和 на 的用法 //118

　　一、前置词 в 和 на 表示空间关系 //118

　　二、前置词 в 和 на 表示时间意义 //123

表示原因意义的前置词 //135

简单句的词序 //140

主语和谓语的一致关系 //145

　　一、名词做主语 //145

　　二、代词做主语 //148

　　三、数词做主语 //149

　　四、系词和表语的一致关系 //150

　　五、不变格词做主语 //151

带几个同等定语的名词的数 //153

定语和同等成分的一致关系 //156

谓语和同等主语的一致关系 //158

　　一、同等主语用联合连接词或不用连接词连接 //158

　　二、同等主语用对别连接词连接 //159

　　三、同等主语用对比连接词连接 //160

　　四、同等主语用区分连接词连接 //160

参考答案 //162

参考文献 //168

名词的性

一、共性名词

表人名词除有阳性、中性和阴性外,还有一些共性名词。共性名词单数第一格带有词尾-a,其词尾系统与带词尾-a 的阳性或阴性名词一样,如 ýмница(聪明人),сиротá(孤儿),юлá(坐立不安的人),пустомéля(好空谈的人),тихóня(温静的人),тупúца(笨人),зевáка(爱看热闹的人),гуляка(贪玩的人),неряха(不整洁的人),заика(口吃的人),зубрúла(背死书的人)。

共性名词的特点是,表示人的特征,而不是表示职业、职务,它们的性属不固定,指称男人时,则属阳性,指称女人时,则属阴性。这类词带有明显的表情色彩,用在口语或俗语中。除 ýмница,сиротá外,一般都有否定评价意义。例如:

гóрький пьяница((男)醉鬼)

гóрькая пьяница((女)醉鬼)

бéдный сиротá(可怜的(男)孤儿)

бéдная сиротá(可怜的(女)孤儿)

Он *большóй* ýмница.(他聪明过人。)

Онá *большáя* ýмница.(她聪明过人。)

然而,按所指称的人实际的性处理共性名词与其他词的搭配关系,现在已经不是严格的语法规则了。共性名词在指女人时,其说明成分也可按阳性词尾与其搭配。例如:

Онá *крýглый* сиротá.(她是父母双亡的孤儿。)

Нúна — *наш шкóльный* заводúла.(尼娜是我们学校里的带头人。)

当共性名词指称男人时,其说明成分也可按阴性词尾与其搭配。例如:

Он оказáлся *настоящей* размазнéй.(他原来是个十足的萎靡不振的人。)

一部分以-а,-я 结尾的名词,如 коллéга(同事),главá(首长),стáроста(班长),судья(法官,裁判员)等表示人的社会地位、人的职务的阳性名词,之前出现形容词的一致定语时,形容词用阳性。例如:

бывший коллéга(过去的同事)

наш стáроста(我们的班长)

стрóгий судья(严厉的法官)

按严格的语法规则,即便这些以-а,-я 结尾的阳性名词指称女人时,做一致定语的形容词也应用阳性形式,与名词取得一致。例如:

Онá у нас *хорóший* стáроста.(她是我们的好班长。)

Евгéния Дмúтриевна былá *моúм бывшим* коллéгой.(叶甫盖尼娅·德米特里耶夫娜是我过去的同事。)

近些年来，特别是在口语中，当此类名词指称女人时，一致定语也可用阴性形式。例如：

Она́ *на́ша бессме́нная ста́роста*. （她是我们的常任班长。）

Мы наро́чно попроси́ли присла́ть *са́мую стро́гую* судью́. （我们特意请求派一位最严厉的法官。）

但这种用法并不能说明这类名词可归为共性名词。第一，这类名词没有共性名词的词汇语义；第二，当这类名词表示男人时，限定词只能用阳性形式，即只能说 Он *стро́гий* судья́. （他是一名严格的裁判。）而不能说 Он *стро́гая* судья́.

在口语中，特别是在无拘束的言语中，Врач *пришла́*. （医生来了。）Инжене́р *уе́хала* в Сянга́н. （工程师去香港了。）这样的用法很常见。这种组合通过句法手段指出人的性别。这种用法一般只见于口语、报刊语言以及文艺作品中，即动词谓语的性表示名词所指人的性别，而一致的形容词则与名词的语法性相一致。例如：

Бу́дущий фило́лог из Ми́нска *вы́играла*. （来自明斯克的一位语文系女大学生获得了胜利。）

Пришла́ лечащий врач Курча́това. （来的是主治医生库尔查托娃。）

但这些名词也不是共性名词。第一，врач, инжене́р 这类名词表示阴性意义时，只能通过句法形式来表达，较少用于一致关系中，即使有，也只限于第一格，如口语中可以说 э́та врач, на́ша инжене́р, 但不可以说 на́шу врача́, с на́шей врачо́м；第二，在表示男人时这类名词只能带阳性形式的一致限定语，如 Ивано́в — *хоро́ший* врач. 但不能说 Ивано́в — *хоро́шая* врач.

二、具有主观评价意义的名词的性

由阳性名词变成的词末尾为 -ище, -ишка, -ишко 等指小、表爱、表卑的名词仍为阳性，如 *мой* ножи́ще（我的大刀）（ножи́ще 由 нож 构成，表大），*наш* доми́шко（我们的小屋）（доми́шко 由 дом 构成，表卑），*симпати́чный* мальчи́шка（可爱的小男孩）（мальчи́шка 由 ма́льчик 构成，表爱）。例如：

Наш доми́шко находи́лся на берегу́ реки́ Су́нгари. （我们的小屋位于松花江边。）

Симпати́чный мальчи́шка побежа́л к ма́тери. （一个很可爱的小男孩向他妈妈那儿跑去。）

三、不变格名词的性

绝大多数不变格的名词都是外来词。为了使谓语或定语能和不变格名词保持一致关系，在确定不变格名词的性时，应遵守下列规则：

1. 表示非动物的不变格外来词，如 кака́о（可可），ра́дио（收音机），пальто́（大衣），бюро́（局），коммюнике́（公报），меню́（菜单），жюри́（评委会），кафе́（咖啡馆），такси́（出租车），шоссе́（公路），депо́（车库），кашне́（围巾）等属中性。例如：

Такси́ *останови́лось*. （出租汽车停下了。）

但 ко́фе（咖啡）一词例外，是阳性名词。例如：

Мне нра́вится *чёрный* ко́фе. （我喜欢不加牛奶的咖啡。）

Ко́фе *по́дан*. （咖啡送上来了。）

2. 表示人的身份、职务以及男人的不变格名词，如 конферансье́（报幕员），ку́ли（苦力），маэ́стро（艺术大师），буржуа́（资本家），атташе́（外交随员）属阳性；而表示女人的不变格名词，如 мада́м

（夫人），мисс（小姐），ми́ссис（太太），则属阴性。例如：

Конферансье́ *объяви́л* но́мер. (报幕员报了节目。)

Мада́м *вошла́*. (夫人进来了。)

3. 表示动物(不是指人)的不变格名词,如 какаду́ (鹦鹉),коли́бри (蜂鸟) 一般属于阳性。例如：

Шимпанзе́ *убежа́л*. (黑猩猩跑了。)

В просто́рной кле́тке голово́й вниз *висе́л бе́лый* какаду́. (大鸟笼里有一只白鹦鹉头朝下倒立着。)

但是, 如果要强调指出某动物是雌性, 也可用作阴性。例如：

Шимпанзе́ *корми́ла* детёныша. (母猩猩给小猩猩喂过奶了。)

Кенгуру́ *несла́* в су́мке ма́ленького кенгурёнка. (母袋鼠怀里带着个小袋鼠。)

有时要考虑这类名词所属的动物和昆虫类别的性属。例如：

Цеце́ (му́ха) *укуси́ла*. (舌蝇(苍蝇类)叮了一下。)

4. 如果不变格的名词是地名时, 它们的性要由它们所属的类别名称来决定, 也就是说要看它们是城市、河流、湖泊、山脉, 如 Перу́ (秘鲁) 是国家 (госуда́рство), 所以为中性, Баку́ (巴库) 是城市, 受 го́род 的影响是阳性, Янцзы́ (长江) 受 река́ 的影响是阴性, авеню́ (林荫道) 受 у́лица 影响属阴性, го́би (戈壁) 受 пусты́ня 影响属阴性。例如：

пя́тая авеню́ (у́лица) (第五号大街)

прекра́сный Сан-Франци́ско (го́род) (美丽的旧金山)

ста́рый Тбили́си (го́род) (古老的第比利斯)

споко́йная Миссиси́пи (река́) (平静的密西西比河)

полново́дная Янцзы́ (река́) (浩荡的长江)

Перу́ (госуда́рство) *уча́ствовало* в конфере́нции. (秘鲁参加了会议。)

不变格的地名的性除取决于该专有名词所属的类别名称的性, 少数情况下也可能取决于该专有名词的语音构造, 如果这类专有名词以 -о, -е 或 -и 结尾, 可以视为中性。例如：

Одни́м концо́м — *ночно́е* По́ти, други́м — *света́ющий* Бату́м. (一端是夜幕中的波奇市, 另一端是朝霞中的巴统市。)

5. 一些不变格的表示语言名称的词, 如 хи́нди (印地语), урду́ (乌尔都语), бенга́ли (孟加拉语), 由于受 язы́к 的影响都是阳性。但 эспера́нто (世界语) 是中性。例如：

Бенга́ли *был* его́ родны́м языко́м. (孟加拉语是他的母语。)

6. 不变格的外国报刊名称、企业名称的性也是根据它们的类名称的性来决定的, 如 Женьми́нь Жиба́о (《人民日报》) 是报纸 (газе́та), 所以是阴性, Синьхуа́ (新华社) 是通讯社 (аге́нтство) 的名字, 所以是中性。例如：

лондо́нская «Та́ймс» (伦敦的《泰晤士报》)

7. 以辅音结尾的外国人的姓(包括中国人的姓, 如 Ван), 其语法性属根据所指人的实际性别而定。表示男人时是阳性, 表示女人时是阴性, 但表示男人时要变格, 表示女人时不变格。例如：

Я пойду́ к учи́телю *Ва́ну*. (我到王老师那儿去。) (指男老师)

Я пойду́ к учи́тельнице *Ван*. (我到王老师那儿去。) (指女老师)

8. 对于非外来的不变格词类, 如名词化的副词、感叹词, 属中性。例如：

на́ше за́втра (我们的明天)

всегда́шнее да(永远不变的"是")

прекра́сное за́втра(美好的明天)

Разда́лось ура́！（响起了乌拉声！）

在言语中句子名词化时也按中性名词处理。例如：

На всю жизнь я запо́мнил *твоё «расста́ться навсегда́»*.（我一生都不会忘记你说的"永远分手吧"。）

四、复合缩写词的性

1.确定复合缩写词的性要以原复合名称的中心词的性来确定。

由构成全称的名词词首字母组合而成的复合缩写词，也叫字母型复合缩写词。这样的复合缩写词不是按音节拼读，而是按其中每个词的第一个字母名称读音。要确定其语法性就必须恢复这类复合缩写词的全称。例如：

МГУ（Моско́вский госуда́рственный университе́т）（国立莫斯科大学）（阳性）

РФ（Росси́йская Федера́ция）（俄罗斯联邦）（阴性）

СНГ（Содру́жество Незави́симых Госуда́рств）（独联体）（中性）

КПК（Коммунисти́ческая па́ртия Кита́я）（中国共产党）（阴性）

ООН（Организа́ция Объединённых На́ций）（联合国）（阴性）

США（美国）的全称是 Соединённые Шта́ты Аме́рики，中心词是复数，所以 США 是复数形式。例如：

США *нахо́дятся* в Се́верной Аме́рике.（美国位于北美洲。）

ЭВМ（电子计算机）可以是 электро́нно-вычисли́тельная маши́на，也可以是 электро́нно-вычисли́тельные маши́ны，所以 ЭВМ 既可以是阴性形式，也可以是复数形式。例如：

Но́вая ЭВМ *ку́плена*.（买了一台新计算机。）

Но́вые ЭВМ *ку́плены*.（买了几台新计算机。）

（1）在确定字母型复合缩写词的性时，对上述这些一般原则还必须做一些补充，即当复合缩写词按音节读音，而且变格时，缩写词的性就根据其没有恢复全称的现有语法形式来确定，这些复合缩写词的性已约定俗成。如 МИД（Министе́рство иностра́нных дел）（外交部）的读音是 мит（拼读），而不是 эМ-И-Дэ（按字母读音），所以该词是阳性，而不是中性。例如：

Англи́йский МИД *напра́вил* но́ту на́шему прави́тельству.（英国外交部给我国政府发来了照会。）

类似的缩写词还有：

вуз（вы́сшее уче́бное заведе́ние）（高等学校）（阳性）

НЭП（но́вая экономи́ческая поли́тика）（新经济政策）（阳性）

загс（за́пись а́ктов гражда́нского состоя́ния）（婚姻登记处）（阳性）

БАМ（Байка́ло-Аму́рская магистра́ль）（贝阿干线）（阳性）

ИТАР-ТАСС（Информацио́нно-телегра́фное аге́нтство Росси́и）（俄罗斯塔斯社）（阳性）

（2）由一个词的缩写词干加另一个词的变格形式构成的复合缩写词，要确定其语法性就必须恢复这类复合缩写词的全称的中心词。如 комро́ты（连长）是 команди́р ро́ты 的缩写形式，中心词是 команди́р（阳性），所以 комро́ты 是阳性形式，但该词属不变化词类。例如：

Молодóй компóты уéхал.（年轻的连长走了。）

类似的缩写词还有：

замдирéктора（замести́тель дирéктора）（副厂长）（阳性）

управделáми（управля́ющий делáми）（事务长，办公厅主任）（阳性）

завкáфедрой（завéдующий кáфедрой）（教研室主任）（阳性）

（3）由 пол-加单数第二格名词所构成的复合缩写词，其性要根据其组成部分中的名词原来的性决定。如 полчасá（半小时）受 час 的影响是阳性形式，其做主语时句子中动词谓语过去时一般用中性形式。例如：

Полчасá прошлó.（半小时过去了。）

полчасá 前有形容词定语时，形容词用复数形式，此时谓语过去时用复数形式。例如：

Цéлые полчасá прошли́.（整整半个小时过去了。）

类似的缩写词还有：

полвéка（半世纪）（阳性）

полведрá（半桶）（中性）

полнóчи（半个夜晚）（阴性）

полбуты́лки（半瓶）（阴性）

2. 由一个词的开头部分加上另一个完整的词构成的复合缩写词，其性要以构成复合缩写词的最后那个名词为准。例如：

горбольни́ца（市立医院）（阴性）

профсою́з（工会）（阳性）

партбюрó（党委）（中性）

авиабáза（空军基地）（阴性）

3. 以复合缩写词的词尾确定其性。

（1）音节型复合缩写词，即由几个名词开头部分构成的复合缩写词，它们的性不受原来复合缩写词中心词制约。例如：

соцстрáх（социáльное страховáние）（社会保险）（阳性）

комсомóл（коммунисти́ческий сою́з молодёжи）（共青团）（阳性）

（2）复合缩写词是机关、单位专有名称，它们不是由所有组成词的各部分构成，而是由其中若干词的缩写部分构成，此类复合缩写词的性不受原来复合缩写词的中心词限制。例如：

Госплáн（Госудáрственный плáновый комитéт）（国家计划委员会）（阳性）

Госконтрóль（Коми́ссия госудáрственного контрóля）（国家监察委员会）（阳性）

Детги́з（Госудáрственное издáтельство дéтской литератýры）（国家儿童读物出版社）（阳性）

Главчáй（Глáвное управлéние чáйной промы́шленности）（茶叶工业总局）（阳性）

五、复合名词的性

复合名词的性取决于主导词的性，如 царь-пýшка（炮王）主要的意思是 пýшка（炮），而不是 царь（沙皇），所以该词是阴性；而 дивáн-кровáть（沙发床）主要的功能是 дивáн（沙发），所以是阳性。例如：

Дивáн-кровáть стоя́л в углý.（沙发床曾放在角落里。）

Царь-пу́шка *находи́лась* в Кремле́.（炮王位于克里姆林宫。）

六、表示职业的阳性名词

表示人的名词的性范畴有其自身的语义特点，即阳性名词表示男人，阴性名词表示女人。如果某一专业的工作既能由男人担任，也能由女人担任，很容易构成男性和女性相对的（成对的）名称，以表示担任该职务和工作的那些人的身份。例如：

тка́ч（男织布工）— ткачи́ха（女织布工）

продаве́ц（男售货员）— продавщи́ца（女售货员）

лётчик（男飞行员）— лётчица（女飞行员）

спортсме́н（男运动员）— спортсме́нка（女运动员）

一些表示人的社会地位、职业、职务的名词没有相应的阴性形式，如 мини́стр（部长），профе́ссор（教授），акаде́мик（院士），дире́ктор（校长，厂长），врач（医生），инжене́р（工程师）。从数量上来说，阳性名词占大多数，这既有超语言的社会历史条件方面的原因，也有纯语言方式的原因。阳性名词首先表示人的社会或职业属性，与性别无关，因此，阳性名词既可以用来表示男人，也可以用来表示女人。

有的虽有对应的阴性形式，如 учи́тель — учи́тельница，但是正式场合或在严格的公文语体中，应用相应的阳性名词来表示相应的女人，因为在这种场合下，需要准确地用术语的形式指出人的社会地位和职业的特征，此时人的社会地位和职业的特征占首要地位，而其性别则退居次要地位（如 учи́тель 有两个意思：①教师（表示职业）；②男教师。而 учи́тельница 只有一个意思，即女教师）。例如：

Она́ была́ *изве́стным профе́ссором*.（她曾是一位著名教授。）

Мать рабо́тает *преподава́телем* ру́сского языка́.（母亲是一位俄语教师。）

Молодо́й *лейтена́нт* Петро́ва получи́ла но́вое назначе́ние.（年轻的彼得罗娃中尉接受了新任务。）注意，此时 но́вый 与 лейтена́нт 保持一致，谓语 получи́ла 与 Петро́ва 保持一致。

当然，在非正式场合，使用阴性形式是完全可以的、得体的。例如：

Моя́ ма́ма — *учи́тельница*.（我妈妈是老师。）

На́ша *учи́тельница* заболе́ла.（我们的老师病了。）

日常口语中可能遇到 дире́кторша，инжене́рша，профе́ссорша 等带后缀-ша 的名词。这些词过去通常指某人的妻子，在口语和俗语中也用来指从事某职业的妇女。但这种用法是不太符合语言规范的。对于标准语中没有相应的阴性名词的名称，在特定的场合需要强调女性这一特征时，可用 же́нщина 等词作同位语加在这些名词之前。例如：

же́нщина-судья́（女法官）

же́нщина-врач（女医生）

молода́я де́вушка-почтальо́н（年轻的女邮递员）

Же́нщина-председа́тель откры́ла собра́ние.（女主席宣布会议开幕。）

以前的语法中表示女性职务的名词做主语时，虽然指的是女性，谓语也用阳性。例如：

Секрета́рь доложи́л о прихо́де посети́телей.（秘书报告采访者到了。）

在现代俄语中，特别是口语中，表示人的社会地位、职业、职务的名词用于女人时，广泛使用意义上的主谓一致关系，即谓语过去时用阴性形式。例如：

Врач *пришла*. (女医生来了。)

В кабинете сидела молодая женщина. Это *была* секретарь ректора. (办公室坐着一个年轻女性,她是校长秘书。)

Молодой врач *принимала* больных. (年轻的女医生接诊。)

这种名词的定语也日益使用阴性形式,虽然严谨的语法规范要求使用阳性。但在口语中可以说:

Молодая врач *принимала* больных. (年轻的女医生接诊。)

需要注意的是有些职业以前只有女性从事,如 медсестра(护士)、доярка(挤奶员)、машинистка(打字员)。现在出现了 медбрат(男护士)、дояр(男挤奶员)等词表示相应的男性,并已成为日常用语,因为男人也开始从事这些职业了;但 машинистка(打字员)没有对应的阳性形式,因为阳性形式 машинист 的意思是"机车司机",相应的阳性名词要用描写性的词语 переписчик на пишущей машинке(男打字员)来表达。再如 балерина(女芭蕾舞演员)没有对应的阳性形式,男芭蕾舞演员应说成 артист балета。

七、戏剧、电影、书籍等专有名词的性

当一致定语说明戏剧、电影、书籍等专有名称时,其性要与表示类别概念的普通名词一致。例如:

тургеневская «Муму»(屠格涅夫的《木木》)(повесть «Муму»)

пушкинский «Евгений Онегин»(普希金的《叶甫盖尼·奥涅金》)(роман в стихах «Евгений Онегин»)

如果专有名称中有复数形式的词,定语除用单数外,也可用复数形式。例如:

соврасовская «Грачи прилетели»(索夫拉索夫的《白嘴鸦飞来了》)(картина «Грачи прилетели»)

соврасовские «Грачи прилетели»(соврасовские 与 грачи 一致)

如果专有名称是间接格的名词,定语除和表示类概念的普通名词一致外,还可使用中性形式。例如:

горьковская (*горьковское*) «На дне» 高尔基的《在底层》(пьеса «На дне»)

练习一、选择正确答案。

1. Его домишко _____(находился, находилось)далеко от электростанции.
2. _____(Этот, Эта)мальчишка мне очень нравится.
3. Эта Смирнова _____(настоящий, настоящая)умница.
4. Он _____(настоящий, настоящая)умница.
5. Перу _____(участвовала, участвовало)в конференции в прошлом году.
6. Не надевайте _____(лёгкий, лёгкое)пальто, на улице холодно.
7. Мне очень нравится _____(чёрный, чёрное)кофе.
8. Какао у нас _____(отличный, отличное), выпейте чашечку.
9. Это очень _____(комфортабельный, комфортабельное)кафе.
10. Корреспондент взял у известного актёра _____(интересный, интересное)интервью.

11. США _____ (занимает, занимают) большую территорию Северной Америки.
12. ООН _____ (заявил, заявила), что уже найдено лекарство против СПИДа.
13. _____ (Новая, Новые) ЭВМ куплены.
14. Диван-кровать _____ (стоял, стояла) в углу.
15. Полчаса _____ (прошёл, прошло).
16. Товарищ Б. В. Сергеева состоит _____ (преподавателем, преподавательницей) немецкого языка.
17. Александра Васильевна _____ (военный лётчик, военная лётчица).
18. А. А. Иванова работает _____ (лаборантом, лаборанткой) на кафедре химии.
19. _____ (Уехал, Уехала) на Родину доктор Попова.
20. Профессор Иванова _____ (сидел, сидела) у постели больного вчера вечером.

名词的数

一、具体名词单复数的意义和用法

1. 具体名词单数的意义和用法

(1)表示一个事物。单数的最基本的意义就是表示一个事物,单数的这种意义和复数的表示"许多事物"的意义相对立,因此在句中特指一个事物时要用单数,特别应强调指出的是具体名词的单数形式有机地和"一"这个数量结合起来,所以在一般情况下,具体名词要表示一个事物时省略了один。例如:

Мне сейчáс 67 лет, и я остáлся одúн. А когдá-то казáлось, что моя *женá* — *сáмый плохóй человéк* на свéте, мой едúнственный *враг*, и я брóсил её с двумя детьмú. (现在我 67 岁了,且孤身一人。过去我觉得我的妻子是世界上最坏的人,是我唯一的对手,因此,我抛弃了她和两个孩子。)

(2)表示一类事物。具体名词的单数表示一类事物,即表示类别概念。有单、复数对立的名词,单数是其代表形式。当我们涉及某一类事物时,给该类事物下定义或叙述该类事物的一般的共性特征时用单数形式。例如:

Кнúга — *друг* человéка. (书是人类的朋友。)

Теплово́з экономнее *паровоза*. (内燃机车比蒸汽机车节能。)

5 октября́ — День *учителя* в Росси́и. (10 月 5 日是俄罗斯的教师节。)

В нáшем лесý растёт тóлько *соснá*, а *берёза* не растёт. (我们这儿的森林里只长松树,不长桦树。)

在定义性的句子中,一般都是主、谓语均是单数形式,但在科技语体中常用主谓语均为复数或者主语为复数、谓语为单数的形式来表示。例如:

Кнúги — лýчший *подáрок*. (书是最好的礼物。)

Кнúги — лýчшие *подáрки*. (书是最好的礼物。)

Пожилóй *человéк* чáсто простужáется. (老年人易感冒。)

Пожилые *люди* часто простужáются. (老年人易感冒。)

具体名词的类别意义用于数量并不重要的上下文中,使用单数和复数形式信息上是相等的。

(3)表示集合意义。具体名词表示集合意义是一种修辞手段,它强调在场的同类事物都参加某种活动,指出它们是统一整体。

集合意义与单数的"一个事物"意义有密切的内在联系。成为它的自然的引申,现代俄语的许多非集合名词的单数常用于集合意义,如某些动物名称(тля, саранчá, снетóк, сельдь)、鸟兽鱼虫的概括名称(птúца, рыба, зверь)、果木花名(орéшник, вяз, я́года, абрикóс, помидóр)、表示人的名称(враг, неприя́тель, читáтель, зрúтель)等。例如:

Мы победили *врагá*. (我们战胜了敌人。)

那么，具体名词单数表示类别意义和集合意义有什么区别呢？我们认为具体名词表示类别意义和集合意义两者是相互联系的，但二者之间又存在着较细微的差别。

①二者所使用的词汇范围不同。表示类别意义的名词使用范围更广，而表示集合意义的名词范围较窄，它一般只限于以下几类名词，如表示某些动物的名词（тля，саранча́，стено́к，сельдь）、鸟兽鱼虫的概括名词（пти́ца，зверь）、果木花名（оре́шник，вяз，абрико́с，помидо́р）、表示人的名称（враг，неприя́тель，чита́тель，зри́тель）等。

②二者使用目的不同。名词单数表示类别意义时，主要强调的是该类事物的共性特征，而表示集合意义时，则主要强调该事物的统一性和完整性。

③二者使用范围不同。具体名词单数表示类别意义时，多用于定义或判断句型中，即给某类事物下定义，叙述该类事物的一般共性特征，而名词单数表示集合意义时可用在各种句型中。

(4) 表示均分单数意义。俄语中单数名词有一种用法是均分单数意义。所谓的均分单数意义是指该事物在当时情况下为每个人（物）所具有的，并且各具其一。如老师对学生说 Откро́йте уче́бник! （请打开书！）Подними́те ру́ку! （请举手！）用的就是此意，即学生各自打开自己的那本教科书，各举起自己的一只手。再如 Ребя́та хо́дят без ша́пки. （孩子们没戴帽子。）Ка́ждую суббо́ту в клу́бе пока́зывают фильм на ру́сском языке́. （每星期六俱乐部演一场俄语电影。）上边几个句子中 Откро́йте уче́бник! 也可以说成 Откро́йте уче́бники! Ребя́та хо́дят без ша́пки. 也可以说成 Ребя́та хо́дят без ша́пок. 因为这两个句子中很明显"每个学生打开一本书、每个孩子戴一顶帽子"，所以 уче́бник，ша́пка 用单数或者复数都不会引起歧义。但 Подними́те ру́ку! 说成 Подними́те ру́ки! 意思是可以是"每个学生举一只手"，也可能是"每个学生举两只手"。Ка́ждую суббо́ту в клу́бе пока́зывают фильм на ру́сском языке́. 说成 Ка́ждую суббо́ту в клу́бе пока́зывают фи́льмы на ру́сском языке́. 意思是"每星期六俱乐部演一场俄语电影"，也可能是"演几场俄语电影"。这时容易产生歧义。

那么什么时候用单数，什么时候用复数，什么时候单、复数可以互换呢？。语言学家对以上这些问题进行了大量的讨论，一些语言学家认为，与复数相比，使用单数更加准确。但在口语中，俄罗斯人却常用复数，他们认为单数和复数的意义是一致的。实际上使用单数还是复数与词汇意义有关。

① 人均其一的情况下表示均分单数。当主体在一定情况下具有并且只具有一个器官时，用单数表示均分单数意义，这时单、复数可以互换。因为这些器官每个人只有一个，用单数和用复数只是修辞上的差别，如主体具有的器官 голова́，язы́к，ше́я，се́рдце，нос，лицо́，рот，лоб，спина́，хвост 等。单数形式强调分配意义，而使用复数具有概括的特征，如果不强调每个事物只属于一个拥有者，则经常使用复数形式。例如：

Солда́ты стоя́ли с опу́щенной голово́й / голова́ми. （士兵们低头站着。）

Старики́ наде́ли на нос / носы́ очки́. （老头儿们戴上了眼镜。）

Соба́ки бежа́ли, подня́в хвост / хвосты́. （小狗翘着尾巴跑。）

Прису́тствующие поверну́ли лицо́ / ли́ца в сто́рону две́ри. （与会者把脸转向门的方向。）

② 人均其二的情况下表示分配意义。在主体具有两个器官（рука́，у́хо，глаз，нога́）或可能具备多件着装、服饰（шине́ль，ша́пка，руба́шка，га́лстук）时，用单数表示均分单数，用复数也表示分配意义，但不一定表示均分单数意义，如 Подними́те ру́ки! 可能每人只举一只手，也可能每人举两只手。这时单、复数可否互换要看上下文和句子本身的含义。在产生歧义的情况下单、复数不可以互换。例如：

Ребя́та усе́рдно рабо́тают вёслами. （孩子们奋力划桨。）

Кругóм стоя́ли офицéры в бéлых *перчáтках*. (周围站着一些戴白手套的军官。)

在上述两个句子中，不能将复数形式改为单数形式。如果把 вёслами 换成 веслóм，则表示每人只用一支桨，而把 в перчáтках 换成 в перчáтке，则表示每人只戴一只手套。

在不产生歧义的情况下，单、复数可以互换。例如：

Молоды́е лю́ди хóдят в *рубáшке / рубáшках*. (年轻人穿着衬衫。)

Жéнщины хóдят в *шля́пе / шля́пах*. (女人们戴着帽子。)

这时 рубáшка 和 рубáшки 及 шля́па 和 шля́пы 可以互换，因为一般情况下每人只穿一件衬衫、只戴一顶帽子，故用复数形式也不会产生歧义。

③带 кáждый 的句子中表示分配意义。当 кáждый 表示每人、每物时，一般该物所及的名词要视 кáждый 所表示的事物与该名词之间占有的数量关系而定。例如：

Кáждая пти́ца улетáет в свою́ *стóрону*. (小鸟向各自的方向飞走了。)

Дéти отправля́лись на рыбáлку кáждый на своём *велосипéде*. (孩子们每人骑一辆自行车钓鱼去了。)

在以上两例中可以看出，сторонá 与 кáждый 搭配，велосипéд 与 кáждый 搭配，其中名词均用单数，因为每只鸟只能飞一个方向，每个人只能骑一辆自行车。因此，名词与 кáждый 连用，表示分配意义时，要看 кáждый 所示的事物占有该名词的数量来确定名词的数。

当 кáждый 表示"每天、每晚、每月、每年"等时间时，名词用单数表示均分单数意义，用复数可能表示分配意义，也可能不表示均分单数意义。例如：

Юра *кáждый вéчер* писáл *пи́сьма* Мáше. (尤拉每天晚上给玛莎写信。)

В нáшем клýбе покáзывают *фи́льмы кáждую недéлю*. (我们俱乐部每周放映电影。)

以上两种情况，都不可以用单数名词来代替复数，因为句中均未提到具体数量，第一个例句中可能每晚写一封信，也可能每晚写几封信。第二个例句中可能一周放映一场电影，也可能放映几场，所以上述情况下，无法用单数形式来替换复数，否则产生歧义。如果表示每晚只写一封信、每周放映一场电影，письмó 和 фильм 要用单数形式。

④不能用具体名词的单数表示分配意义的几种情况。

第一，当名词具有生命意义而与主体一一对应关系非常强烈时，此时不能用单数表示分配意义，否则会造成歧义，引起误会。例如：

Ми́ша и Сáша вернýлись к свои́м *сéмьям*. (米沙和萨沙各自回家了。)

Бывáет, дéти откáзываются от свои́х *матерéй и отцóв*. (通常，孩子们会拒绝父母。)

Семья́ егó (роди́тели, два брáта с *жёнами и детьми́*, две сéстры с *мужья́ми*) насчи́тывает 24 человéка. (他家，包括父母、两个哥哥及其妻子、孩子以及两个姐姐及其丈夫，共24口人。)

从以上例子可以看出，复数形式所表示的具有生命意义的人或物分属不同的主体，它们的一一对应关系非常强烈，如丈夫与妻子、父母与儿女等。在这种情况下，一般不宜用单数替换，否则会造成歧义。如 дéти с мáмами 和 дéти с мáмой 意义不同，而如果说 два брáта с женóй 会造成笑话，所以要注意名词单复数的使用。

第二，如果单数形式所表示的不是某一具体事物，而是指该事物的类别，则不能表示分配意义。例如：

Они́ хóдят в *морскóй фóрме*. (他们穿着海军服。)

Двóе в *милицéйской фóрме* вы́шли из кóмнаты. (两个穿着警服的人从房间里走出来。)

以上两个例句中 морскáя фóрма 和 полицéйская фóрма 指的是海军服和警服，均指的是服装

· 11 ·

的类别，而不是指数量，因此一般不宜换成复数，因为单数并不表示分配意义。

第三，与"ваш，наш，их"这类物主代词连用，表示人体器官或工具的名词不能用单数形式来表示分配意义。例如：

Восемь больших планет и *их спутники* — это ещё не вся солнечная семья.（八大行星及其卫星并不是整个太阳系。）

Когда они заговорили о детях, на *их лицах* появилась улыбка.（当谈起孩子时，他们的脸上露出笑容。）

2. 具体名词复数的意义和用法

(1) 表示一个事物。如果认为复数只表示多个事物，而不是表示一个事物，这种看法是错误的。但我们并不是说所有名词的复数都可以表示"一个事物"，而只是一小部分只有复数形式的名词，它们本身就含有"单数"意义（当然也可表多个事物）。这样的名词有表示两个部分或几个部分组成的物体的具体名词，如 брюки, ворота, ножницы, носилки, часы, весы, вилы，表示时间或游戏的名词，如 сутки, сумерки, шахматы，表示城市、地区、海峡、星座等的名词，如 Афины, Близнецы 等。例如：

Побеги бамбука вытягиваются в *сутки* на 160 сантиметров.（竹笋一昼夜长 160 厘米。）

Отец продал свои единственные *часы*.（父亲卖了自己唯一的一块手表。）

Брату исполнилось восемнадцать лет, он будет впервые участвовать в *выборах*.（弟弟已经年满 18 周岁，他将第一次参加选举。）

从以上例子中可以看出 сутки, часы, выборы 虽然都是复数形式，但均表示单数意义。сутки 表示一昼夜，часы 表示一块手表，而 выборы 在句中也可以明显地看出是一次选举。

(2) 表示多个事物。复数形式最典型、最普遍的意义就是表示多个事物。例如：

За последние *месяцы* он написал книгу.（最近几个月他写了一本书。）

Они играют в шахматы и на музыкальных *инструментах*.（他会下象棋，还会弹几种乐器。）

(3) 表示无限多个事物。俄语中具体名词的复数还可以表示无限多个事物，这时表示的是集合意义或类别意义。这种复数从数量意义上来讲是无限多个，是不可计数的。复数的这种表示总合意义的名词主要有：从民族、职业、功能表达人的名称的名词，如 англичане, немцы, русские, журналисты, писатели, офицеры, солдаты，以及表示蔬菜、瓜果的名词，如 абрикосы, помидоры 等。例如：

Пожилые люди часто простужаются.（老年人易感冒。）

Бабочки — отряд насекомых.（蝴蝶是一种昆虫。）

具体名词的单数和复数都可以表示类别意义。单数表示类别的概念，即泛指某种事物的一般概念，还可用复数形式，因为复数可指无限多个事物，这就潜在着表示该类事物全体的可能性，也就是说复数也可以表示一类事物，如以下说法均是正确的。

Пожилой человек часто простужается.（老年人易感冒。）

Пожилые люди часто простужаются.（老年人易感冒。）

Книга — лучший подарок.（书是最好的礼物。）

Книги — лучший подарок.（书是最好的礼物。）

如果说复数形式是通过词的众多指代对象来包纳同类事物，以获得一个"集"的意义，单数形式则是把侧重点放在该词所表示的概念的内涵上，通过指出对象的属性以达到概括全体同类对象的目的。实指对象的单一与众多，概念意义的内涵与外延构成了现代俄语数范畴的基本内容，其中前一个内容比后一个内容在语言的历史中更为源远流长,并决定了复数形式不仅在早期形成及发展的过程中,而且在今天的使用中仍在不同的词汇中得到体现,而单数形式由于其内涵的指向性,使其具有高度的抽象意义,可见单数和复数在表示类别概念时是各有特点,但结论是唯一的,就是单数和复数都可以表示类别意义。

(4)专有名词复数的特殊意义。通常情况下,表示人的名字有单数又有复数,下面主要讨论关于姓名的复数问题。

①专有名词的复数形式可以用来表示具有一定品质、性格和特点的典型人物,此时通常是文学作品中的人物或人名。例如:

Российские Нобели были первопроходцами не только в техническом прогрессе и организации производства, но и в решении социальных вопросов. (俄罗斯的"诺贝尔们"不仅是技术进步及组织生产的先行者,而且还能解决社会问题。)

Нобель 是世界上著名的发明家,常把具有大量发明和在科学界做出重大贡献的人称为 Нобели。

②专有名词的复数表示同一家族的人、一对夫妻或一个家庭,如 Ивановы, Петровы, Мичурины, Чайковские。例如:

Ивановы уехали на дачу. (伊万诺夫一家去别墅了。)

③复数表示非一家族但同名的人。例如:

В нашей группе пять Анн. (我们班有五个人叫安娜。)

(5)复数形式是一种修辞变体。一些名词仅"外貌"上有单、复数形式,但没有单、复数的语法意义。如在 стоять у дверей(двери), стоять в дверях(двери)中 двери 和 дверь 没有任何语法意义和词汇意义的差别,只是一个词的不同变体。这种变体因其语音构成不同、词尾不同,所以也叫语音 - 形态变体。再如 небо — небеса, время — времена,这种复数形式与单数形式只有程度上的差别(具有强调意味),因此是修辞变体。

二、物质名词单复数的意义和用法

1. 物质名词单数的意义和用法

物质名词指表示金属、液体、矿产、蔬菜等的名词,物质名词一般没有对应数的变化,而且事实上是不可计数的。但俄语名词都有数的范畴,它们通过单数表现出来,因此它们的单数纯粹是语法抽象的产物,是语言的语法构造本身要求的。例如:

В нашей комнате много солнца. (我们房间里有很多阳光。)

Наш город богат нефтью. (我们城市盛产石油。)

2. 物质名词复数的意义和用法

物质名词具有复数的只是一部分,还有一部分物质名词本身就是复数形式,如 чернила(墨水), дрожжи(酵母), сливки(凝乳), консервы(罐头), овощи(蔬菜), щи(汤), духи(香水)等。在这里我们主要讨论的是物质名词变成复数后的意义。

(1)表示种类繁多。在这种情况下,相应的物质名词的单数常表示该物质的一种,而变成复数后则表示该物质繁多的种类,而不是从数量上与单数对应。如 чай 为单数时,可以表示某一种类的茶,如 зелёный чай(绿茶), чёрный чай(红茶),而变成复数 чаи 后,则包括各种各样的茶,类似的复数还有 нефти(石油), топлива(燃料), масла(油), стали(钢), вина(葡萄酒), крупы(谷粒,

粮食),квасы́(格瓦斯),со́ли(盐)等。例如:

В прода́же име́ются ра́зные *чаи́*.(出售各种茶。)

Спирт растворя́ется практи́чески в *жи́дкостях*.(酒精能溶解于各种液体中。)

不过,应当指出的是以上这种用法常用在科技语体中,这种名词的复数已成为术语。口语中常用单数形式加上 ра́зных сорто́в(不同品种的),ра́зных ма́рок(不同牌号的),如 ма́сло ра́зных сорто́в,сталь разли́чных ма́рок。

同时,我们应该知道,并不是所的物质名词都能构成表示品种的复数,如金属元素 зо́лото(金),серебро́(银),свине́ц(铅),表示蔬菜、果品、鱼肉、食品的名词 карто́фель(土豆),капу́ста(白菜),свини́на(猪肉),бара́нина(羊肉)等都不能构成复数形式。

(2)表示制成的产品。有一些物质名词变成复数后表示由该物质制成的各种产品,如 бро́нзы(青铜制品),фарфо́ры(瓷制品),хруста́ли(精致的玻璃制品),эма́ли(陶制品)。例如:

Ни́же в табли́це перечи́слены наибо́лее употреби́тельные *эма́ли*.(下表列出一些常用的陶制品。)

(3)表示大量空间。某些物质名词可以构成复数形式,表示该种物质占有大量空间。用于概括空间复数的物质名词的数量有限,如表示农作物的名词 овсы́ / овёс(燕麦),пшени́цы / пшени́ца(麦子),о́зими / о́зимь(越冬作物),ржи / рожь(黑麦),表示地质土壤的名词 зе́мли(土地),пески́(沙子),льды(冰),гли́ны(泥土)等。例如:

Так, в чи́стых аркти́ческих *во́дах* он дохо́дит до 65 ме́тров.(在清洁的极地水域中他(它)能降至 65 米深。)

Вокру́г *пески́*.(到处是黄沙。)

(4)表示程度强烈。有些物质名词变成复数后表示持续时间长久、程度强烈。表示这种强烈程度的复数的物质名词也是不多的,主要是表示自然现象的名词,如 дожди́(雨),снега́(雪),ве́тры(风),моро́зы(严寒),жары́(酷热),холода́(寒冷)等。例如:

На у́лице *моро́зы*.(外边很冷。)

三、抽象名词单复数的意义和用法

1. 抽象名词单数的意义和用法

(1)抽象名词单数是语法抽象的产物。抽象名词是表示思想、感情、行为状态等抽象概念的名词。表示思想、感情、行为状态的词实际上都是不可计数的,因此无法用数量来表达,但我们知道,名词都有数的范畴,于是抽象名词便通过单数形式表现出来,因此它们的单数是纯粹语法抽象的产物,是语言的语法构造本身要求的。例如:

Труд есть *долг* челове́ка.(劳动是每个人的职责。)

(2)抽象名词单数获得具体意义。有些抽象名词表示具体概念和现象时获得了具体意义,如 исто́рия(历史;故事),рабо́та(工作;著作),труд(劳动;著作),долг(义务;债务),выраже́ние(表情;成语),ба́за(基础;基地),душа́(内心,心灵;人(口语))。例如:

Я расскажу́ вам одну́ о́чень поучи́тельную *исто́рию*.(我给你讲一个有益的故事。)

Эта кни́га — класси́ческий *труд*.(这本书是一部经典之作。)

2. 抽象名词复数的意义和用法

有时可以见到抽象名词用单数和复数意义相同的情况,如 получа́ть *дохо́д* — получа́ть *дохо́ды*

(得到收入)，производи́ть расчёт — производи́ть расчёты(进行结算)等。在这类结构中，抽象名词的单数形式具有一般意义，复数形式则表示具体意义。

(1) 抽象名词变成复数后获得具体意义。一些表示各种性质、特性、状态的抽象名词变成复数后获得了具体意义。例如：

неприя́тность(不愉快) — неприя́тности(不愉快的事)
забо́та(关心) — забо́ты(操心的事)
ра́дость(高兴) — ра́дости(高兴的事)
глу́пость(愚蠢) — глу́пости(傻事)
глубина́(深度) — глуби́ны(深处)
красота́(美) — красо́ты(美景)

(2) 与单数相比意义发生变化。有些抽象名词构成复数后意义发生变化，这种情况在科技语体中更为明显，主要发生在动名词上。例如：

чте́ние кни́ги(读书) — ломоно́совские чте́ния(纪念罗蒙诺索夫报告会)
соедине́ние(联合) — соедине́ния(化合物)
отли́вка(浇铸) — отли́вки(铸件)
включе́ние(加入) — включе́ния(杂质)
за́пись(记) — за́писи(笔记)
измене́ние(改变) — измене́ния(变化)
интере́с(兴趣) — интере́сы(利益)
нужда́(贫困) — ну́жды(需要)
спосо́бность(能力) — спосо́бности(天分)
вы́бор(选择) — вы́боры(选举)

(3) 抽象名词的复数表示强烈性、反复性、持久性。有些表示情感的抽象名词变成复数之后，表示现象的强烈性、持久性，如бо́ли(疼痛)，страда́ния(痛苦)，стра́хи(恐惧)，му́ки(折磨)等。

(4) 抽象名词的复数表示多次动作。有些表示运动的抽象名词变成复数后表示多次连续组成的动作，如го́нки(竞赛)，сбо́ры(出发前的准备)，бега́(奔忙)，по́иски(寻找)，хло́поты(忙碌)等。

四、集合名词单复数的意义和用法

1. 集合名词单数的意义和用法

集合名词表示同类事物的整体，而不是表示其中某个具体事物。集合名词是通过语法上的单数来表示许多同类事物，如листва́(叶子)，молодёжь(青年)，сырьё(原料)，зе́лень(青菜)，наро́д(人民)，студе́нчество(大学生)等。

集合名词表示作为集合整体的许多事物，其没有复数形式，句中谓语用单数形式。例如：

Молодёжь поёт пе́сню. (青年们唱歌。)

此时不能说成 Молодёжь *поют* пе́сню. 也不能说成 Молодёжи поют пе́сню.

我们知道一些具体名词的单数和复数都可以表示集合意义。具体名词表示集合意义与集合名词表示集合意义有什么区别呢？我们认为集合名词与具体名词单数表示的集合意义几乎是相同的，只不过，集合名词更强调事物的统一性和完整性，还有一点区别就是具体名词表示集合意义时，如果是动物名词复数第四格同第二格,而集合名词则不是。

　　用复数形式表示"分散的多数",当表示集合意义时只是一般地表示许多事物的集合,而集合名词则是把许多事物表达成为一个整体,仿佛是不可分割的,如 звéри — зверьё(野兽), учителя́ — учи́тельство(教师), пролетáрии — пролетариáт(无产阶级), тря́пки — тряпьё(破衣烂衫)等。

　　集合名词本身不能表示一个事物,如 виногрáд(葡萄), ви́шня(樱桃)的集合名词单数本身均不能表达"一粒葡萄"、"一粒樱桃"的意思,此时一般用专门的后缀-ина, -инка 或-ка, -овка 表示一个意义。例如:

морко́вь(胡萝卜) — морко́вка(一个胡萝卜)
картóфель(土豆) — картóфелина(一个土豆)
виногрáд(葡萄) — виногрáдина(一粒葡萄)
горóх(豌豆) — горóшина(一粒豌豆)
лук(洋葱) — лу́ковка(一头洋葱)
изю́м(葡萄干) — изю́мина(一粒葡萄干)

表达只有单数的蔬菜、水果的数量还可以用中介词 головка(头), кочан(棵)等来完成。例如:

два *кочана* капу́сты(两棵白菜)
три *голо́вки* чеснока́(三头蒜)

2. 集合名词复数的意义和用法

(1) 有些集合名词只有复数形式,如 всхóды(幼苗), дéньги, финáнсы, мемуáры(回忆录), алимéнты(赡养费)等。

(2) 集合名词用复数与单数形式相应,表示设备机制或具体的集,如 аппаратýра(设备) — аппаратýры(лаборатóрий), клавиатýра(键盘) — клавиатýры(óргана)等。

五、非一致定语单复数的选择

1. 失去事物性的第二格定语的数

　　当某些第二格名词丧失"事物性"意义,转而表示某种特征时,用来修饰限定其他词时,通常只用单数形式,因为复数是强有力的范畴,它妨碍这些名词的"非事物化",妨碍它们摆脱名词的"事物性",使它们难于表示另一事物或动作的特征。例如:

　　Ве́чером лю́ди собрали́сь на берегу́ реки́, гры́зли семена́ *ты́квы* и *подсо́лнуха*.(晚上人们坐在河岸嗑南瓜籽和葵花籽。)

　　句中 ты́квы 和 подсо́лнуха 与表示属性和起修饰作用的形容词 ты́квенные 和 подсо́лнечные 功能上大体相同,如果用复数,则容易让人想起许多单个的南瓜和向日葵,这就强化了"事物性"意义,有人因受 семена́ 和 гры́зли 的复数形式的影响,而误用 ты́ква 和 подсо́лнух 的复数二格形式,这是应该注意的。

2. 固定词组中第二格定语的数

　　在一些固定词组中,第二格定语用单数还是用复数是固定的,这些固定词组主要是表示节日和组织的名称。例如:

День хи́мика(化学工作者日)
День рыбака́(渔业工作者日)

День шахтёра(矿山工作者日)
День металлу́рга(冶金工作者日)
День рабо́тника торго́вли(商贸工作者日)
День медици́нского рабо́тника(医护工作者日)
День пограни́чника(边防工作者日)
День гео́лога(地址工作者日)
День строи́теля(建筑工作者日)
День машинострои́теля(机械制造者日)
День учи́теля(教师节)
День железнодоро́жника(铁路工作者日)
День вое́нно-морско́го фло́та(海军节)
День возду́шного фло́та(空军节)
Дом актёра(演员之家)
Дом учи́теля(教师之家)
Дом худо́жника(画家之家)
Дом журнали́ста(记者之家)
Дом бракосочета́ния(结婚礼堂)
Дом рыбака́(渔业工作者之家)
Дом мла́денца(婴幼儿之家)
Дом литера́торов(文学工作者之家)
Дом для сотру́дников(员工之家)
Дом компози́торов(作曲工作者之家)
Дом рабо́тников иску́сств(艺术工作者之家)
Дом для престаре́лых(养老院)
Дворе́ц пионе́ров(少年宫)
Сою́з писа́телей(作家联盟)

六、否定句中名词的数

否定结构分为两种,即一般否定和特指否定。一般否定指所否定的对象涉及某类事物,不是指某一具体事物;特指否定指否定的对象是特定的,已经明确的某一(些)事物。

1. 特指否定结构中名词数的使用

特指否定结构中,用单数或用复数取决于被否定事物的实际数量,如果被否定的是指一个事物,则名词用单数第二格,如果否定的是复数,则用复数第二格。例如:

У меня́ нет *кни́ги*, кото́рая вам нужна́.(我没有您需要的那本书。)

У меня́ нет *книг*, кото́рые вам нужны́.(我没有您需要的那些书。)

2. 一般否定结构中名词数的使用

(1)一般否定结构中,如果被否定名词有复数,则否定时用复数形式。例如:

У меня́ нет *карандаше́й*.(我没有铅笔。)(意思是"我一支铅笔也没有。")

В авто́бусе нет *пассажи́ров*.(公共汽车里没有乘客。)(意思是"公共汽车里一个乘客也没有。")

（2）如果肯定句中一般用单数形式，否定时一般也用单数形式。例如：

Он хо́дит в *шля́пе*.（他戴着帽子。）— Он хо́дит без *шля́пы*.（他没戴帽子。）

Молоды́е лю́ди хо́дят в *бе́лой руба́шке*.（年轻人穿着白衬衫。）— Молоды́е лю́ди хо́дят без *бе́лой руба́шки*.（年轻人没穿白衬衫。）

（3）如否定句中名词前有 никако́й, ни 时，则名词可以用单数形式，也可以用复数形式。例如：

Я не заме́тил *никако́й оши́бки*.（我一个错误也没发现。）

Я не заме́тил *никаки́х оши́бок*.（我没发现任何错误。）

七、疑问句中名词的数

在一般情况下提问时名词用复数形式。例如：

Вопро́сы у вас есть?（你们有问题吗？）

否定回答也用复数形式。例如：

У меня́ нет *вопро́сов*.（我没有问题。）

当无法确定被问事物的数量时，除直接用名词复数提问，还可用"каки́е-нибудь + 复数"提问，虽然实际上被提问的人或事只有一个。例如：

Есть ли у вас *каки́е-нибудь вопро́сы*?（你们有什么问题吗？）

具体场合下，已知对方所有的人或事物的数量只为一个时，可以用单数进行提问，或者强调"应该至少有一个"时，也可用单数提问。例如：

— У вас, коне́чно, име́ется *ка́рта* ме́стности?

— Име́ется, и не одна́.（"你当然有当地的地图吧？""有，不只一张。"）

Они́ се́ли за стол друг про́тив дру́га.

— Скажи́те мне, Ле́на, я не оши́блась, ты бере́менна?

— Да.

— Зна́чит, у тебя́ есть *муж*?

— У меня́ нет *му́жа*.（她们面对面坐在桌子旁。"列娜，如果我没猜错的话，你怀孕了？""是的。""这就是说你有丈夫？""我没丈夫。"）

八、一些名词单复数的特殊对应问题

在大多数情况下，名词的单复数的意义是吻合的，但是由于人们认识能力及方式的发展以及联想类比的作用，在语言发展的某一阶段，有些词的概念从对应意义中突破出来，造成单复数意义不一致。

1. 单数意义与复数意义不同。俄语中有些名词，它们的复数与单数的意义不同。例如：

нрав（性格，脾气）— нра́вы（习俗，风俗）

тре́ние（摩擦，摩擦力）— тре́ния（分歧）

власть（权力）— вла́сти（当局）

ма́сса（大量）— ма́ссы（群众）

дух(精神) — духи́(香水)
интере́с(兴趣) — интере́сы(利益)
достопримеча́тельность(显著) — достопримеча́тельности(名胜古迹)
осно́ва(基础) — осно́вы(原理)
отноше́ние(态度) — отноше́ния(相互关系)
сбор(集合) — сбо́ры(上路前的准备)
лише́ние(失去) — лише́ния(痛苦)
наро́д(人民) — наро́ды(民族)
беспоря́док(杂乱无章) — беспоря́дки(丑闻)
си́ла(力量) — си́лы(兵力, 军队)
вы́бор(选择) — вы́боры(选举)
спосо́бность(能力) — спосо́бности(天分)

2. 复数意义多于单数意义。有些复数形式的意义多于单数意义，即复数形式具有单数形式所没有的意义。例如：

кадр в фи́льме(电影镜头) — ка́дры в фи́льме(电影镜头) — ка́дры специали́стов(专家干部)
густо́й лес(茂密的森林) — густы́е леса́(茂密的森林) — леса́ на стро́йке(工地上的木材)
усло́вие соревнова́ния(比赛规则) — усло́вия соревнова́ния(比赛规则) — усло́вия жи́зни(生活状态)
час о́тдыха(一小时的休息时间) — часы́ о́тдыха(几小时的休息时间) — часы́ на руке́(手表)
проду́кт(产品) — проду́кты(产品) — экологи́чески чи́стые проду́кты пита́ния(绿色食品)

3. 单数意义多于复数意义。俄语中有些词单数具有多个意义，可能只有一个意义具有复数，即单数形式具有复数形式没有的意义。例如：

поку́пка(买) — поку́пка(买的东西) — поку́пки(买的东西)
недоста́ток(缺乏) — недоста́ток(缺点) — недоста́тки(缺点)
ана́лиз тво́рчества(作品分析) — ана́лиз кро́ви(验血) — ана́лизы кро́ви(验血)
ба́за(基础) — ба́за(基地) — ба́зы(基地)
выраже́ние лица́(面部表情) — усто́йчивое выраже́ние(成语) — усто́йчивые выраже́ния(成语)
душа́(心灵) — душа́(人) — ду́ши(人)
значе́ние трудо́в(作品的重要性) — значе́ние сло́ва(词义) — значе́ния слов(词义)
долг(义务) — долг(债务) — долги́(债务)
ме́ра отве́тственности(责任限度) — ме́ра возде́йствия(作用方法) — ме́ры возде́йствия(作用方法)
реше́ние(解决) — реше́ние(决议) — реше́ния(决议)
у́мственный труд(脑力劳动) — нау́чный труд(学术著作) — нау́чные труды́(学术著作)
исто́рия(历史) — исто́рия(故事) — исто́рии(故事)
о́пыт(经验) — о́пыт(实验) — о́пыты(实验)
рабо́та(工作) — рабо́та(著作) — рабо́ты(著作)
хара́ктер(性质) — хара́ктер(性格) — хара́ктеры(性格)
досто́инство(尊严) — досто́инство(优点) — досто́инства(优点)

пра́во(法律)— пра́во(权力)— права́(权力)

достиже́ние(达到)— достиже́ние(成就)— достиже́ния(成就)

4. 复数的两种形式的意义分别与单数的不同意义相对应。俄语中的一些名词单数有两个意义,而这两个意义在构成复数时形式不同。例如:

лист бума́ги(一页纸)— листы́ бума́ги

лист на де́реве(一片树叶)— ли́стья на де́реве

ли́сий мех(狐皮)— ли́сьи меха́

мех с вино́м(装酒的皮袋)— ме́хи с вино́м

о́браз геро́я(英雄形象)— о́бразы геро́ев

о́браз Иису́са(耶稣的圣像)— образа́ Иису́са

тон в кра́ске(色调)— тона́ в кра́сках

тон в се́рдце(心音)— то́ны в се́рдце

5. 复数的两种形式其一意义与单数意义对应。俄语中有些名词,它除与单数意义相对应的复数外还有另一种引申意义的复数形式。例如:

вес това́ра(商品的重量)— веса́ това́ра

ве́сы для муки́(称面粉的秤)

ко́рень де́рева(树根)— ко́рни де́рева

коре́нья для су́па(做汤的根菜)

про́вод для телефо́на(电话线)— провода́ для телефо́на

про́воды в а́рмию(送……参军)

зуб(牙齿)— зу́бы

зу́бья(齿轮)

хлеб(面包)— хлеба́

хле́бы(粮食)

год(年)— года́

го́ды(年代)

том(册,卷)— тома́

то́мы(书)

муж(丈夫)— мужья́

мужи́(男子汉)

цвет(颜色)— цвета́

цветы́(花)

учи́тель(老师)— учителя́

учи́тели(导师)

ла́герь(营地)— лагеря́

ла́гери(阵地)

сын(儿子)— сыновья́

сыны́(儿女,子孙)

练习二、选择正确答案。

1. Ворота _____ (стоит, стоят) не далеко.
2. Вся наша семья _____ (уехали, уехала) в Пекин.
3. Наша молодёжь _____ (любит, любят) Родину.
4. В нашей аудитории много _____ (солнц, солнца).
5. — Ребята, поднимите _____ (руку, руки)!
6. Молодые студенты ходят без _____ (шапки, шапок).
7. Ребята ходят в _____ (рубашке, рубашках).
8. У него никакой _____ (ошибки, ошибок) нет.
9. — Ребята, _____ (вопрос, вопросы) у вас есть? — Нет _____ (вопроса, вопросов).
10. У старика уже нет _____ (зуба, зубов).
11. У меня нет _____ (карандаша, карандашей).
12. _____ (Листья, Листы) на деревьях становятся жёлтыми.
13. Сколько _____ (листьев, листов) бумаги вам нужно?
14. В саду растут разные _____ (цвета, цветы).
15. На картине разные _____ (цвета, цветы), а мне нравится только красный цвет.
16. Новый фильм вызвал _____ (большой интерес, большие интересы) у зрителей.
17. _____ (Общественный интерес, Общественные интересы) он ставил выше личных.
18. В этом магазине _____ (большой выбор, большие выборы).
19. Брату исполнилось 18 лет, он будет впервые участвовать в _____ (выборе, выборах).
20. Сегодня у меня много _____ (работы, работ).

名词的格

一、复合缩写词的变格

1. 变格的复合缩写词

（1）音节型复合缩写词，即由名词词首或名词开头部分构成的复合缩写词要变格，如 комсомо́л（коммунисти́ческий сою́з молодёжи）（共青团）因词尾是辅音，属阳性，按阳性名词变格。例如：

соцстра́х（социа́льное страхова́ние）（社会保险）

комсомо́л（коммунисти́ческий сою́з молодёжи）（共青团）

（2）由一个词的开头部分加上另一个完整的词构成的复合缩写词要变格。例如：

горбольни́ца（市立医院）

профсою́з（工会）

авиаба́за（空军基地）

стенгазе́та（墙报）

сберка́сса（储蓄银行）

（3）如果词首字母型构成的复合缩写词以辅音字母结尾，其中心词是阳性或中性的，同时读的时候不是按字母名称，而是按音节读音（即有元音），这种词可以按阳性名词变格，如 МИД — Министе́рство иностра́нных дел 读成 мит，而不是 эм-и-дэ，可以变格。例如：

ГОСТ（госуда́рственный станда́рт）（国家标准）

НЭП（но́вая экономи́ческая поли́тика）（新经济政策）

вуз（вы́сшее уче́бное заведе́ние）（高等学校）

загс（за́пись а́ктов гражда́нского состоя́ния）（婚姻登记处）

БАМ（Байка́ло-Аму́рская магистра́ль）（贝阿干线）

ИТАР-ТАСС（Информацио́нно-телегра́фное аге́нтство Росси́и）（俄罗斯塔斯社）

МИД（Министе́рство иностра́нных дел）（外交部）

Они́ — студе́нты *ву́зов*.（他们是高校的大学生。）

Он рабо́тает в *МИДе*.（他在外交部工作。）

Он заболе́л *СПИДом*.（他感染了艾滋病。）

（4）由 пол- 加单数第二格名词所构成的复合名词，如 получаса́（半小时），полве́ка（半世纪），полведра́（半桶）等要变格。

получаса́ 是由 пол- 加 час 的第二格 часа́ 构成的复合缩写词。пол- 由 полови́на（一半）变来的，因此 получаса́ 的词义是"半个小时"。此类复合词在变格时应注意以下几个问题：

①变间接格时不是根据复合名词本身的形态，而是根据组成它的那个名词的原来的性来确定其第二格、第三格、第五格、第六格的变化形式。第一格、第四格同单数第二格形式，其他格用名词

在变该格时的相应词尾。

②变间接格时词首 пол- 也有格的变化(但 пол-арбу́за 型名词 пол-永远不变成 полу-)。第一格、第四格为 пол-,其余各格为 полу-,但在口语中 пол-可以不变化。例如:

полчаса́(半个小时)(阳性)　　　　　полчаса́(用于口语中的变格)
получа́са　　　　　　　　　　　　　полча́са
получа́су　　　　　　　　　　　　　полча́су
получа́са　　　　　　　　　　　　　полча́са
получа́сом　　　　　　　　　　　　полча́сом
(о)получа́се　　　　　　　　　　　(о)полча́се
полведра́(半水桶)　　　　　　　　полведра́(用于口语中的变格)
полуведра́　　　　　　　　　　　　полведра́
полуведру́　　　　　　　　　　　　полведру́
полуведра́　　　　　　　　　　　　полведра́
полуведро́м　　　　　　　　　　　полведро́м
(о)полуведре́　　　　　　　　　　(о)полведре́

Я уже́ бо́лее *полуго́да* не быва́л у них.(我已经有半年多没到他们那儿去了。)

Полго́дом по́зже он написа́л э́то стихотворе́ние.(半年后他写出了这首诗。)(口语)

Учи́тель останови́лся на *полусло́ве*.(老师说了半句话就停下了。)

На *полсло́ве* он обрыва́л свою́ речь и тёр себе́ лоб.(他突然不说话了,擦着前额。)(口语)

③这类复合词的第二部分是阴性名词时,词首 пол-很少变成 полу-,而经常保持 пол-这一形式,如 полбуты́лки(半瓶),полбуты́лки,полбуты́лке,полбуты́лки,полбуты́лкой,(о)полбуты́лке。例如:

По́езд простои́т не до́льше *полмину́ты*.(火车停车将不超过半分钟。)

④这些复合缩写名词的性可以从句法方面,即定语和谓语与它们的一致关系的形式来确定。当复合缩写词是单数第一格和第四格时,定语应用复数(第一格或第二格)。例如:

остальны́е полме́тра(余下的半米)
ка́ждые полчаса́(每半小时)
це́лые пол-арбу́за(整整半个西瓜)

只有当这类名词是其他各格时,定语才与该复合词的第二部分在性、数、格上一致。例如:

от *проше́дшего* получа́са(从过去的半小时)
к *оста́вшемуся* полуме́тру(对剩下的半米)
с *э́той* полудю́жиной(和这半打)
в *ка́ждом* полуведре́(在每半桶里)
э́тим пол-арбу́зом(这半个西瓜)
э́ти получасы́(这些半小时)
э́тих полудю́жин(这些半打)

当做主语的复合缩写词是单数时,谓语一般用单数(在口语中也可用复数),过去时用中性。例如:

Полчаса́ пройдёт.(半小时就要过去了。)

Полмину́ты прошло́.(已经过了半分钟。)

Полго́да пролете́ло.（半年的时光飞快地过去了。）

Полжи́зни прожи́то.（活了半辈子。）

当这类复合缩写词有复数定语时，谓语用复数形式。例如：

Це́лые полчаса́ прошли́.（整整半个小时过去了。）

Полчаса́, проведённые в его́ о́бществе, *доста́вили* мне большо́е удово́льствие.（和他的同伴们在一起度过的半小时使我感到十分愉快）。

当做主语的复合名词是复数时，其谓语要用复数。例如：

Прошли́ мно́гие получасы́.（过了许多个半小时）。

⑤по́лдень 和 полдня́ 在意义上是完全不同的两个词。по́лдень 中的пол-表示一天的正中间，词义为"中午"；полдня́ 中的пол-表示一半的意思，词义为"半天"。

по́лдень 和 полдня́ 在变间接格时，除第四格不相同以外，其他各间接格的形式完全相同（重音不同）。特别应当注意的是，当这两个词在句中以间接格的形式出现时，不要混淆词义。例如：

по́лдень（中午）	полдня́（半天）
полу́дня	полудня́
полу́дню	полудню́
по́лдень	полдня́
полу́днем	полуднём
（о）полу́дне	（о）полудне́

与 по́лдень 和 полдня́ 相似的词还有 по́лночь 和 полно́чи。例如：

по́лночь（半夜）	полно́чи（半个夜晚）
полу́ночи	полуно́чи
полу́ночи	полуно́чи
по́лночь	полно́чи
полу́ночью	полуно́чью
（о）полу́ночи	（о）полуно́чи

Он прорабо́тал бо́льше *полудня́*.（他工作了大半天。）

Он верну́лся в университе́т о́коло *полу́дня*.（他将近中午回到了学校。）

Он сиде́л до *полу́ночи*.（他坐到半夜。）

Он чита́л бо́льше *полно́чи*.（他读了大半个夜晚。）

⑥表示分配意义的前置词 по 与 полстака́на 一类的阳性或中性复合名词连用时，该名词可用第三格，也可用同第一格的第四格。例如：

Они́ вы́пили по *полустака́ну*（*полстака́на*）молока́.（他们每个人各喝了半杯牛奶。）

Нали́ли в бо́чки по *полуведру́*（*полведра́*）воды́.（往每个大桶里倒半桶水。）

如果复合缩写词的第二部分是阴性名词，在与表示分配意义的前置词 по 连用时，该名词的词尾不是-е,而是-и,如 по *полча́шки*（各半碗）。

2. 不变格的复合缩写词

（1）由各组成词的第一个字母构成的复合缩写词，如果按字母名称读音，虽然以辅音结尾，也不变格。例如：

РФ（Росси́йская Федера́ция）（俄罗斯联邦）

СНГ（Содру́жество Незави́симых Госуда́рств）（独联体）

КПК(Коммунистическая па́ртия Кита́я)(中国共产党)

АЭС(а́томная электроста́нция)(核电站)

ООН(Организа́ция Объединённых На́ций)(联合国)

(2)由各组成词的第一个字母构成,以元音字母结尾的复合缩写词不变格。例如:

США(Соединённые Шта́ты Аме́рики)(美国)

МГУ(Моско́вский госуда́рственный университе́т)(国立莫斯科大学)

(3)词首字母型复合缩写词,虽然按音节拼读,但中心词是阴性时,不变格。如 ГЭС 因其中心词是阴性(гидроэлектри́ческая ста́нция)(水电站),虽按音节读音,仍不变格。例如:

рабо́тать на ГЭС(在水电站工作)

(4)由一个词的缩写词干加另一个词的变格形式构成的复合缩写词不变格。例如:

комро́ты(команди́р ро́ты)(连长)

замдире́ктора(замести́тель дире́ктора)(副厂长)

управдела́ми(управля́ющий дела́ми)(事务长,办公厅主任)

завка́федрой(заве́дующий ка́федрой)(教研室主任)

二、复合名词的变格

由两个名词借助连词符构成的复合名词,变格时有两种情况,即复合名词的两部分均有格的变化,或复合名词的第二部分有格的变化,第一部分永远保持原形。

1. 复合名词的两部分均有格的变化

组成复合名词两个部分结合不紧密,或具有一定的独立性,此类复合名词的两部分均有格的变化,如маркси́зм-ленини́зм(马克思列宁主义)— маркси́зма-ленини́зма(第二格),о маркси́зме-ленини́зме(第六格)。这样的名词很多。例如:

ку́пля-прода́жа(买卖)

письмо́-рекоменда́ция(介绍信)

кни́га-о́тзыв(意见簿)

2. 复合名词的第二部分有格的变化,第一部分永远保持原形

一部分复合名词其组成十分紧密,意义不可分割,表达与其组成名词不同的概念,变格时只变最后一个名词,如килова́тт-час(千瓦时),其中килова́тт 是功率单位,час 是时间单位,而килова́тт-час 则表示的是能量的单位,即килова́тт 和 час 放在一起构成一个新的意义的名词。这样的名词较少。

(1)表示各种行政职衔、军衔的复合名词。例如:

генера́л-полко́вник(上将)

генера́л-лейтена́нт(中将)

генера́л-майо́р(少将)

премье́р-мини́стр(总理)

прика́з *генера́л-майо́ра*(少将的命令)

(2)表示技术术语和其他方面的术语。例如:

стоп-кран(紧急制动阀)

ди́зель-мото́р(柴油发动机)

остано́вка *стоп-кра́ном*(用紧急制动阀刹车)

мо́щность *ди́зель-мото́ра*（柴油发动机的功率）

近些年来，ваго́н-рестора́н（餐车）一词也被列入这一类。例如：

Мы сиде́ли в *ваго́н-рестора́не*.（我们正在餐车里。）

（3）构成复合名词的其中一部分作另一个词的同位语，在这种情况下，只有第二部分变格。例如：

бал-маскара́д（化妆舞会）

марш-бросо́к（突击行军）

марш-пара́д（阅兵式）

на́ши чу́до-богатыри́（我们的神奇勇士们）

в разга́ре бал-маскара́да（在化妆舞会达到高潮时）

в марш-пара́де（在阅兵式上）

（4）复合名词的第一部分不能单独使用者。例如：

конфере́нц-зал（会议厅）

пресс-конфере́нция（记者招待会）

пресс-це́нтр（新闻中心）

三、否定第二格和第四格的用法

当及物动词被否定时，在大多数情况下客体补语可以使用第二格，也可以使用第四格，但在意义和修辞上有所不同。第二格强调否定意义，具有书卷语特点；而第四格则无强调否定的色彩，具有口语特点。在少数情况下，客体补语只能使用第二格或只能使用第四格。

1. 直接补语用第四格的情况

（1）客体补语置于动词谓语之前。例如：

Письмо́ э́то я ещё не написа́л.（这封信我还没写完。）

Журна́л я не люблю́.（这本杂志我不喜欢。）

О́сень и *зи́му* Па́вел не люби́л.（秋天和冬天帕维尔是不喜欢的。）

Я *дверь* не откро́ю.（这门我打不开。）

（2）客体补语是具体的、确定的。例如：

Я не ви́дел ещё *ваш но́вый аппара́т*.（我还没有看见你们的新仪器。）

Со вре́мени моего́ конду́кторства я не люблю́ *у́лицу Го́голя*.（自从我当上售票员以后，我就不喜欢果戈理大街。）

Я не реши́л *э́ту тру́дную зада́чу*.（我没解出这道难题。）

Она́ не вы́пила *молоко́*, кото́рое ей оста́вила мать.（她没喝完母亲留给她的牛奶。）

（3）客体补语是动物名词和人称专有名词。例如：

Вы не вида́ли *ма́му*?（您没有看见妈妈吗？）

Он не по́мнит *свою́ мать*.（他不记得自己的母亲了。）

Ты не уважа́ешь *свою́ сестру́*. Э́то пло́хо.（你不尊重自己的姐姐，这不好。）

Твой оте́ц не даёт мне *ло́шадь*.（你父亲不叫我用那匹马。）

（4）动词谓语前有否定（无否定含义）副词（едва́ не, чуть не）时。这种结构的特点在于通过

чуть(не)(差一点儿没有……),чуть было(не)(几乎没有……,险些没有……),едва(не)(差一点儿)等词削弱了否定的意义,因为这些词含有 почти(几乎),ещё немного и...(差点儿)的意义。如 Он костью *чуть не* подавился.(他差一点儿被骨头卡死。)这一句和 Он *почти* подавился костью.(他几乎被骨头卡死。)一句意思大致相同;当我们说 *едва не* пропустить урок(差一点儿旷了课)时,所要表达的意思是"没旷课"。这时,否定词的影响减弱了,这可以从语气词 не 之后的及物动词所要求的补语通常用第四格,而不是用第二格上看出来。例如:

Он едва не потерял *часы*.(他差点儿把表丢了。)

Я чуть не пропустил *лекцию*.(我差点儿缺了课。)

Она едва не порвала *чулок*.(她差点儿没扯破袜子。)

Я чуть не потерял *билет*.(我差点儿把票丢了。)

(5)句中出现两个否定词。双重否定时强调肯定,补语用第四格。例如:

Я не могу не сказать *несколько слов* по вопросу об учёбе.(我不能不谈几句关于学习的问题。)

Нельзя не пожалеть *мальчишку*.(不能不可怜小男孩。)

Мы не можем не понять *музыку*.(我们不能不懂音乐。)

(6)句中出现既说明客体补语又说明谓语的词(动词同时接两个格)。例如:

Я не нахожу *эти меры* своевременными.(我不认为这些措施是及时的。)

Мы не считаем *этот вопрос* актуальным.(我们不认为这个问题是迫切的。)

(7)在动词性合成谓语中,否定词 не 不是直接与及物动词发生关系,而是和助动词发生关系。例如:

Я не умею писать *стихи*.(我不会写诗。)

Он не может написать *эту статью* за три часа.(用三小时的时间他是不能写完这篇文章的。)

(8)在疑问句和感叹句中虽有否定的形式,但无否定的意义。例如:

Кто, будучи на Кавказе, не видал *великолепную цепь этих гор*?(到过高加索的人谁没看见连绵不断的壮观的山群呢?)

(9)完成体动词做谓语,强调行为的结果。例如:

Дверь я не открою.(门我打不开。)

Мы не отдадим *это место*.(我们决不交出这个地方。)

(10)在某些固定词组、谚语、俗语中,被否定的客体是具体名词。例如:

не скалить *зубы*(别张牙舞爪)

не потерять *голову*(冷静)

не вставлять *палки* в колёса(别捣鬼)

Не рой другому *яму*.(不要给别人挖陷阱。)

2.直接补语用第二格的情况

(1)加强否定,即句中有语气词 ни 或否定代词、否定副词时。例如:

В одиночку *ничего* не делаешь.(单靠一个人什么也做不成。)

Он никогда не слышал *подобной музыки*.(他从未听过这样的音乐。)

Отсюда я не вижу ни *горы*, ни *моря*.(从这儿我既看不到山,也看不到海。)

Никогда никому он не доверял *своей тайны*.(他从来没与任何人以机密相托。)

(2)客体是抽象的,客体补语是抽象名词。例如：

не скрывáть *рáдости*(不掩饰快乐)

не уяснúть *всей вáжности*(没弄清全部的重要性)

не давáть *оснований*(没提供根据)

не осуществлять *надзóра*(没实行监督)

не терять *надéжды*(抱有希望)

не предусмотрéть *всех вариáнтов*(没预料到所有不同的情况)

не дéлать *устýпок*(不做让步)

Близ тебя я не знáю *стрáха*.(我在你身边不知道害怕。)

Неужéли и это не даст тебé *рáдости*?(难道这还不能给你带来欢乐吗?)

Я не обращáл *внимáния*.(我没有注意。)

(3)表示领悟、愿望、期待等一类动词做谓语。直接补语在表示感觉、愿望、期待的动词,如вúдеть(看见)、слышать(听见)、чýвствовать(感觉)、ждать(等待)、понимáть(理解)、дýмать(想)、хотéть(愿意)、знать(知道)等,之后时,补语用第二格。例如：

Обыкновéнно он не замечáл *моегó присýтствия*.(通常他觉察不到我在场。)

Я не знáю *здéшних обычаев*.(我不知道当地的习俗。)

Он сдéлал вид, что не расслышал *моúх слов*.(他装着没听清我说的话。)

Я не ждал *пóезда*.(我没有等火车。)

Он не хотéл *винá*.(他不想喝酒。)

(4)имéть, получáть, доставáть 一类动词做谓语,获得完全否定意义时,客体补语用第二格。例如：

не получúть *прикáза*(没得到命令)

не достáть *билéта*(没弄到票)

не приобрестú *нýжных вещéй*(没获得所需要的东西)

не имéть *кóмнаты*(没有房间)

(5)在某些固定的词组、谚语、俗语中被否定的客体是抽象意义(有时具体名词也用第二格)。例如：

не принимáть *учáстия*(不参加)

не упускáть *возмóжности*(不错过机会)

не имéть *представлéния*(对……没有概念)

не обращáть *внимáния*(没注意)

Вчерáшнего дня не ворóтишь.(昨天是换不回来的。)

Лёжа хлéба не добýдешь.(躺着没饭吃。)

Шúла в мешкé не утаúшь.(纸里包不住火。)

Своегó лóктя не укýсишь.(可望而不可即。)

当 не 否定助动词时,上述一类的客体补语仍应使用第二格。例如：

Не стóит обращáть *внимáния*.(不值得注意。)

Я не могý принять *учáстия* в голосовáнии.(我不能参加投票。)

四、名词第二格的变体

某些阳性非动物名词变单数第二格时有两种平行的词尾:-а,-я 和-у,-ю。随着语言的发展，第二格变体词尾-у,-ю 形式逐渐被-а,-я 形式所代替。在现代标准俄语中只有以下几种情况必须用-у,-ю 形式，而不能用与其平行的词尾替换。

1. 名词第二格变体的使用范围

(1)表示物质意义的名词，即指称各种建筑材料、纺织品、食品、饮料、药品、植物、谷物、土壤等的名词。例如：

во́здух — во́здуха — во́здуху(空气)
газ — га́за — га́зу(气体)
град — гра́да — гра́ду(冰雹)
снег — сне́га — сне́гу(雪)
дым — ды́ма — ды́му(烟)
тума́н — тума́на — тума́ну(雾)
карто́фель — карто́феля — карто́фелю(马铃薯)
ячме́нь — ячменя́ — ячменю́(大麦)
жир — жи́ра — жи́ру(脂肪)
лук — лу́ка — лу́ку(葱)
чесно́к — чеснока́ — чесноку́(大蒜)
мёд — мёда — мёду(蜂蜜)
лимона́д — лимона́да — лимона́ду(柠檬水)
пе́рец — пе́рца — пе́рцу(胡椒)
шокола́д — шокола́да — шокола́ду(巧克力)
са́хар — са́хара — са́хару(糖)
рис — ри́са — ри́су(大米)
сок — со́ка — со́ку(汁)
му́сор — му́сора — му́сору(垃圾)
бензи́н — бензи́на — бензи́ну(汽油)
чай — ча́я — ча́ю(茶)
това́р — това́ра — това́ру(货物)
лед — льда — льду(冰)
сыр — сы́ра — сы́ру(干酪)
материа́л — материа́ла — материа́лу(布料)
мел — ме́ла — ме́лу(白粉,粉笔)
у́ксус — у́ксуса — у́ксусу(醋)
йод — йо́да — йо́ду(碘酒)

(2)表示自然现象及人的生理状态的名词。例如：

визг — ви́зга — ви́згу(尖叫)
гром — гро́ма — гро́му(雷)

ве́тер — ве́тра — ве́тру(风)
свет — све́та — све́ту(光)
лоск — ло́ска — ло́ску(光彩)
вкус — вку́са — вку́су(趣味)
поко́й — поко́я — поко́ю(安静)
моро́з — моро́за — моро́зу(严寒)
за́пах — за́паха — за́паху(气味)
блеск — бле́ска — бле́ску(光辉)
цвет — цве́та — цве́ту(颜色)
ток — то́ка — то́ку(电流)
хо́хот — хо́хота — хо́хоту(哈哈大笑)
гро́хот — гро́хота — гро́хоту(轰隆声)
крик — кри́ка — кри́ку(叫喊)
го́мон — го́мона — го́мону(喧嚣)
шум — шу́ма — шу́му(嘈杂声)
хо́лод — хо́лода — хо́лоду(寒冷)
зной — зно́я — зно́ю(酷热)
рост — ро́ста — ро́сту(增长)
жар — жа́ра — жа́ру(热气)

(3)与人的活动、状态有联系的,表示抽象概念的名词。例如:

аза́рт — аза́рта — аза́рту(激昂)
аппети́т — аппети́та — аппети́ту(食欲)
го́нор — го́нора — го́нору(自尊)
о́пыт — о́пыта — о́пыту(经验)
тала́нт — тала́нта — тала́нту(禀赋)
вздор — вздо́ра — вздо́ру(胡说)
риск — ри́ска — ри́ску(冒险)
толк — то́лка — то́лку(益处,道理)
па́фос — па́фоса — па́фосу(激情)
ю́мор — ю́мора — ю́мору(幽默)
поря́док — поря́дка — поря́дку(秩序)
сканда́л — сканда́ла — сканда́лу(荒唐行为)
треп — тре́па — тре́пу(闲谈)
пыл — пы́ла — пы́лу(热情)
бред — бре́да — бре́ду(呓语)
срам — сра́ма — сра́му(耻辱)
срок — сро́ка — сро́ку(期限)
прок — про́ка — про́ку(用处)

(4)具有不可分割的表示集合意义的名词。例如:

наро́д — наро́да — наро́ду(人(们))

люд — лю́да — лю́ду(人们)
сброд — сбро́да — сбро́ду((一群)败类)
долг — до́лга — до́лгу(债务)
штраф — штра́фа — штра́фу(罚金)
дохо́д — дохо́да — дохо́ду(收入)
капита́л — капита́ла — капита́лу(资本)
расхо́д — расхо́да — расхо́ду(支出)
убы́ток — убы́тка — убы́тку(亏损)
(5)和某些前置词连用的具体名词(通常是表示地点的)。例如:
и́з дому(从家里出来)
с по́лу(从地板上)
2.带变体-у(-ю)的名词第二格的使用
(1)表示行为只及于客体的一部分时,单数第二格词尾可为-у(-ю)。例如:
принести́ *хле́бу*(带些面包)
попро́бовать *ква́су*(尝了一点儿格瓦斯)
покури́ть *табаку́*(吸了点儿烟)
килогра́мм *са́хару*(一公斤糖)
стака́н *ча́ю*(一杯茶)
таре́лка *су́пу*(一盘汤)
буты́лка *лимона́ду*(一瓶柠檬水)
мно́го *наро́ду*(许多人)
мно́го *шу́му*(喧嚷声大)
мно́го *сне́гу*(很多雪)
Да́йте мне *хле́бу*.(请您给我一块儿面包。)
На доро́гу мы купи́ли *ча́ю* и *са́хару*.(我们买了点儿路上用的茶叶和糖。)
То́лстая голла́ндка принесла́ нам *лимона́ду*.(一个胖胖的荷兰女人给我们拿来些柠檬水。)
(2)第二格词尾-у,-ю 常用在某些强调数量(或多或少)意义的句子里。例如:
Ды́му по́лно.(到处是烟。)
Све́ту ма́ло.(光线不足。)
Наро́ду то́лпы.(一群群的人。)
Ве́су пудо́в три́ста.(重量约三百普特。)
Ну и *наро́ду*!(人真多!)
Сне́гу там нема́ло!(那儿的雪不少!)
То́лку никако́го.(毫无益处。)
(3)表示否定、不存在的事物时用第二格变体形式。例如:
Нет *му́сору*.(没有垃圾。)
Не́ было *сне́гу*.(没下雪。)
Я не нашёл *мёду*.(我没找到蜂蜜。)
(4)与某些前置词 из,до,от,без,для 连用。例如:
①表示原因,如 со *стра́ху*(由于害怕),с *го́лоду*(由于饥饿)。

②表示界限、程度，如 до *вéрху*(到顶)。
③表示行为的出发点或到达地点，如 *из дóму*(从家里)，из *лéсу*(从森林里)，до *дóму*(到家里)。
④表示行为方法，如 идти́ без *óтдыху*(不停地走)，чита́ть без *разбóру*(不加选择地读)。
⑤含有空间或时间意义成分的词组。此类词组中带有前置词 с，от，из 和 до。例如：

с *бóку* на бок(辗转反侧)

скры́ться *из виду*(消失)

сжить со *свéту*(弄死)

с *глáзу* на глаз(面对面)

из *гóду* в год(年年)

сбить с *тóлку*(弄糊涂)

с *гóлосу* спасть(嗓子坏了)

раз от *рáзу*(一次比一次)

изо *рту*(从嘴里)

час от *чáсу*(越来越)

(5)某些加后缀-ок(-о-是隐现元音)构成的指小意义的物质名词，其单数第二格词尾必须为 -у，-ю 形式。例如：

медóк — медкý(蜂蜜)

ледóк — ледкý(一层薄冰)

чаёк — чайкý(茶)

сахарóк — сахаркý(糖)

сырóк — сыркý(奶酪)

табачóк — табачкý(烟草)

хренóк — хренкý(姜)

квасóк — кваскý(格瓦斯)

Нам бы *бензи́нчику*, Никола́й, маши́ну на́до запра́вить.(给我们点儿汽油吧，尼古拉，汽车需要加油。)

(6)用在成语性固定词组中的某些阳性非动物名词，其单数第二格只能用-у，-ю 形式。这里有下述两种情况：
①不在固定词组中通常不使用的阳性名词。例如：

угомóну нет(口语)(没有安静)

дать *дёру*(俗语)(逃之夭夭)

дать *дрáпу*(俗语)(仓皇出逃)

до *зарéзу*(口语)(极迫切地)

дать *мáху*(口语)(失误)

с одного *мáху*(口语)(一下子)

с *наскóку*(口语)(仓猝地)

нет и *помúну*(口语)(连提都没人提)

без *призóру*(口语)(无人照管)

слáду нет(口语)(对付不了)

спáсу нет(俗语)(没救了)

до *отвáлу*(口语)(过饱)

спать без *просы́пу*(口语)(沉酣))

говори́ть без *умóлку*(口语)(喋喋不休)

терпéжу нет(俗语)(忍无可忍)

②既用在成语性固定词组中,也用在其他场合的某些阳性非动物名词,虽然单数第二格有两种词尾,但在成语性固定词组中只用-у,-ю,以便突出成语的特点,此类词组属口语语体。例如:

отбóю нет(多不胜数)

ни *óтдыху*, ни *срóку*(忙得不可开交)

перевóду нет(取之不尽)

ни *прохóду*, ни *проéзду*(水泄不通)

счёту нет(不可胜数)

купи́ть без *вéсу*(不秤而买)

без *убы́тку*(不亏本)

приба́вить *хóду*(加速)

не до *смéху*(无暇取笑)

бéз году недéля(没有几天)

дýху не хвати́ть(勇气不够)

концá *крáю* нет(无尽无休)

ви́ду не подáть(不动声色)

дать *крю́ку*(走弯路)

3. 使用变体与非变体第二格的区别

俄语阳性名词单数第二格词尾一般为-а(-я),但其中有些名词还可以有变体形式词尾-у(-ю)。一般情况下使用哪一种形式都可以,其中以-у(-ю)结尾的形式属口语体,多少有点儿陈旧性质,而以-а(-я)结尾的形式则是书面语体,在很多情况下更接近现代通行的用法。由于现代出现了语言简化的趋势,阳性非动物名词单数第二格的两种平行词尾-а,-я 和-у,-ю 趋于统一,-а,-я 逐渐代替-у,-ю。

(1)在科技和公文语体中,同样具有数量意义的词尾-а,-я 几乎代替了-у,-ю,后者主要用于口语中,而-а,-я 则是修辞上的中立形式。例如:

У меня *бензи́ну* не хвáтит, — сказáл шофёр.(司机说:"我的汽油不够用。")(口语)

Пить — так пить без *остáтку*, раз прихóдится пить.(既然得喝,就喝个一干二净。)(口语)

Он отдáл своё сéрдце без *остáтка* Росси́и — её лесáм и пéсням.(他把心毫无保留地献给了俄罗斯——献给了它的森林和诗歌。)(书面语)

(2)变体第二格与非变体第二格不能互换的情况

①物质名词的第二格不表示"从整体区分出部分"的意义,特别是做定语或动名词的补语时,其单数第二格词尾只能使用-а,-я 形式。例如:

истóрия *нарóда*(人民的历史)

произвóдство *сáхара*(生产糖)

цвет *чáя*(茶叶的颜色)

слáдость *сáхара*(糖的甜味)

приготовлéния сýпа(做汤)
урожáй картóфеля(马铃薯的收成)
ценá виногрáда(葡萄的价格)
посéв лýка(播种葱)
недостáток бензúна(缺少汽油)
скоплéние нарóда(集聚起来的人们)
зáпах дёгтя(柏油的气味)

②名词前有形容词或形动词的定语时,则单数第二格的词尾只能使用-а, -я 形式。如可以说 стакáн чáю,但"一杯浓茶"只能说 стакáн крéпкого чáя,而不能说 стакáн крéпкого чáю。例如:
кусóк голлáндского сы́ра(一块荷兰奶酪)
пакéт мéлкого сáхара(一包细沙糖)
вы́пить фруктóвого сóка(喝一些果汁)
пáчка душúстого табакá(一包香烟)

③阳性非动物名词单数第二格词尾-а, -я 和-у, -ю 有时可互换构成同义形式,但在某些情况下,同一个词由于使用不同的词尾而获得不同的意义,如 донестú покýпки дó дому 意思是"把东西送到家",而如果说 донестú покýпки до дóма 指的是"送到房子里"。再比较:Я из лéсу вы́шел.(我从森林里出来。)和 Я вы́шел из лéса.(我从那片(确定的,已知的)森林里出来。)由于加在名词上的定语是强调名词的事物意义,使它更加具体,所以,在有定语的情况下名词通常要用以-а 结尾的形式,如 из тёмного лéса(从一片黑黝黝的森林里出来),до нáшего дóма(到达我们家)。如果把某些副词和名词加以对比,这一点就能明显地看出来:свéрху(从上面)— с сáмого вéрха(从顶端),донúзу(到下面)— до сáмого нúза(到最底层)。试比较:
дойтú до дóма(到房子跟前)
дойтú дó дому(到自己家)
вы́йти из дóма(从房子出来)
вы́йти úз дому(从家里出来)
проводúть дó дому(送回家)
проводúть до дóма(送到房子跟前)
нет лéсу(没有木材)
нет лéса(没有森林)

五、动物名词和非动物名词的第四格

俄语中的名词分为动物名词和非动物名词,区分动物名词与非动物名词要根据语义和语法形式两个方面来判断。从语义上讲,表示人和动物以及人形物和兽形物的名词,都是动物名词(应当指出俄语中的动物名词与非动物名词是语法上划分的,它与自然界的划分并不完全吻合,如表示人的集合名词 нарóд, молодёжь, пролетариáт, студéнчество 就不是动物名词),如 мáльчик(小男孩), лóшадь(马), птúца(鸟), кот(雄猫), бéлка(松鼠), áнгел(天使), чёрт(鬼), мýза(缪斯), русáлка(美人鱼), сфинкс(狮身人面兽), дракóн(龙)等。动物名词一般为阳性、阴性或共性名词(如 сиротá),有些动物名词可能是中性形式,如 лицó(人,人物)(注意:лицó 意思是"脸"时为非动物名词), живóтное(动物)。表示动物或幼小生物的中性名词也是动物名词,如 дитя́(中性,复数

дéти)或者笼统地表示人或动物概念的中性名词也是动物名词,此时,名词的性与性别无关,如существó(活物), млекопитáющее(哺乳动物), насекóмое(昆虫), ничтóжество(微不足道的人)。

非动物名词与动物名词的区别在于它们的复数第四格(注意不是单数第四格形式)的变化。动物名词的复数第四格同复数第二格形式,而非动物名词的复数第四格同复数第一格形式,如Я люблю́ кни́ги.(我爱书。)(кни́га 的复数第四格同复数第一格)Я люблю́ детéй.(我爱孩子。)(дéти 的复数的第四格 детéй 同第二格 детéй)Я люблю́ живóтных.(我爱动物。)(живóтное 的复数第四格 живóтных 同复数第二格)有些低级的微小生物既可以看做动物名词,也可以看做是非动物名词,如Мы изучáем микрóбы. 或 Мы изучáем микрóбов.(我们研究微生物。)

单数第四格时,只有以辅音结尾的阳性动物名词的第四格同第二格,阳性非动物名词的第四格同第一格。例如:

ви́деть брáта(брат 的单数第四格同第二格)(看见弟弟)

ви́деть стол(стол 的单数第四格同第一格)(看见桌子)

ви́деть брáта(сестрý, дочь, дитя́, живóтное)

ви́деть брáтьев(сестёр, дочерéй, детéй, живóтных)

这条规则的例外涉及有限的一些"动词+в+复数第四格"构成的词组。这种结构中的动词在句中起系词作用,前置词 в 加名词复数第一格在句中做表语,整个词组是静词性合成谓语。这类词组基本上表示身份、职务、社会地位的改变。在这类词组中,动物名词的复数第四格同第一格,如поступи́ть в инженéры(当工程师), приглаcи́ть в гóсти(邀请去做客)。这类短语的特点是,其中的动物名词的复数第四格不是同第二格,而是同第一格,这是古代俄语语法的遗迹,因为在古俄语中不论动物名词还是非动物名词,其复数第四格均同第一格。试比较:идти́ в солдáты(去当兵)——стреля́ть в неприя́тельских солдáт(向敌方射击)。从以上例子可以看出,在前一种情况下,当动物名词第四格同于第一格形式。再如:

идти́ в гóсти(去做客)

пойти́ в лётчики(去当飞行员)

приня́ть когó в пионéры(接收……为少先队员)

записáться в волонтёры(报名当志愿者)

рекомендовáть когó в аспирáнты(推荐……为研究生)

избрáть когó в академи́ки(选举……为院士)

Мы единоглáсно избрáли её в депутáты.(我们一致选她为代表。)

Возьми́те моегó сы́на в солдáты. Он ужé большóй.(收下我儿子当兵吧,他已经长大了。)

当动词игрáть与前置词 в 连用时,前置词之后的动物名词可能变为形同复数第二格的第四格,也可能变为形同复数第一格的第四格。由于格的形式不同,意义也就各异。前置词 в 之后的动物名词用复数第一格的形式时,表示游戏的名称。例如:

игрáть в казаки́-разбóйники(玩"哥萨克暴徒"的游戏)

игрáть в кóшки-мы́шки(玩"猫抓老鼠"的游戏)

игрáть в дóчки-мáтери(玩"过家门"的游戏)

前置词 в 之后的动物名词用复数第二格的形式时,不表示游戏的名称,而表示"假装……玩",如игрáть в космонáвтов(扮演宇航员玩)。

动物名词与非动物名词之间并没有截然的界限,语义上属非动物的名词可能在语法上成为动物名词;或者相反,语义上属动物的名词,语法上可能按非动物名词变格法变格,试比较 Мéстные тре́неры стремя́тся откры́ть бу́дущих звёзд.（当地的教练们试图发现未来的明星。）люби́ть свой наро́д（热爱自己的人民）。下面就列举俄语中易混淆的动物名词与非动物名词。

1. 表示人的集合名词，如 наро́д（人民），пролетариа́т（无产阶级），студе́нчество（大学生），молодёжь（青年），вла́сти（当局），ка́дры（干部）等都是非动物名词，如 защища́ть пролетариа́т 中 пролетариа́т 第四格同第一格。

2. 有些名词所表示的事物不符合一般人对活物的观念，如 ви́рус（病毒），бакте́рия（细菌），микро́б（微生物）在俄语里常用做非动物名词，如 наблюда́ть бакте́рии и ви́русы（在专业书中它们也可作为动物名词，如 изуча́ть микро́бов）；或者相反，мертве́ц（死人），поко́йник（死人，死尸），ку́кла（玩偶，木偶）被人们当作动物名词，如 На́ши се́ти притащи́ли мертвеца́.（我们的网拖上一个死人。）

3. 人、动物，包括想象中的童话、神话中的人和动物的名词都属于动物名词，如 бог（上帝），руса́лка（美人鱼），чёрт（鬼），дья́вол（魔鬼）。在有些游戏（如扑克或象棋）中使用的词 да́ма（扑克牌中的皇后），вале́т（扑克牌中的"J"），коро́ль（国际象棋中的"王"或扑克牌中的"老K"），конь（国际象棋中的"马"），слон（国际象棋中的"象"），туз（扑克牌中的"A"）等按动物名词变格，如 сбро́сить ту́за（玩牌时出"A"）；打台球时也可以听到 игра́ть ша́ра，сде́лать ша́ра 这样的说法。

4. 表人名词表示非动物时可以保持动物名词的形态特征。即动物名词转指非动物时，可保持动物范畴的特点，阳性名词第四格可同第二格。

（1）разве́дчик（侦察机；原义：侦察员），истреби́тель（歼击机；原义：歼灭者），бомбардиро́вщик（轰炸机；原义：轰炸机驾驶员），дво́рник（汽车前玻璃上的雨刷；原义：打扫院子的人），如 сбить вра́жеского разве́дчика（击落敌人的侦察机），其第四格同第二格。

（2）某些舞蹈、歌曲的名称，如 казачо́к（哥萨克舞；原义：哥萨克人），如 спляса́ть казачка́（跳哥萨克舞）。

（3）汽车商标、牌号，如《Москви́ч》（莫斯科人）（指小轿车的牌子），《Тигр》（虎）（指虎式坦克），《Запоро́жец》（查波洛什人）（指汽车的牌子），如 купи́ть《Москвича́》（买一辆莫斯科人牌轿车）。

尽管许多动物名词转化为非动物名词时在语法上保留了动物名词的特征，但这个旧的规范开始解体了，有些动物名词成为非动物名词时要按照非动物名词来变格，如 спу́тник 一词当"卫星"（原义：同路人，伴侣）讲时，一般用作非动物名词，如 наблюда́ть спу́тник；Марс 原是"玛尔斯"（古罗马神话中的战神），但当"火星"讲时，按非动物名词变化，如 смотре́ть на Марс（观看火星）。当动物名词用于报纸杂志等名称时，一般也作非动物名词处理，如 подписа́ться на《Моско́вский комсомо́лец》（订阅《莫斯科共青团报》）。

（4）表示人的专有名词可转用来表示该人的著作、言语，此时其第四格仍同第二格，如 чита́ть Ма́ркса и Ле́нина（读马克思和列宁的著作），当作品以主人公命名时，第四格也同第二格，如 чита́ть《Ру́дина》（读《罗亭》）。例如：

Мы чита́ли Пу́шкина.（我们读了普希金的作品。）

Он игра́ет Шу́берта.（他演奏舒伯特的曲子。）

Докла́дчик ссыла́лся на Ле́нина.（报告人引证了列宁的话。）

Ви́тя лю́бит чита́ть《Обло́мова》.（维佳喜欢读《奥勃洛莫夫》。）

На днях поста́вят《Евге́ния Оне́гина》.（近两天要上演《叶甫盖尼·奥涅金》。）

（5）动物名词表示玩具、体育用品时，仍当作动物名词，如 пры́гать че́рез гимнасти́ческого коня́

(跳木马)，запустить бумажного змея(放风筝)，купить матерчатого тигра(买个布制老虎)。

5. 用来称谓人的非动物名词мешок(袋子;转义:笨手笨脚的人)，дуб(橡树;转义:愚钝的人,木头人)，пень(树墩;转义:傻瓜,木头疙瘩)，колпак(椭圆形帽子;转义:头脑简单的人,缺心眼的人)取得了动物名词的形态特征，Нашего мешка обманули.(我们的笨蛋被骗了。)

6. 禽兽的名称转指相应的食品时，一般仍算作动物名词，如Мы ели жаренного зайца и рябчика.(我们吃了烤兔肉和松鸡肉。)而水产动物的名称用来指食品时，则常用做非动物名词，试比较：съесть три рыбки(吃了三条小鱼)，поймать трёх рыбок(抓住三条小鱼)。

7. 随着现代科学技术的发展，出现了робот一词。这个词由于内涵不同，而做不同的处理。在科技著作中робот当"机器人"讲时一般用作动物名词。例如：

Я спросил его, изготовляют ли сейчас человекообразных роботов.(我问他能否生产人形机器人。)

但当робот一词由科学幻想进入科学技术，成为术语，表示带有程序控制的自动化操作机制，此时它很自然地用作非动物名词。例如：

Учёные создали манипуляционный робот.(科学家制造出了可控机器人)。

8. 按照严谨的标准语规范，中性动物名词只有在复数时按动物名词变格，如наблюдать животных，单数第四格同第一格，如наблюдать животное。但在当代书刊中也可看到这种名词单数第四格同第二格的用例。

9. 在现代俄语中，与简单数词和复合数词搭配的动物名词，其第四格形式往往不同。与简单数词搭配的动物名词的第四格同于第二格形式，如увидеть двух студентов，与复合数词搭配的动物名词的第四格同于第一格形式，如увидеть двадцать два студента。

10. 同位语和被说明词中有一个是动物名词，另一个是非动物名词，用于第四格时，一律同第一格形式，如увидеть город-герой(看见英雄城)，обуздать государства-агрессоры(制止侵略国家)等；而Дед Мороз(圣诞老人)则是动物名词，第二格同第四格，如встретить Деда Мороза(迎接圣诞老人)。

动物-非动物范畴在俄语中占有特殊的地位。在俄语中动物范畴的意义强于非动物范畴的意义，这一点不仅表现在动物名词表示非动物名词时，动物名词的语法特征常常保留，而且还表现在，非动物名词表示非动物时，往往当作动物名词使用；与此同时，我们也应看到许多事实表明：俄语中的动物与非动物的对立逐渐趋向于与现代思维相一致。

六、名词第六格的变体

(1)许多非动物阳性名词的单数第六格都有两种词尾:-e(通常不带重音)和-y(一定带重音)。这类名词大部分是单音节词，如果与前置词в, на连用，则其词尾用-y(-ю)，与前置词при连用时词尾用-y(-ю)的情况极少。例如：

на берегу́(在岸上)

на борту́(在船上)

в виду́(在心目中)

во рту́(在口中)

в бою́(在战斗中)

в углу́(在角落里)

на углу́(在拐角处)

в шкафу́(在橱柜里)

на краю́(在边缘上)

на льду́(在冰上)

в ряду́(在行列里)

на полу́(在地板上)

в миру́(在世间)

на миру́(和大家在一起)

в плену́(被俘)

на Дону́(在顿河上)

в Клину́(在克林市)

в Крыму́(在克里米亚)

(2)以-y结尾的形式可以有各种不同的意义

①地点意义(根据前置词 в, на 的意义,可以指某一物体置放在一定场所之中,或者某一物体处在另一物体的表面上)。例如:

в углу́(在角落里)

в порту́(在港口内)

на снегу́(在雪上)

на полу́(在地板上)

②时间意义。例如:

в про́шлом году́(去年)

в пя́том часу́(四点多钟)

на своём веку́(一生中)

③行为方式意义(这时名词通常具有副词意义)。例如:

на ходу́(在行进中)

на лету́(正在飞着;匆匆忙忙地)

на боку́(侧身)

④这些形式用作静词谓语的表语部分时,具有状态意义。例如:

больно́й в бреду́(病人在说胡话)

ли́пы в цвету́(椴树正开着花)

⑤由于名词的词汇含义不同,以-y(-ю)结尾的形式还可能具有其他意义。如某些表示物质或胶水、稠糊状物体的词通常也可以用-y(-ю)结尾的形式。例如:

парке́т на клею́(胶粘镶木地板)

пря́ники на меду́(蜂蜜饼干)

пальто́ на шелку́(丝绸外衣)

весь в снегу́(全身都是雪)

⑥表示人群的意义。例如:

в полку́(在团队里)

в строю́(在队伍中)

⑦在个别情况下,专有名词也有以重读音-y结尾的形式。例如:

в Крыму(在克里米亚)

на Дону(在顿河上)

(3)使用变体与非变体第六格的区别

①以-е 结尾的第六格是书面语体,以-у(-ю)结尾的形式主要用于口语中,常具有行业上的色彩。请比较:

в цéхе(在车间,书卷词) — в цеху́(口语,行业语)

в ды́ме — в дыму́(在烟里)

в мёде — в меду́(在蜂蜜中)

в о́тпуске — в отпуску́(在休假期间)

в ча́е — в чаю́(在茶里)

в мо́зге — в мозгу́(在脑子里)

в гла́зе — в глазу́(在眼睛里)

в сне́ге — в снегу́(在雪里)

на хо́лоде — на холоду́(在寒冷中)

②有些词与 в, на 连用,第六格可用两种词尾,但不同的词尾有不同的意义。例如:

на дому́(在家里) — но́мер на до́ме(房号)

весь в жиру́(肥胖) — пла́вать в жи́ре(生活富有)

в кругу́ друзе́й(在朋友中间) — в за́мкнутом кру́ге(在环形中)

весь в поту́(全身是汗) — труди́ться в по́те лица́(辛辛苦苦地劳动)

стоя́ть в углу́(站在角落里,罚站) — в угле́ треуго́льника(在三角形的角内)

в цвету́(正在开花时期) — во цве́те лет(正在壮年)

в тре́тьем ряду́(在第三排) — в ря́де слу́чаев(在许多情况下),

стоя́ть в углу́(站在角落里) — в угле́ ABC 45°(在45°的∠ABC中)

в строе́ просто́го предложе́ния(在简单句结构中) — находи́ться в строю́(在队伍中)

其中有些词在表示处所意义,特别是带有形容词作定语时,其第六格一般用词尾-е。试比较:

весь в снегу́ — в пуши́стом сне́ге(在松软的雪里)

на краю́(在边缘上) — на пере́днем кра́е(在前沿)

вари́ться в соку́(在汁液中煮) — в виногра́дном со́ке(在葡萄汁中)

有时可以用两种不同形式表示同样的意义。试比较:

в спи́рте — в спирту́(在酒精中)

на хо́лоде — на холоду́(在寒冷的天气里)等。

③需要注意的是,许多非动物阳性名词与前置词 в, на 连用,表示地点、时间、行为方式意义时,以-у 结尾的形式具有状语意义。例如:

знать толк в ле́се(补语)(熟悉木材) — расти́ в лесу́(状语)(长在森林里)

разбира́ться в ча́е(补语)(对茶叶很内行) — ча́йнки в чаю́(状语)(茶水中已经泡开的茶叶)

рассказа́ть о бо́е(讲述关于战斗的事) — уча́ствовать в бое́(参加战斗)

разбира́ться в ле́се(精通林业) — понима́ть в ле́се(精通林业)

рассказа́ть о бе́реге(谈论河岸) — стоя́ть на берегу́(站在岸上)

④若第六格可兼用两种词尾的名词是作品名称时,в 或 на 只能要求该名词使用以-е 结尾的第六格形式。例如:

в «*Лéсе*» А. Острóвского(在 А. 奥斯特洛夫斯基的《森林》中)

в «Вишнёвом *сáде*» Чéхова(在契诃夫的《樱桃园》中)

练习三、选择正确答案。

1. Дайте, пожалуйста, _____（молоко, молока）, которое осталось в стакане.
2. Дайте мне стакан _____（чая, чаю）.
3. Дайте мне стакан _____（крепкого чая, крепкого чаю）.
4. Я жду _____（свою сестру, своей сестры）, она всегда опаздывает.
5. Я хочу _____（кусок, куска）хлеба, я не могу есть суп без хлеба.
6. Мы хотим _____（мир, мира）, но не боимся войны.
7. Около _____（полчаса, получаса）он шёл до станции метро.
8. Ботаник стоит в _____（лесе, лесу）.
9. Ботаник хорошо понимает в _____（лесе, лесу）.
10. Учёные приняли активное участие в _____（Международном физическом годе, Международном физическом году）.
11. Это произошло в _____（прошлом годе, прошлом году）.
12. Они сидели в _____（первом ряде, первом ряду）.
13. Они встречаются в _____（ряде, ряду）случаев.
14. В лесу я заметил _____（незнакомое животное, незнакомого животного）.
15. В зоопарке я увидел _____（интересные животные, интересных животных）.
16. Я очень люблю читать _____（«Евгений Онегин», «Евгения Онегина»）.
17. Папа читает _____（А. С. Пушкин, А. С. Пушкина）.
18. Мы проводили _____（покойник, покойника）в последний путь.
19. На улице я увидел _____（вашу дочь, вашей дочери）.
20. На улице я увидел _____（ваши дочери, ваших дочерей）.
21. Она очень любит _____（свою мать, своей матери）.
22. Дети любят _____（свои матери, своих матерей）.
23. Наша страна хорошо используют _____（кадры, кадров）.
24. Институт бережёт _____（молодёжь, молодёжи）.
25. Мы любим _____（народ, народа）.
26. Мой друг очень любит машину, и поэтому он купил _____（«Москвич», «Москвича»）.
27. Мой дедушка очень любит _____（собаки, собак）.
28. Он пошёл в _____（волонтёры, волонтёров）.
29. Бабушка часто ходит к подруге в _____（гости, гостей）.
30. Они очень любят _____（свою семью, своей семьи）.

形容词长尾和短尾

形容词长短尾使用上是有区别的。

1. 长短尾形容词所做的句子成分不同

长尾形容词在句子中可以做定语（一般位于名词之前）或谓语（表语）（一般位于名词之后），而短尾形容词在句中只能做谓语（表语），不能做定语。例如：

События, уже знакомые слушателям, произошли в Пекине.（听众熟知的这些事件发生在北京。）（形容词长尾做定语）

Наша аудитория большая.（我们的教室很大。）（形容词长尾做谓语）

短尾形容词在句子中只能做谓语，它的性和数要和主语一致，时间用系词быть等表示（现在时есть省略不用）。例如：

Фильм (был, будет) интересен.（电影很有趣。）

Лекция (была, будет) интересна.（讲座很有趣。）

Задание (было, будет) интересно.（作业很有趣。）

Книги (были, будут) интересны.（书很有趣。）

形容词的长尾形式和短尾形式都可以用作表语。在现代俄语中，用作表语的形容词长尾形式与系词быть构成静词性合成谓语时，越来越广泛地使用第五格形式，表示事物的经常性特征，以代替在19世纪文学作品中常见的第一格形式。一般说来，第一格形式表示事物本身经常表现的特征，第五格形式表示在一定时间内事物本身表现出来的特征。例如：

Мальчик тогда был болезненным и вялым.（小男孩那时体弱发蔫。）

С тех пор мальчик был болезненный и вялый.（从那时起，小男孩就体弱发蔫。）

Скоро Валя будет совсем взрослая (взрослой).（瓦里娅很快就完全长成大人了。）

Схватка была короткой и страшной (короткая и страшная).（搏斗的时间短暂而激烈。）

如果用作表语的形容词或形动词与表示运动或状态的实体系词连用时，既可用第一格形式，又可用第五格形式，两者没有什么区别，但此时形容词表语只能用长尾形式（第一格或第五格）。例如：

Он первый (первым) вошёл в аудиторию.（他第一个走进教室。）

Из театра он пришёл возбуждённый и радостный.（他从剧院里出来的时候又激动、又高兴。）

Коля родился счастливым.（柯里亚生来就是幸福的。）

Лето стояло дождливое.（夏天多雨。）

Они сидели в избе молчаливые.（他们坐在小屋里沉默不语。）

2. 长短尾形容词做谓语时的意义不同

（1）大部分性质形容词都有长尾和短尾两种形式，当二者在句中都做谓语的条件下，形容词长尾一般表示经常的或恒久的、不受时间限制的性质特征，而短尾则表示事物的暂时特征或在一定时间条件下呈现的性质状态。例如：

Мать у него *больная*. (他的母亲有病。)
Мать у него *больна*. (他的母亲现在正生病。)
больная 是说他的母亲长期抱病；больна 只表示他的母亲暂时生病，平时身体一直是健康的。
Наша река *спокойная*. (我们这条河是平静的。)
Река *спокойна*. (现在河水是平静的。)
спокойная 指这条河的恒久性质是平静的，没有急流漩涡；спокойна 只指河水当时是处于风平浪静的状态，并不述及它的恒久性质。又如：
Эта комната *пустая*. (这个房间一直空着。)
Вскоре он вернулся и увидел, что комната *пуста*. (不久他就回来了，看见房间空无一人。)
Порядки в этой школе *строгие*. (这个学校的规章制度严格。)
На этот раз учитель был *строг*. (这次教师很严厉。)
Он *здоровый* как бык. (他壮得像头牛。)
Директор сегодня не принимает: он *нездоров*. (厂长今天不接见客人，因为他不舒服。)
Лицо у него было *смуглое*, *тонкое*, волосы *курчавые* и *чёрные*, как у цыгана. (他的脸黝黑清秀，长着一头如同吉普赛人那样乌黑的卷发。)
Лицо его было *бледно* от испуга. (由于惊吓，他的脸色苍白。)
但在俄语中表示天气时一般用长尾形式。例如：
Погода *несносная*, дорога *скверная*. (天气恶劣，道路泥泞。)
Сегодня погода *прекрасная*. (今天天气很好。)
Ветер *холодный*. (刮着冷风。)
Дни будут *тёплые*. (天气将变暖。)
与上述情况相反，在口语中有时出现用长尾形容词表示暂时特征的现象。例如：
— Что сегодня ты *невесёлая*, Ольга? — Ничего. ("奥莉加，你今天怎么不高兴？""没什么。")
（2）长尾形容词是从绝对概念出发，表示事物的绝对特征，而短尾形容词则从相对概念出发，表示在某种具体情况下事物的相对特征。在俄语中表示相对特征的形容词很多，它们多半是一些表示大小、长短、高矮、年龄、颜色、重量及温度的形容词。例如：
невелик（大的）— мал（小的）
высок（高的）— низок（矮的）
широк（肥的）— узок（窄的）
длинен（长的）— короток（短的）
стар（旧的）— молод（新的）
светел（浅颜色的）— тёмен（深颜色的）
дорог（贵的）— дёшев（便宜的）
прост（简单的）— сложен（复杂的）
试看以下例句。
Шкаф *высокий*. (橱柜高。)
Шкаф *высок*. (橱柜（显得）高。)
высокий 表示橱柜本身确实是高的；высок 指橱柜本身可能不高，但由于门小，搬不进，或放某处相比之下显得高了。又如：
Комната *низкая*. (屋子矮。)

Комната низка́. (屋子(显得)矮。)

ни́зкая 指的"矮"是绝对的,即屋子本身矮;низка́ 中指的"矮"是相对的,可能与尺寸高的家具相比显得矮了。再如:

Доро́га у́зкая. (路窄。)

Доро́га узка́ для прое́зда грузовы́х маши́н. (这条路通行载重汽车显得窄。)

Расстоя́ние о́чень большо́е. (距离很长。)

Расстоя́ние велико́ для одноднёвного перехо́да. (对一天的行程来说距离太长。)

Пла́тье коро́ткое. (连衣裙短。)

Пла́тье ко́ротко для вы́росшей за год де́вочки. (一年之内长高了的小姑娘穿这件连衣裙短了。)

Но́ша тяжёлая. (担子沉重。)

Но́ша тяжела́ для сла́бого челове́ка. (对一个体弱的人来说,担子是沉重的。)

Боти́нки вели́кие. (皮鞋是大的。)

Боти́нки ему́ велики́. (他穿这双皮鞋有点儿大。)

由于上述形容词长尾、短尾的区别,所以当表示穿戴用品的尺寸对某人合适与否时,做谓语的形容词要使用短尾形式,此时附有"过分"的意思。例如:

Ваш костю́м ему́ широ́к. (你的衣服他穿太肥了。)

Э́ти сапоги́ мне малы́. (这双靴子我穿太小。)

(3)有些性质形容词在表示某种意义时,不能或很少构成短尾形式。例如:

ста́рый(陈旧的)

просто́й(普通的)

сла́вный(可爱的)

глухо́й(荒漠的)

го́лый(光秃的)

бе́дный(可怜的)

живо́й(活泼的)

有些形容词变成短尾时意义发生变化。例如:

пра́вый(正义的) — прав(对的)

живо́й(活泼的) — жив(活着)

глухо́й(耳聋的) — глух(漠不关心的)

дорого́й(亲爱的) — до́рог(宝贵的)

ви́дный(重要的) — ви́ден(可以看见的)

пра́вый(正义的) — прав(正确的)

有些形容长尾有多个意义,而短尾形式意义减少。例如:

бе́дный(贫穷的;可怜的) — бе́ден(贫穷的)

бога́тый(富的;富有……的) — бога́т(富有……的)

но́вый(新的;新鲜的) — нов(新的)

ста́рый(旧的;老的) — стар(老的)

Он глух к про́сьбам. (他对于请求置若罔闻。)

Он глухо́й. (他耳聋。)

短尾形容词 глух к чему́ 的意思是"漠视""听而不闻",而与其相应的长尾形式 глухо́й 的意思是"耳聋的"。在这种情况下,长尾形式和短尾形式不可相互替换。类似的例子:

У тебя́ ста́ршая сестра́ *хоро́шая*. (你的姐姐好。)

У тебя́ ста́ршая сестра́ *хороша́*. (你的姐姐漂亮。)

хоро́шая 相当于 до́брая, сла́вная,即"好的",但用作"漂亮的"意义时,只能用短尾形式。又如:

Ребёнок весьма́ *живо́й*. (小孩非常活泼。)

Стари́к ещё *жив*. (老头儿还活着。)

Э́та ко́мната *плоха́я*. (这间屋子不好。)

Больна́я совсе́м *плоха́*. (病人病势严重。)

На́ше де́ло *пра́вое*. (我们的事业是正义的。)

Ты *прав*. (你对。)

Э́то *дурно́й* посту́пок. (这是恶劣的行为。)

Она́ *дурна́* собо́й. (她其貌不扬。)

Роя́ль *ста́рый*, но о́чень хоро́ший. (钢琴旧了,但很好。)

На войну́ не пуска́ли — *стар*! (不让上前线,说年老了。)

Тепе́рь он *просто́й* граждани́н. (现在他是一个普通公民。)

Бе́дный, он так бо́лен. (可怜的,他病得这么厉害。)

В глубо́кой дре́вности речь люде́й была́ кра́йне *бедна́*, коли́чество слов — ничто́жно. (远古时代人们的言语极为贫乏,词汇量少得可怜。)

3. 长短尾形容词作谓语时语法结构的特征

(1)做谓语用的形容词带有补语时,该形容词用短尾形式,不能用长尾形式替换。例如:

Ребёнок *скло́нен* к просту́де. (小孩爱感冒。)

На́ша молодёжь *спосо́бна* на самопоже́ртвование. (我们的青年有舍己精神。)

Она́ *больна́* анги́ной. (她患咽喉炎。)

Они́ бы́ли о́чень *похо́жи* друг на дру́га. (他们长得很像。)

Ве́ра попра́вилась и тепе́рь *полна́ си́лы* и эне́ргии. (薇拉已恢复健康,现在精力充沛。)

当形容词在句中做定语时,即使带被支配词,也要用长尾形式。试比较:

Де́вочка, *спосо́бная* к му́зыке, поступи́ла в Уха́ньскую консервато́рию. (擅长音乐的小姑娘考入了武汉音乐学院。)(长尾做定语)

Де́вочка *спосо́бна* к му́зыке. (小姑娘有学音乐的天分。)(短尾做谓语)

Отря́д, *гото́вый* к выступле́нию, ждал своего́ руководи́теля. (准备出发的队伍等待着自己的领队。)(长尾做定语)

Мы *гото́вы* к отъе́зду. (我们准备好了要动身。)(短尾做谓语)

Се́верные озёра, *бога́тые* ры́бой, охо́тно посеща́ются люби́телями-рыболо́вами. (捕鱼的爱好者们愿去盛产鱼的北方湖泊。)(长短做定语)

Ура́льские го́ры *бога́ты* поле́зными ископа́емыми. (乌拉尔山脉矿产丰富。)(短尾做谓语)

有时遇到做谓语的长尾形容词带被支配词的现象,其原因是:

①该形容词不使用短尾形式。例如:

Река́ вся *голуба́я* от луны́. (月光照得整个河面呈蓝色。)

②为了刻画人物形象,此时带有浓厚的俗语色彩。例如:

Чего смо́тришь так? Или я на себя́ непохо́жий? (干嘛这样看着我,难道我变了模样?)

Не винова́тый я пе́ред ним, и́стинное де́ло! (说真话,我在他面前是没有过错的!)

А Анна мне ве́рная. (安娜对我是忠诚的。)

(2)有些形容词没有长尾形式,它们可以单独用作表语构成名词性合成谓语,也可以与动词不定式连用构成混合谓语。这类常用的短尾形容词有:гото́в(准备)、до́лжен(应当)、вы́нужден(被迫)、наме́рен(打算)、обя́зан(应该)、рад(高兴)、скло́нен(有意、喜爱)、спосо́бен(能够)、согла́сен(同意)等。例如:

Я всегда́ гото́в вам помо́чь. (我准备随时帮助你。)

Я о́чень рад ва́шему прие́зду. (你的到来让我很高兴。)

Я бу́ду рад приня́ть вас у себя́ до́ма. (我将乐意在自己家里接待您。)

Он до́лжен това́рищу де́сять рубле́й. (他欠同志十个卢布。)

Он до́лжен гото́виться к экза́менам. (他应该准备考试。)

(3)简单句中的同等谓语或并列复合句中的谓语通常只能用一种形式表示,即要么都用长尾形式,要么都用短尾形式,长短尾形式不能同时混用。例如:

Разгово́р её был прост, мив и дово́льно свобо́ден. (她的谈吐质朴、生动,而且十分自然。)

День был тёплый и ти́хий, но па́смурный. (天气温暖无风,可是阴沉沉的。)

(4)表语用关系形容词或某些不能构成短尾形式的性质形容词表示时,只能用长尾形式。例如:

Ве́тер был встре́чный. (风是迎面吹来的。)

Я то́чно деревя́нный тепе́рь. (现在我就像个木头人一样。)

Этот цветно́й кинофи́льм был прехоро́шенький. (这部彩色影片美极了。)

(5)当主语带有一致定语或由人称物主代词его, её, их做定语时,用作谓语的形容词使用短尾形式。例如:

Хороша́ развеси́стая, белосне́жная, светло-зелёная, весёлая берёза. (快活的白桦树,枝叶繁茂、雪白、浅绿,真漂亮。)

Неспоко́йно си́нее мо́ре. (蓝色的海面不平静。)

Тиха́ украи́нская ночь. (乌克兰之夜是幽静的。)

Гру́стен лик её тума́нный. (她的阴暗的面孔异常忧郁。)

Знамени́т наш век. (我们的时代真好。)

Лицо́ её бле́дно. (她的面色苍白。)

(6)э́то, всё, всё э́то, то, что, одно́, друго́е等表示概括意义的词以及名词化(中性)的形容词,如но́вое, ва́жное等做主语时,谓语用形容词短尾形式。例如:

Это пло́хо. (这不好。)

Всё поня́тно. (全明白。)

Что изве́стно вам о на́шем университе́те? (您了解我们大学的什么情况?)

То, что вы говори́ли нам, интере́сно. (您给我们讲的很有意思。)

Он зна́ет, что хорошо́, что пло́хо. (他清楚,什么好,什么坏。)

Но́вое всегда́ непобеди́мо. (新生事物总是不可战胜的。)

(7)强调特征程度时,在так, как之后,形容词用短尾形式。例如:

· 45 ·

Как *хороша́* пого́да! （多好的天气！）

Как *высоки́* э́ти го́ры! （这些山真高！）

Они́ так *добры́* ко мне. （他们待我真好。）

Как ни *сложна́* пробле́ма, над ней на́до рабо́тать. （不论问题如何复杂，都应当解决。）

（8）表语中有从属词 тако́й, како́й 时，形容词必须用长尾形式。例如：

Кака́я *хоро́шая* пого́да! （多好的天气！）

Он был тогда́ тако́й *ра́достный*. （他当时是那么快乐。）

Како́й ты *уны́лый*! （你真泄气！）

（9）句中若有前置词与名词构成的词组或有副词，如 у меня́（在我这儿），у него́（在他那儿），в го́роде（在城市里），там（那儿），здесь（这儿）等，借此指出事物所属的人或物、指出地点或时间关系，在这类结构中做谓语的形容词多用长尾形式。例如：

Това́рищи у меня́ *хоро́шие*. （我的同志们都很好。）

Лю́ди там *интере́сные*. （那里的人们很风趣。）

Дома́ в го́роде *но́вые*. （市里的房子是新的。）

У неё се́рдце о́чень *до́брое*, но голова́ *бедо́вая*. （她的心非常善良，但头脑却很难驾驭。）

Вода́ там была́ *прозра́чная*, как стекло́. （那里的水像玻璃一样的透明。）

Душа́ у э́той стро́гой же́нщины *не́жная и пряма́я*. （这位严肃的女人的心温柔而爽直。）

（10）与 будь, бу́дьте 一起连用表示祝愿、告诫等语句时，形容词用短尾形式。例如：

Будь *осторо́жен*. （小心一点儿。）

Бу́дьте *здоро́вы*! （祝您健康！）

Будь *добр*. （劳驾！）

Бу́дьте *здоро́вы*, до свида́ния. （祝您健康，再见！）

（11）短尾形容词表示相对特征时，经常带有 чтобы 从句连用，谓语前一般伴随有表示程度和度量和度量意义的副词，如 уже́, сли́шком, изли́шне, чуть, немно́го, дово́льно 等。例如：

Зада́ча сли́шком *сложна́*, чтобы её реши́ть за полчаса́. （问题太复杂了，半个小时解决不了。）

Ива́н Петро́вич немно́го *слаб*, чтобы переноси́ть тя́жесть. （伊万•彼得罗维奇身体比较弱，搬不动重东西。）

（12）主语带有形动词短语及定语从句时，其后的形容词也用短尾形式。例如：

Вся́кие исто́рии, расска́занные мои́м спу́тником, мне *интере́сны*. （我的同伴讲的所有故事，我都觉得有趣。）

（13）主语之前有限定代词 ка́ждый, вся́кий, любо́й 做定语时，谓语形容词用短尾形式。例如：

Тако́й отве́т не *то́чен*. （这样的回答不确切。）

Ка́ждое выступле́ние на конфере́нции *интере́сно*. （会上每个人的发言都很有意思。）

（14）当主语和形容词谓语是成语性的组合时，用作谓语的形容词长短尾形式不能互换。例如：

Положе́ние *безвы́ходное*. （没有出路。）

Сейча́с пора́ *горя́чая*. （现在是繁忙时节。）

Сего́дня у меня́ рука́ *лёгкая*. （今天我的手气好。）

Все *жи́вы и здоро́вы*. （人都健在。）

Со́весть моя́ чиста́.（我问心无愧。）

Ко́ротки ру́ки.（无能为力。）

(15) 形容词位于主语之前作谓语时只能用短尾形式。例如：

Краси́в лес!（森林很美丽。）

如果用长尾形式则会被认为是做定语，即 краси́вый лес（美丽的森林），而不构成句子。

4. 长短尾形容词做谓语时的修辞色彩

短尾形容词有强烈的修辞色彩，主要用于文艺、科技、政论等书卷语体，而长尾形容词修辞色彩属中性，一般用于口语中，也可用于书卷语。

(1) 在科技语体中当具有绝对判断性质的句子中，谓语一般用短尾形式，表示一般公认的真理，具有书面语的修辞色彩，此时短尾形式比长尾形式具有更大的表现力。在此种情况下，短尾形式不是表示事物暂时的特征，而是表示事物的永恒状态或固有的性质特征。例如：

Истина конкре́тна.（真理总是具体的。）

Мате́рия перви́чна, а созна́ние втори́чно.（物质是第一性的，而意识是第二性。）

Вода́ электропрово́дна.（水导电。）

Черно́зём плодоро́ден.（黑土肥沃。）

Страна́ э́та бога́та, всё есть в её земны́х не́драх.（这个国家富饶，矿产丰富。）

(2) 在政论性文章中书面语很强时，形容词在句中做谓语，一般用短尾。例如：

Обши́рна и прекра́сна на́ша Ро́дина!（我们的祖国多么辽阔、美丽!）

(3) 形容词短尾形式区别于长尾形式的重要一点是它更富有表现力，因此用短尾形式描述人物正面的性质特征时，比用长尾形式表现得更鲜明、更肯定、更有力。例如：

Он у́мный.（他聪明。）

Он умён.（他真聪明。）

Он че́стный.（他老实。）

Он че́стен.（他真老实。）

Мне во́семьдесят шесть лет, я стар. А мой колле́кции ве́чно мо́лоды.（我八十六岁，老了。但我的收藏品却永远不会老化。）

(4) 具有贬义的形容词表示反面的性质特征时，使用短尾形式显得更为尖锐、严厉，甚至有时带有敌意和指责的意味，而用长尾，则语气缓和、平淡，没有恶意，同时带有亲昵的色彩。例如：

О, глу́пая ты, Оля!（哎呀! 奥利娅，你多傻呀!）

Ты, Ма́ша глу́пая. Са́мая глу́пая в на́шей семье́.（玛莎，你呀，真有点儿笨。咱们家你最笨了。）

«Ты глуп», — хоте́л я ему́ отве́тить, но удержа́лся и то́лько пожа́л плеча́ми.（"你真蠢。"我想回敬他，但忍住了，只是耸耸肩。）

用 глу́пая 显然是亲人之间说的友善的话；用 глупа́ 带有鄙视、指责的意味。

(5) 现代俄语形动词短尾形式通常只能由完成体被动形动词构成。没有短尾主动形动词，但有时我们会看见 зна́ющ, цвету́щ 与全尾-щий 相应的短尾形式，此时，这种形式不属于原意上的形动词，而属于一种转化为形容词的形动词，即丧失了动词和时的意义并获得了超越时间的性质特殊的形动词。请比较下列两组词：

лю́ди, покоря́ющие приро́ду（征服自然的人们）

учени́к, зна́ющий уро́к（熟悉功课的学生）

ли́пы, *цвету́щие* в ию́ле(在七月开花的椴树)

以上均为形动词。

покоря́ющий взгляд(十分迷人的目光)

зна́ющий челове́к(博学的人)

цвету́щее здоро́вье(健壮的身体)

以上均为形容词。因此，在书卷语中也可能出现这种短尾形式。例如：

Взгляд был что́-то уж сли́шком приста́лен и *испыту́ющ*.(眼睛里流露出有些过分的凝视和审视的目光。)

Оттого́ так вну́тренне *покоря́ющи* худо́жественные созда́ния Л. Н. Толсто́го.(因此，列夫·托尔斯泰的文学作品才有如此动人的魅力。)

(6) 由带后缀-им，-ем 的类似于被动形动词演变而来的形容词做谓语时，一般用短尾形式。例如：

Дру́жба ме́жду наро́дами на́шей страны́ *неруши́ма*.(我国各民族人民之间的友谊牢不可破。)

练习四、选择正确答案。

1. Сапоги ему _____（великие, велики）.
2. Ребёнок очень _____（живой, жив）.
3. Этот мальчик _____（глухой, глух）от рождения.
4. Брат _____（глухой, глух）к моим просьбам.
5. Это _____（неважное, неважно）.
6. Что _____（правильное, правильно）?
7. Какая _____（хорошая, хороша）погода!
8. Он так _____（умный, умён）.
9. Будьте _____（здоровые, здоровы）!
10. Он _____（согласный, согласен）переделать работу.
11. Дочь _____（похожая, похожа）на мать.
12. _____（Интересные, Интересны）люди, с которыми мы познакомились во время путешествия.
13. _____（Прекрасная, Прекрасна）природа Сибири.
14. Будь _____（уверенный, уверен）, мы закончим работу вовремя.
15. Эта история, уже _____（знакомая, знакома）слушателям, была ещё раз пересказана со всеми подробностями.
16. Море, _____（спокойное, спокойно）до самого горизонта, не предвещало путешественникам никаких опасностей.
17. Ситуация на этот раз слишком _____（сложная, сложна）, чтобы ты мог решить её один.
18. Аня считала себя _____（счастливой, счастлива）.
19. Теперь он чувствовал себя _____（ответственным, ответственен）за судьбу этой женщины.
20. Доктор сказал, что _____（необходимая, необходима）операция больному.

形容词比较级

形容词简单式比较级没有性、数、格的变化,只能在句中做谓语。例如:
Он *выше* меня на голову.(他比我高一头。)
形容词复合式比较级有性、数、格的变化,在句中除了做谓语外,还可以做定语。例如:
Эта книга *более интересная*.(这本书更有趣。)(复合式比较级做谓语)
Мне нужна *более интересная* книга.(我需要更有趣的书。)(复合式比较级做定语)
复合式比较级多见于书面语,特别是在科技和政论文中更常见。例如:
Углерод — *более активный* элемент, чем гелий.(碳元素比氦元素活泼。)
Сельское хозяйство не *менее важно*, чем промышленность.(农业的重要性不亚于工业。)
Скорость звука *более низка*, чем скорость света.(声速比光速低。)

1. 复合式比较级的用法
复合式比较级有性、数、格的变化(但более 不变),与被说明的名词在性、数、格上一致,在句中做一致定语或谓语(长尾或短尾),通常用于书面语。例如:
Покажите, пожалуйста, *более интересную* книгу.(请给我一本更有趣的书看看。)(复合式比较级做定语)
Мы живём в *более светлой* комнате.(我们住在更明亮的房间。)(复合式比较级做定语)
Наша комната *более светлая*.(我们的房间更明亮。)(复合式比较级做谓语)
用复合式比较级将一事物与其他事物比较时,要用连接词 чем 连接,被比较的词用第一格。例如:
Сегодняшний доклад *более интересен*, чем вчерашний.(今天的报告比昨天的更有趣。)

2. 简单式比较级的用法
简单式比较级通常用作谓语,它没有性、数、格的变化。例如:
Брат *ниже* меня на голову.(弟弟比我矮一头。)
Эта дорога *прямее*, чем та.(这条路比那条路直。)
带前缀 по- 的简单式比较级置于被说明的名词之后(后边不接第二格对象)和简单式比较级形式(一般后接第二格比较对象)置于被说明词之后,可用作定语。例如:
Дайте мне книгу *поинтереснее*.(给我一本更有趣的书。)
Дайте мне номер *побольше*.(请给我一间稍大些的房间。)
У меня книга *интереснее этой*.(我有一本比这本更有趣的书。)
Офицеры в его штабе имели чины не *ниже капитана*.(在他的司令部里的军官军衔都在大尉以上。)

用简单式比较级与其他事物比较时,可以通过连接词 чем 或被比较的事物直接用第二格表示。但如果所比较的内容不是名词、代词,而用其他词类或用带前置词的间接格名词表示时,必须用 чем 连接。例如:

Эта комната *чище*, чем та (комната). (这个房间比那个房间干净。)

Эта комната *чище той* (комнаты). (这个房间比那个房间干净。)

Улицы в Пекине *красивее*, чем в Москве. (北京的街道比莫斯科的漂亮。)

Сегодняшняя погода *хуже* вчерашней (*хуже*, чем вчерашняя). (今天的天气比昨天的天气差。)

Сегодня погода *хуже*, чем вчера. (今天的天气比昨天差。)

3. 四对具有比较级意义的形容词

俄语中有四对反义形容词还保留着古旧比较级形式，它们是：

больший（更大的） — *меньший*（更小的）

высший（高级的） — *низший*（低级的）

лучший（更好的） — *худший*（更坏的）

старший（年长的） — *младший*（年幼的）

与其他的单一式比较级不同，带后缀-ш-和词尾-ий 的古旧形式有性、数、格的变化，在句中只能做定语，与被说明的词在性、数、格上一致。例如：

Лучшей книги не найдёшь. (找不到更好的书了。)

Китай должен вносить *больший* вклад в дело человечества. (中国应当为人类的事业做出更大的贡献。)

随着语言的发展，这种古旧形式在意义和用法上已发生变化：

(1) *больший* 和 *меньший* 只有比较级的意义，经常与表示抽象概念的词连用。例如：

большей частью（大部分）

играть *большую* роль（起更大的作用）

с *большим* вниманием（更为关注地）

по *меньшей* мере（至少）

需要注意的是 большой 和 больший 是两个词，большой 本身无比较级意义，二者变格不同，但有时不打重音词形相同，如二者阳性单数第五格均为большим，但большой 的第五格большим 重音在и 上，而больший 的第五格большим 重音在б 上。例如：

Нет *большего* счастья, чем работать. (没有比工作更幸福的事情了。)

(2) *лучший* 和 *худший* 现在多用于最高级，但还保留着比较级的意义。例如：

Лучшие мои чувства я хранил в глубине души. (我把最美好的情感埋藏在心灵的深处。)

(3) *высший* 和 *низший* 在现代俄语中几乎失去了比较级的意义，只用在固定的词组中。例如：

высший сорт（头等）

высшее образование（高等教育）

высшая математика（高等数学）

низшее образование（初等教育）

除此之外，*высший* 和 *низший* 还可用于最高级意义。例如：

высшая награда（最高的奖励）

высшая фаза（最高阶段）

высшие власти（最高当局）

низшая температура（最低的温度）

(4) *ста́рший* 和 *мла́дший* 已完全失去了比较级的意义，它们与 *ста́рый*, *молодо́й* 已毫无关系，主要用在固定词组中。例如：

ста́рший брат（哥哥）

мла́дшая сестра́（妹妹）

ста́рший лейтена́нт（上尉）

мла́дший лейтена́нт（少尉）

ста́рший конду́ктор（列车长）

ста́ршая медици́нская сестра́（护士长）

ста́рший нау́чный сотру́дник（研究员）

练习五、选择正确答案。

1. Наша аудитория _____（светлее, более светлая）вашей.
2. Покажите мне, _____（дешевле, более дешёвую）обувь, чем эта.
3. Иван _____（выше, более высокий）Коли на голову.
4. Дай мне задачу _____（труднее, потруднее）.
5. Студенты долго говорили об _____（интереснее, более интересном）фильме.
6. Говорите _____（громче, более громко）, я вас плохо слышу.
7. Максим бегает _____（быстрее, более быстро）Андрея.
8. Надя _____（более, больше）занимается спортом.
9. Они живут в комнате _____（большой, большей）, чем наша.
10. Чем _____（большей, большой）энергией обладает тело, тем большую работу может совершить.

数量数词

一、один 的用法

один 有性(один, одна, одно)、数(одни)、格的变化,与连用的名词在性、数、格上要一致。例如:

Завтра у нас будет только одна лекция. (明天我们只有一堂课。)

В прошлом месяце я получил одно письмо. (上个月我收到一封信。)

У нас в группе двадцать одна студентка. (我们班有 21 个女学生。)

Преподаватель разговаривал с двадцатью одним студентом. (老师与 21 名大学生谈了话。)

один 有复数形式(одни),它只能和只有复数形式或者表示成对事物的名词连用,如 одни сутки(一昼夜), одни часы(一块表), одни очки(一副眼镜), одни носки(一双袜子)。例如:

Я купил одни носки. (我买了一双袜子。)

当 один 为合成数词的末位数时,其后名词仍用单数。末位数为 один 的合成数词和名词一起在句中做主语时,谓语一般用单数,性与名词一致。例如:

Двадцать одна студентка сдала экзамен. (21 个大学生通过了考试。)

На нашем курсе была двадцать одна группа. (我们年级有 21 个班。)

如果以 один 为末尾数词的合成数词前有形容词做定语时,形容词要用复数形式,谓语也要用复数形式。例如:

Остальные двадцать один студент сдали экзамен. (其余 21 个大学生都通过了考试。)

如果最后数词为 один,与 один 单独使用与规则相同,第四格时只变 один 一个词,其他各格时两个数词同时变化。例如:

Я увидел двадцать одного студента. (我看见 21 个大学生。)

Я увидел двадцать одну студентку. (我看见 21 个女大学生。)

Он познакомился с двадцатью одним преподавателем. (他认识 21 名老师。)

二、два, три, четыре 的用法

1. два, три, четыре 与名词连用

два(две), три, четыре 要求其后的名词用单数第二格。其中 два(две)有性的区别,два 和阳性及中性名词连用,две 和阴性名词连用。例如:

два студента(两个大学生)

два письма(两封信)

две тетради(两个练习本)

три 和 четы́ре 没有性的区别，与其连用的名词用单数第二格形式。例如：

три *студе́нта* и четы́ре *студе́нтки*（三个男大学生和四个女大学生）

два，три，четы́ре 用于二、三、五、六格时，其后的名词用相应的复数各格形式。例如：

Он разгова́ривает с двумя́ *студе́нтами*.（他和两个大学生谈话。）

2. два，три，четы́ре 与形容词连用

два，три，четы́ре 要求与其连用的阳性、中性名词用单数第二格，而形容词用复数第二格形式。例如：

два *больши́х* дере́ва（两棵大树）

три *молоды́х* студе́нта（三个年轻的男大学生）

две，три，четы́ре 与其连用的是阴性名词用单数第二格，而形容词可以用复数第一格形式，也可以用复数第二格形式。例如：

две *интере́сные*（*интере́сных*）кни́ги（两本有趣的书）

две *молоды́е*（*молоды́х*）студе́нтки（两个年轻的女大学生）

две，три，четы́ре 和阴性名词连用时，如果前面还有前置词，形容词用复数第二格形式（不用复数第一格）。例如：

Ученика́м ро́здали по *две чи́стых тетра́ди*.（分给每个学生两个空白的练习本。）

3. два，три，четы́ре 与名词化的形容词连用

два（две），три，четы́ре 与名词化的形容词连用时，形容词格的使用应注意如下几点：

（1）名词化的形容词属阳性或中性时，用复数第二格。例如：

два *портны́х*（两个裁缝）

четы́ре *насеко́мых*（四只昆虫）

три *моро́женых*（三份冰淇淋）

В э́той ко́мнате живу́т два *рабо́чих* и три *студе́нта*.（这个房间住着两名工人和三名大学生。）

У нас в управле́нии 93 *госслу́жащих*.（我们局里有 93 名公务员。）

Я купи́л два *моро́женых*.（我买了两个冰淇淋。）

Два *больны́х* сидя́т в ко́мнате.（两个病人坐在房间里。）

名词化的形容词前有定语时，定语与其说明的词一致。例如：

два *вку́сных жа́рких*（两道味美的热菜）

четы́ре *просла́вленных рабо́чих*（四位博得荣誉的工人）

（2）名词化的形容词为阴性时，可用复数第二格，也可用复数第一格，但一般多用复数第一格。例如：

три *парикма́херских* — три *парикма́херские*（三个理发馆）

две *запяты́х* — две *запяты́е*（两个逗号）

две *пра́чечных* — две *пра́чечные*（两个洗衣店）

В на́шем райо́не откры́то четы́ре *бу́лочных*（*бу́лочные*）.（我们区开设四个面包店。）

Недалеко́ от на́шего до́ма нахо́дится две *варе́ничных*（*варе́ничные*）.（离我们家不远有两家果酱铺。）

В на́шем университе́те две *столо́вые*（*столо́вых*）.（我们大学有两个餐厅。）

Две *паралле́льные прямы́е* никогда́ не пересека́ются.（两条平行线永远不相交。）

阴性名词化的形容词前有形容词定语，定语在数词之后时，格与名词化的形容词一致。例如：

три *большие* столо́вые（三个大食堂）— три *больши́х* столо́вых

две *изве́стные* парикма́херские（两个有名的理发馆）— две *изве́стных* парикма́херских

阴性名词化的形容词前有形容词定语,定语在数词之前时,名词化的形容词通常用复数第一格,定语与其在格上一致。例如:

пе́рвые три запяты́е（前三个逗号）

лу́чшие две конди́терские（两个最好的糖果点心铺）

4. два и бо́лее 与名词连用

在 два и бо́лее..., три и бо́лее..., четы́ре и бо́лее... 这类成语结构中,后面的名词只受前面数词的支配,必须用单数第二格的形式。例如:

два и бо́лее *това́рища*（两位或两位以上同志）

три и бо́лее *интере́сных кни́ги*（三本或更多有趣的书）

четы́ре и бо́лее *поучи́тельных расска́за*（四个或更多有教育意义的故事）

有时名词还可以提到前面,放在 два, три, четы́ре 的后面。例如:

два *слу́чая* и бо́лее（两种及以上情况）

5. 形容词与 "два, три, четы́ре + 名词" 词组连用

"два 等数词 + 名词" 的组合,常常可以被形容词 после́дний（最后的）, остально́й（其余的）, друго́й（另外的）, ближа́йший（最近的）, после́дующий（以后的）和代词 ка́ждый（每一个）, э́тот（这个）及顺序数词 пе́рвый（开头的,最初的）说明。这些词一般都位于 "数词 + 名词" 组合前。当数词处于第一格或与第一格同形的第四格时,它们要用复数第一格形式,当数词处于其他格时,它们的格和数与名词一致,并要用复数形式。例如:

Ка́ждые четы́ре часа́ больно́й принима́ет лека́рство.（病人每四小时服一次药。）

Они́ вы́полнили в тече́ние *ближа́йших двух су́ток*.（他们在最近两昼夜完成了任务。）

це́лый（整整的）, по́лный（整整的）, до́брый（说明数量的）（足足的）, би́тый（足足的）和不定代词 како́й-нибудь（大约）等词一般也可位于 "数词 + 名词" 组合前,说明整个组合。当数词处于第一格以及与第一格同形的第四格时,这些形容词和代词要用复数第二格形式,而不用复数第一格形式。例如:

Я вы́пил *по́лных два стака́на* ча́ю.（我喝了满满两杯茶。）

Они́ спо́рили *до́брых два часа́* до моего́ прихо́да.（在我来之前他们争论了整整两个小时。）

Здесь он рабо́тает уже́ *це́лых четы́ре го́да*.（他在这里工作整整四年了。）

Коро́ткую за́пись в *каки́х-нибудь три-четы́ре стро́чки* он прочита́л два́жды.（一张两三行字的便条他看了两遍。）

6. два, три, четы́ре 与形动词连用

(1) 形动词位于 "数词 + 名词" 词组之前时,无论名词是什么性,形动词一律用复数第一格形式。例如:

привезённые из магази́на два кни́жных шка́фа（从商店里运来的两个书橱）

и́зданные в про́шлом году́ три то́ма сочине́ний Че́хова（去年出版的契诃夫三卷本）

Прие́хавшие два студе́нта отдыха́ют.（已经到达的两个大学生正在休息。）

Постро́енные четы́ре заво́да запусти́ли в де́йствие.（建成的四个工厂已投入使用。）

(2) 形动词位于数词和名词之间时,名词为阴性,形动词用复数第一格或复数第二格,名词为阳性和中性时,形动词用复数第二格。例如:

Четы́ре то́лько что *постро́енных* до́ма уже́ заселены́ по́лностью.（四幢刚建好的楼房已经都住满了。）

Две неда́вно *отремонти́рованные*（*отремонти́рованных*）ко́мнаты располо́жены на пе́рвом этаже́на́шего до́ма.（不久前修好的两个房间在我们楼的一层。）

（3）如果形动词短语在它所限定的由数词 два, три, четы́ре 和名词第二格构成的词组之后，形动词通常用复数第一格。例如：

В на́шем го́роде две больни́цы, *постро́енные* неда́вно.（我们城市里有两个建成不久的医院。）

На столе́стоя́ли две ва́зы, *напо́лненные цвета́ми*.（桌子上放着两个插满鲜花的花瓶。）

（4）名词为阳性或中性时，后置的形动词既可以用复数第一格，也可以用复数第二格，作者强调定语属于整个"数词+名词"词组时形动词用复数第一格，作者强调定语分别表示每个人或每个事物的特征时形动词用复数第二格。但总的来说，使用复数第一格的情况居多。例如：

Четы́ре студе́нта, *занима́вшиеся* в библиоте́ке, гото́вились к экза́мену.（在图书馆学习的四个大学生正在准备考试。）

Два магистра́нта, *прие́хавшие* из Шанха́я, устро́ились в на́шем общежи́тии.（从上海来的两个硕士生安置在我们宿舍里。）

Despuéśдние два письма́, *напи́санные* карандашо́м, меня́ испуга́ли.（最后两封用铅笔写的信把我吓了一跳。）

В сбо́рнике три лири́ческих стихотворе́ния, *посвящённых* па́мяти А. С. Пу́шкина.（诗集中有三首为纪念普希金而作的抒情诗。）

На карти́не нарисо́ваны два драко́на, *игра́ющие*（*игра́ющих*）в мяч.（画面上绘的是双龙戏珠。）

Всегда́ найду́т о́бщий язы́к два челове́ка, *испо́лненные*（*испо́лненных*）до́брой во́ли.（两个心地善良的人在一起总是能找到共同语言的。）

Напра́сно затра́чены миллиа́рды до́лларов, *со́бранные*（*со́бранных*）путём нало́гов.（白白地耗费掉征收来的几十亿美元的税）。

7. два, три, четы́ре 与动物名词连用

（1）два(две), три, четы́ре 的第四格与非动物名词连用时同第一格，与动物名词连用时同第二格（名词用复数第二格）。如果这三个数量数词用于其他间接格时，其后的名词用复数相同的格。例如：

На ве́чере я встре́тил *двух студе́нтов* из на́шей гру́ппы.（我在晚会上遇见了我们班的两个学生。）

（2）但当 два(две), три, четы́ре 与表示禽兽、鱼类等阴性名词连用时，第四格可同第一格，也可同第二格。当禽兽及鱼类表示食物时，一般第四格同第一格，如果用于其他意义时第四格同第二格。例如：

есть *две коро́вы*（吃了两头牛）— купи́ть *двух коро́в*（买两头牛）

есть *три гу́ся*（吃了三只鹅）— заре́зать *трёх гусе́й*（宰三只鹅）

есть *три у́тки*（吃了三只鸭子）— подстрели́ть *трёх у́ток*（打伤三只鸭子）

есть *четы́ре пти́цы*（吃了四只鸟）— пойма́ть *четырёх птиц*（抓住四只鸟）

与中性动物名词，如 существо́（人）等连用时，第四格可以同第一格，也可以用第二格。例如：

В огро́мном до́ме мы нашли́ всего́ *два живы́х существа́*. (在这座大房子里我们只找到了两个活人。)

（3）当合成数词的末尾数为два(две)，три, четы́ре 时，与其连用的非动物名词第四格同第一格，与其连用的动物名词第四格也同第一格。例如：

Я уви́дел *два́дцать два молоды́х студе́нта*. (我看见22个年轻大学生。)

Я уви́дел *три́дцать две молоды́х студе́нтки*. (我看见了32个年轻女大学生。) 此时形容词不能用复数第一格 молоды́е, 而要用复数第二格 молоды́х。

В э́тот день коми́ссия проэкзаменова́ла *два́дцать два студе́нта*. (这一天委员会对22名大学生进行了考试。) 不能说成：В э́тот день коми́ссия проэкзаменова́ла *два́дцать двух студе́нтов*.

Напра́вили на рабо́ту *со́рок три молоды́х специали́ста*. (派43名年轻的专家去工作。) 不能说成：Напра́вили на рабо́ту *со́рок трёх молоды́х специали́стов*.

三、пять 以上数词的用法

1. пять 以上的简单数量数词和复合数量数词要求其后的名词用复数第二格, 这些数词是其他间接格时，其后的名词用复数相同的格。例如：

На уро́к пришли́ *пятна́дцать студе́нтов*. (有15名大学生来听课。)

Заня́тия у нас начина́ются с *восьми́ часо́в утра́*. (我们的课从早上八点开始。)

Вчера́ ве́чером мы с *пятью́ друзья́ми* ходи́ли в кино́. (昨天晚上我和五位朋友去看了电影。)

пять 以上的数词无论与动物名词还是非动物名词连用, 第四格一律同第一格。例如：

Я уви́дел *пять студе́нтов*. (我看见个大学生。) 不能说成：Я уви́дел *пяти́ студе́нтов*.

2. сто 作为数词只有格的变化，没有单、复数之分。它的六个格共有两种形式，第一格和第四格为 сто, 其他间接格均为 ста。

在历史上 сто 曾是中性的计量名词，有单、复数之分，复数六个格的变化为：ста, сот, стам, ста, ста́ми,(o)стах。在две́сти — девятьсо́т 复合数词的间接格中，至今还保留着 сто 古旧复数变格的词尾。不仅如此，在现代标准俄语中 сто 仍可用作计量名词，具有 со́тня 的意义，但只能用复数的间接格形式，而且多和数词 мно́го, не́сколько 连用，支配其后的名词变复数第二格。例如：

第二格 сот, не́сколько сот книг (几百本书)

第三格 стам, не́скольким стам книг

第五格 ста́ми, не́сколькими ста́ми книг

第六格 (o) стах, не́скольких стах книг

由此可以认定，在此类词组中 сто 不是数词，而是计量名词，词义相当于 со́тня, 支配其后的名词使用复数第二格。因此，в не́скольких стах *пи́сьмах* 不对，应改为 в не́скольких стах *пи́сем* (在几百封信件中),与 в не́скольких со́тнях *пи́сем* 构成同义形式。但在这种情况下，用名词 со́тня 更为适宜，如 в не́скольких со́тнях *ме́тров* (在几百米的地方)。

练习六、选择正确答案。

1. В аудито́рии нахо́дятся _____ (два стола́, две стола́) и _____ (два доски́, две доски́).
2. В _____ (пять годо́в, пять лет) он уже́ хорошо́ игра́л на роя́ле.
3. В до́ме то́лько _____ (два больно́го, два больны́х) и _____ (две больно́й, две больны́е).

4. Я купил _____ (три мороженого, три мороженых).
5. Со мной вместе пришли _____ (четыре молодого человека, четыре молодых человека).
6. Здесь осталось _____ (пять стула, пять стульев).
7. На нашем факультете работают _____ (тридцать два преподавателя, тридцать два преподавателей).
8. Этому мальчику _____ (одиннадцать год, одиннадцать лет).
9. Этому парню уже _____ (двадцать один год, двадцать один лет).
10. Вчера он встретил _____ (два красивых студента, двух красивых студентов).
11. Директор принял _____ (пять молодых преподавателей, пяти молодых преподавателей).
12. Декан вызвал _____ (двадцать два студента, двадцать двух студентов) в свой кабинет.
13. Я увидел _____ (пять студентов, пяти студентов).
14. Я встретил _____ (двадцать две студентки, двадцати двух студенток).
15. Он купил два и более _____ (романа, романов).
16. Я ждал его _____ (целые два часа, целых два часа).
17. В каждой комнате живёт по _____ (четыре человека, четырём человекам).
18. Дали нам по 5 _____ (карандашей, карандашам).
19. Двадцать один студент _____ (сдал, сдали) экзамен.
20. Все двадцать один студент _____ (сдал, сдали) экзамен.

表示数量的名词

ноль, дюжина, сотня, тысяча, миллион, миллиард 具有名词的词法特征，即有性和数的形式，和一般名词一样要求格、可以带形容词定语、可以构成指小形式。但习惯上把这些词看作数词，因为这些词与其他数词一样，也可以构成合成基数词和顺序数词。但我们认为它们是表示数量的名词。

因为 ноль, дюжина, сотня, тысяча, миллион, миллиард 是表示数量的名词，因此无论这些词本身处于第几格，它们之后的名词永远用第二格（所属格），这和数词与名词保持性、数、格的一致的用法有很大的区别。试比较：

Я сделал доклад *сотне студентов*.（我给100名学生做了报告。）

Я сделал доклад *сотням студентов*.（我给几百名学生做了报告。）

Я сделал доклад *ста студентам*.（我给100名学生做了报告。）

тысяча 的单数第五格比较特殊，有两种形式 тысячей（按名词变格）和 тысячью（按数词变格）。

тысячью 是作为数词使用时的第五格形式，应与连用的名词保持一致关系。例如：

за тысячью *книгами*（取一千本书）

с тысячью *бойцами*（同一千名战士）

с тысячью *рублями*（带一千卢布）

Тысячью *рублями* мне не обойтись.（一千卢布不够我用。）

但在口语中 тысячью 也可以作为名词的形式支配其后的名词变复数第二格。例如：

с тысячью *городов*（同一千个城市）

с тысячью *книг*（带一千本书）

тысячей 是作为名词使用时的第五格形式，它支配与其连用的名词变复数第二格。例如：

с тысячей *рабочих*（和一千名工人）

с тысячей *рублей*（带一千卢布）

需要强调指出的是，当 тысяча 之前有定语时，一定要用 тысячей 这一名词第五格形式，而且与其连用的名词要变成复数第二格。例如：

с одной *тысячей рублей*（带一千卢布）

с каждой *тысячей рублей*（每带一千卢布）

тысяча 的复数形式永远是计量名词，所以它后面的名词永远用复数第二格。例如：

Получена одна *тысяча рублей*.（收到一千卢布。）

Из нашего города *тысяча человек* отправились на целину.（我市已经派一千人去开垦荒地了。）

Он уехал в командировку с *тысячей рублей*（或 *тысячью рублями* 或 *тысячью рублей*）.（他带了一千卢布出差。）

Он уе́хал в командиро́вку с *пятью́ ты́сячами рубле́й*.（他带了五千卢布出差。）

其他表示数量的名词与 ты́сяча 用法一致。例如：

Погружён це́лый *миллио́н кирпиче́й*.（装了整整一百万块砖。）

Миллио́н рубле́й бу́дет вложено́ в э́то предприя́тие.（将对该企业投资一百万卢布。）

练习七、选择正确答案。

1. Поезд подходит в ноль _____（часа, часов）.
2. Дядя уехал к нолю _____（часу, часов）.
3. Профессор сделал доклад _____（ста студентов, ста студентам）.
4. Профессор сделал доклад _____（сотне студентов, сотне студентам）.
5. Я располагаю _____（тысячей рублей, тысячей рублями）.
6. Зрительный зал Большого театра вмещает _____（две тысячи человек, двух тысяч человек）.
7. Жизнь на планете Земли не ограничивается _____（миллионами лет, миллионами годами）.
8. Я обращаюсь к _____（трём тысячам читателей, трём тысяче читателей）.
9. Наша библиотека располагает _____（пятью тысяч новых книг, пятью тысячами новых книг）.
10. Они получили по тысяче _____（рублям, рублей）.

集合数词

一、集合数词 двóе—дéсятеро 的用法

1. 仅有复数形式的名词表示二、三、四的数量时，必须用集合数词 двóе，трóе，чéтверо。例如：

двóе часóв（两块表）

трóе нóжниц（三把剪刀）

чéтверо сýток（四昼夜）

上述的用法只限于第一格和形同第一格的第四格。需用间接格时，常用相应的定量数词。例如：

на *трёх* санях（在三张雪橇上）

с *двумя* нóжницами（带着两把剪刀）

óколо *четырёх* сýток（将近四昼夜）

集合数词单独使用，起名词作用，表示几个人，此时用其本身的变格形式。集合数词用作名词时，表示几个人的行为是共同的，可以用来表示男人，也可以用来表示女人。例如：

Трóе высказались за предложéние, двóе прóтив.（三个人表示赞成这个建议，两个人反对。）

Чéрез час *трóе* — мать, дочь, Корчáгин — обéдали на кýхне.（过了一个小时，母亲、女儿、柯察金三人都在厨房里吃饭。）

Это кóмната на *четверых*.（这是四人住的房间。）（此时 чéтверо 其后没有接名词，表示"四个人"，变格用其本身的变格）

Рабóты бы́ло мнóго, кáждому из нас приходи́лось рабóтать чуть не за *трои́х*.（工作很多，我们每个人几乎得干三个人的活儿。）

2. 当仅有复数形式的名词与末尾数为二、三、四的合成数词连用时，二、三、四不能用 два，три，четы́ре 来表示，即不能说 двáдцать два сýток，因为 два，три，четы́ре 处在第一格和第四格时，不能与仅有复数形式的名词连用。也不能用 двóе，трóе，чéтверо，即不能说 двáдцать двóе 这样的数词，因为集合数词不能用来构成合成数词。在这种情况下，只能用其他同义形式代替。

（1）用定量数词的间接格形式。例如：

"我们这座城市里有53所幼儿园。"不能译成：В нáшем гóроде 53 *дéтских я́слей*. 应译成：В нáшем гóроде откры́ты дéтские я́сли *в коли́честве пяти́десяти трёх*.

或译成：Малыши́ обитáют *в пяти́десяти трёх* дéтских я́слях нáшего гóрода.

（2）把仅有复数形式的名词改用其他意义相近的名词，例如用 день 或用 день и ночь 代替 сýтки。

"游击队员们控制这座小城镇有54个昼夜。"不能译成：54 *сýток* партизáны удéрживали в своих́ рукáх городóк.

应译成：Партизáны удéрживали в своúх рукáх городóк *пятьдесят четыре дня*（或 *пятьдесят четыре дня и ночи*）.

还可用定量数词的间接格形式表示。例如：

В течéние пятúдесяти четырёх сýток партизáны удéрживали в своúх рукáх городóк.

"过了24昼夜。"可译成：Прошлó *двáдцать четыре дня*. 或译成：Прошлó *двáдцать четыре дня и ночи*.

仅有复数形式的名词表示可计数的事物时，可以加 штýка, пáра 等词。例如：

"我们买了22把剪刀。"可译成：

Мы купúли *двáдцать две штýки ножниц*.

"往农村运来了23副雪橇。"可译成：

В дерéвню достáвили *двáдцать три штýки санéй*.

（3）集合数词 пáтеро — дéсятеро 一般用相应的数词 пять — дéсять 来表示。因为 пять 以上的数词要求与其连用的名词复数第二格，这与集合数词要求复数第二格没什么区别，所以一般说 *пять* детéй，不说 *пятеро* детéй，所以实际上 пáтеро — дéсятеро 这样的集合数词实际上是不用的。

（4）集合数词可与表示男人的阳性名词和共性名词连用，如 *двóе друзéй*, *трóе сирóт*（当然也可以用 *два дрýга*, *три сироты*）。例如：

Чéтверо студéнтов окружúли профéссора.（四位大学生把教授围住了。）

Рáдостно встрéтились пóсле дóлгой разлýки двóе друзéй.（两个朋友在长时间离别之后高兴地相遇了。）

用数量数词和集合数词的区别在于：用集合数词时强调所指人们是一个整体，强调其共性。例如：

Мы опоздáли на концéрт. *Два артúста* ужé выступили.（我们去听音乐会迟到了。有两位演员已经演完了。）（表示两位演员是分别演的，是两个节目）

На сцéну вы́шли *двóе артúстов*, котóрые исполнили ромáнсы рýсских композúторов.（两位演员走上舞台，他们演唱了几首俄罗斯作曲家的抒情歌曲。）（表示两位演员是一个整体，他们演出的是同一个节目）

值得注意的是，在公文语体或指称一些身份较高的人时，不用集合数词，而用数量数词，以免对人物产生贬低色彩，不说 *двóе инженéров*（*профессорóв*, *генерáлов*），而说 *два инженéра*（*профéссора*, *генерáла*）。例如：

На нáшей кáфедре *два профéссора*.（我们教研室有两位教授。）

Семинáрские занятия велú во всех грýппах *два доцéнта*.（各班的课堂讨论课由两位副教授主持。）

Трéбуются на рабóту *четыре инженéра*.（工作需要四位工程师。）

集合数词一般不和表示女人的名词连用，通常不说 *двóе студéнток*（两位女大学生），而要说 *две студéнтки*。

（5）与表示动物幼崽的名词连用时，只能用集合数词，如 *чéтверо котя́т*（四只小猫），而不说 *четы́ре котёнка*。例如：

Лóвко обманýли злóго вóлка *трóе поросят*.（三头小猪崽巧妙地骗过了凶恶的狼。）

Посредú кóмнаты на большóм ковре́ игрáло *трóе чудéсных пушúстых котя́т*.（房间正中的大地毯上有三只好看的毛茸茸的小猫在玩耍。）

По дворý бéгали *чéтверо жёлтеньких цыплят*.（院子里四只黄色的小鸡在奔跑。）

二、集合数词 óба(óбе)的用法

传统语法把 óба(óбе) 算做集合数词，但实际上，它并不像其他集合数词那样表示数量。óба(óбе) 的意思是 и тот и другой，即"两个都……"，代替两个已知的、前面提到过的人或物，说明这两个人或物都具有某种特征，从事某动作。óба(óбе) 在用法上主要有如下特点：

1. óба 用于阳性和中性名词或代词前，óбе 用于阴性名词或代词前（有时也出现在代词之后）。例如：

У негó два сы́на, *óба сы́на*（或 *óба они́*）ýчатся в Университéте Цинхуá.（他有两个儿子，他们都在清华大学上学。）

Жи́ли два товáрища. В 1990 годý им *обóим* бы́ло три́дцать пять лет.（有两个同伴，1990年的时候，他们两个都35岁。）

2. 当 óба(óбе) 是第一格时，后面的名词需用单数第二格，如果 óба(óбе) 是其他各格，后面的名词用与 óба(óбе) 同格的复数形式。例如：

Оба мáльчика игрáют во дворé.（两个男孩子都在院子里玩耍。）

Он пóднял *обéими рукáми* ведрó и стал пить.（他双手捧起水桶，喝起水来。）

3. 用于 óба 之后的形容词定语用复数第二格。例如：

Оба извéстных писáтеля бы́ли у нас.（两位著名的作家都曾到过我们这里。）

Оба больши́х окнá откры́ты.（两扇大窗户都敞开着。）

如果形容词定语用于 óбе 之后，当其后面的名词为动物名词时，形容词既可用复数第一格也可用复数第二格；当其后面的名词为非动物名词时，形容词需用复数第一格。例如：

Обе молоды́е жéнщины пошли́ в магази́н.（两位青年妇女都到商店去了。）

Обе нóвые рабóтницы пришли́ к нам.（两位新女工都到我们这儿来了。）

Обе интерéсные кни́ги лежáт на столé.（两本有趣的书都摆在桌子上。）

4. 当 óба 与名词 род（种类），пол（性别）连用时，第二格形式特殊，用形容词软变化单数第二格的词尾 обóего。例如：

молодёжь *обóего* пóла（男女青年）

товáры *обóего* рóда（两类商品）

练习八、选择正确答案。

1. Стари́нная крéпость имéла _____ (трóе ворóт, три ворóт).

2. В кóмнату вошли́ _____ (двóе студéнтов, двóе студéнток).

3. Из пятнáдцати бойцóв остáлись в живы́х тóлько _____ (пять, пя́теро) во главé с Петрóвым.

4. Семинáрские заня́тия вели́ _____ (два доцéнта, двóе доцéнтов).

5. У сосéда _____ (три, трóе) детéй.

6. На _____ (двух, двои́х) часáх покáзывают рáзное врéмя.

7. Так и обманýли э́того вóлка _____ (три поросёнка, трóе поросят).

8. Дéти приéхали на _____ (двух, двои́х) санях.

9. Он рабóтает за _____ (двои́х, двух).

10. В семье старого крестьянина _____ (три сына, трое сына): все _____ (три, трое) прекрасные охотники.
11. Метель не утихла в течение _____ (двадцати трёх, двадцати троих) суток.
12. Их _____ (четыре, четверо): все они ученицы балетной школы.
13. Не хватает _____ (шестерых часов, шести штук часов).
14. Дождь продолжался _____ (двадцать два дня, двадцать двое дней).
15. В корзинке лежат _____ (четыре пушистых котёнка, четверо пушистых котят).

不定量数词

1. 不定量数词 несколько, много, столько 等与动物名词连用，第四格可同第一格，也可同第二格。例如：

Я посетил много(многих) друзей.（我拜访了许多朋友。）

Я вижу несколько(нескольких) учеников.（我看见几个学生。）

несколько, сколько, столько 与动物名词连用，第四格同第一格的用法较为常见。

2. 不定量数词 мало, немало 不变格（只用于第一、第四格），如需要变格时，则只能用 немного, много 代替，如 познакомиться с малыми товарищами 的意思是"认识了一些小同学"，因为 малыми 在这里是 малый 的变格，如想表达"和不多的同学认识"则应该成 познакомиться с немногими товарищами。

3. 不定量数词 несколько, сколько, столько, много 等与具有"分配"意义的前置词 по 连用时，一般用第三格。несколько, сколько, столько, много 的第三格分别为 нескольким, скольким, стольким, многим, 但当它们与 по 连用时，词尾却为-у，这是特殊的第三格形式：нескольку, скольку, стольку, многу。例如：

На каждом окне стоит по нескольку букетов цветов.（每个窗台上放几束花。）

По скольку дней вы отдыхаете в месяц?（你们一个月休息几天？）

Он жил в деревне ежегодно по нескольку месяцев.（他每年在乡村都住上几个月。）

По скольку часов он работает в день?（他每天工作几小时？）

在口语中不定量数词与 по 连用时，可使用与第一格形式相同的第四格。例如：

по многу дней — по много дней

по нескольку месяцев — по несколько месяцев

 练习九、选择正确答案。

1. Я увидел _____ (много студентов, многих студентов).

2. Алёша познакомился с _____ (немногими, малыми) стариками.

3. По _____ (скольку, скольким) дней вы работаете в месяц?

4. По скольку _____ (карандашей, карандашам) вам дали?

5. Мы отдыхаем по _____ (несколько часов, нескольким часам).

反身代词

反身代词只有一个 себя，它永远不能做主语，所以没有第一格的形式，它在句中表示动作的客体，而这客体同时又是动作的主体本身，因此 себя 的实际所指永远和主语一致。例如：

Они́ ма́ло говори́ли о *себе́*.（他们很少谈到自己。）

1. 当句中客体不定式用作谓语动词的补语时，反身代词 себя 往往产生歧义，因为在这样的句子里实际上出现两个行为主体，很难确定反身代词与哪一个主体有关。例如：

Реда́ктор газе́ты попроси́л корреспонде́нта написа́ть о *себе́*.（报纸编辑请记者写写自己。）

написа́ть 是客体不定式，在句中做补语，корреспонде́нта 既是 попроси́л 的直接补语，又是 написа́ть 这一行为的主体。由此可见，在这一句实际上存在着两个主体，即 реда́ктор 和 корреспонде́нт。鉴于此种情况，自然难以确认"写自己"是指"编辑"还是"记者"。为了消除歧义，应当改变句子结构。例如：

Реда́ктор газе́ты попроси́л корреспонде́нта, что́бы тот написа́л о *себе́*.（о себе́ 代表 корреспонде́нт）

Реда́ктор газе́ты попроси́л корреспонде́нта, что́бы тот написа́л о *нём*.（о нём 代表 реда́ктор.）

试比较下面正、误两种句子：

Мать веле́ла сы́ну нали́ть *себе́* воды́.（错）应改为：

Мать веле́ла, что́бы сын нали́л *себе́* воды́.（母亲叫儿子给他自己倒点儿水。）

Мать веле́ла, что́бы сын нали́л *ей* воды́.（母亲叫儿子给她倒点儿水。）

Ко́ля попроси́л дру́га доста́ть *себе́* биле́т в кино́.（错）应改为：

Ко́ля попроси́л дру́га, что́бы тот доста́л *ему́* биле́т в кино́.（科里亚请朋友为他买一张电影票。）

Дире́ктор предложи́л секретарю́ отнести́ полу́ченную корреспонде́нцию к *себе́*.（错）应改为：

Дире́ктор предложи́л, что́бы секрета́рь отнёс полу́ченную корреспонде́нцию к себе́.（厂长建议秘书把接到的信件拿到他自己那儿去。）

Дире́ктор предложи́л, что́бы секрета́рь отнёс полу́ченную корреспонде́нцию к *нему́*.（厂长建议秘书把接到的信件送到他那儿去。）

2. 在复合句中要注意从句中反身代词的使用。例如：

Он заме́тил, что кро́ме *него́*, никого́ нет.（他发现，除了自己，没有别人。）在从句中用 него́ 是对的。注意不要把主句和从句混在一起分析。要把从句单独分析，即 Кро́ме него́, никого́ нет. 如果用 Кро́ме *себя*, никого́ нет. 则不知指的是谁。

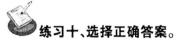

练习十、选择正确答案。

1. Ты ду́маешь то́лько о ＿＿＿＿（тебе́, себе́）.

2. После обеда она ушла к _____ (ней, себе) в кабинет.
3. Он посмотрел вокруг _____ (него, себя), и заметил, что в комнате, кроме _____ (него, себя), никого не было.
4. Матери хотелось пить, и она просила дочь, чтобы она принесла _____ (ей, себе) воды.
5. Дочери хотелось пить, но мать была занята. И мать велела дочери, чтобы она принесла _____ (ей, себе) воды.

物主代词

　　反身物主代词 свой 用来说明事物是属于句中主语的，它和 себя 一样，能和所有人称发生关系，与被说明的名词在性、数、格上一致。例如：

　　Мы(Вы, Они) рассказáли о *своих* успéхах. (我们(你们、他们)讲述了自己的成就。)
　　Дéвушка забы́ла на скамéйке *свою́* су́мку. (姑娘把自己的手提包忘在长凳上了。)
　　Всё у́тро мы бы́ли в *своéй* кóмнате. (整个上午我们都在自己房间里。)

　　1. 当句中的主语(或主体)是用第一、二人称代词(я，мы，ты，вы)表示时，既可以用 свой，也可以用 мой，наш，твой，但仍以 свой 为常用。例如：

　　Мы хóдим в *свой* (*наш*) клуб. (我们常到我们的俱乐部去。)
　　Открóйте *свой* (*ваш*) учéбник! (请打开书!)

　　2. 反身物主代词 свой 不可以和 егó，её，их 互换。如果用 свой，则指句中的主语 он，онá，они；如果用 егó，её，их，则指另外的"他""她""他们"。例如：

　　Он недовóлен *своéй* рабóтой. (他不满意自己的工作。)
　　Он недовóлен *егó* рабóтой. (他不满意他(另一个人)的工作。)
　　Для мáтери ты всегдá остáнешься *её* дóчерью. (对母亲来说你永远是她的女儿。)
　　Кáждое веществó узнаю́т по *егó* свóйствам. (人们根据物质的性质了解它们。)在这个句子中，不能用 свои́м 来代替 егó，因为这是个不定人称句，省略了主语 лю́ди，如果用 свои́м，句子就是 Лю́ди узнаю́т кáждое веществó по *свои́м* свóйствам. 意思就是：人们根据人们自身的性质来了解物质，即 свои́м 指代 лю́ди。再如：

　　Кита́йский нарóд горди́тся тем, что в *егó* странé имéются многочи́сленные дрéвние пáмятники культу́ры. (中国人民骄傲的是在其国家有无数的文化古迹。)

　　3. 反身物主代词 свой 可以和各种人称发生关系，因此，如果句中同时出现两个行为发出者，不宜使用 свой，否则会产生歧义。例如：

　　Он попроси́л поэ́та прочитáть *свой* стихи́. (错)
　　在此句中 он 和 поэ́та 都是主体——他请求；诗人读诗，因此 свой 既可与 он，也可与 поэ́т 发生关系，从而导致领属关系不明确。为准确地表达思想，必须改变句子结构。例如：

　　Он попроси́л поэ́та, чтобы тот прочитáл *свой* стихи́. (他请诗人读自己的诗。)
　　Я попроси́л егó принести́ *свой* учéбник. (错)应改为：
　　Я попроси́л егó, чтобы он принёс *свой* учéбник. (我让他把自己的教科书带来。)
　　Я попроси́л егó принести́ *мой* учéбник. (我让他把我的教科书带来。)

　　4. 句中有用 и 连接的同等主语，而第二个主语又从属于第一个主语，此时领属关系不用反身物主代词 свой 表示，习惯上使用物主代词。例如：

　　Ви́тя и *егó* сестрá учи́лись в однóй шкóле. (维佳和他的姐姐在一个学校里学习。)
　　Мы и *наш* преподавáтель бы́ли на вы́ставке карти́н. (我们和我们的老师看了画展。)

· 67 ·

Брат и один из *его* товарищей уехали в Тибет.（哥哥和他的一个同学去西藏了。）

5. 当句中用 с 来连接同等主语时用 свой。例如：

Пришёл дядя со *своим* другом.（叔叔带他的朋友来了。）

Они со *своим* преподавателем разговаривают по-русски.（他们和自己的老师用俄语交谈。）

试比较：

Брат и *его* друг пошли в театр.（哥哥和他的朋友去剧院了。）

Брат со *своим* другом пошли в театр.（哥哥和他的朋友去剧院了。）

Мы и *наш* преподаватель были на спектакле.（我们和老师看了话剧。）

Мы со *своим* преподавателем были на спектакле.（我们和老师看了话剧。）

6. 当句式为 У кого есть что 时，只能用 свой。例如：

У меня *своя* работа, а у тебя *своя*.（我有我的工作，你有你的工作。）

7. 注意复合句从句中物主代词的使用。例如：

Она придёт к нам, как только закончит *свои* домашние дела.（她一干完自己的家务活就马上到我们这里来。）在这个句子中从句中用 свои 是对的，注意不要把主句和从句混在一起分析。要把从句单独分析，即 закончит свои домашние дела 这里很显然省略了主语 она。再看下面句子。

Она часто мне говорит, что *её* домашние дела отнимали у неё много времени.（她经常对我说，家务占用了她很多时间。）这个复合句中，从句中用 её 是对的，注意不要把主句和从句混在一起分析。要把从句单独分析，从句中不能用 свои，因为从句 её домашние дела отнимали у неё много времени 中如果用 свои，即 свои домашние дела отнимали у неё много времени 由于 свои 不知所指，所以句子不成立。

练习十一、选择正确答案。

1. Алеша показал _____（свой, его）талант.
2. Брат с(о) _____（его, своим）другом ушёл в кино.
3. Брат и один из _____（своих, его）друзей ушли в кино.
4. У меня есть _____（моя, своя）работа.
5. Каждое вещество узнают по _____（его, своим）свойствам.
6. Китайская молодёжь гордится тем, что _____（её, своя）страна богата ресурсами.
7. Для матери ты всегда останешься _____（её, своей）дочерью.
8. Она обещала, что закончит _____（свои, её）домашние дела и приедет к нам.
9. Мы должны закончить работу _____（нашими, своими）руками.
10. Она часто жалуется, что _____（её, свои）домашние дела отнимают у неё много времени.

限定代词

一、限定代词 káждый, любóй, всякий

káждый, любóй, всякий 与被说明的名词在性、数、格上一致，变格与形容词相同，在句中通常做定语，也可以做名词，在句中做主语或补语。káждый, любóй, всякий 具有共同的意义，有时可以互换，但每个代词强调的侧重点不同。试比较：

Как пройти на Красную площадь в Москве, вам скажет *любóй*(*каждый*, *всякий*). (在莫斯科怎么去红场，任何人（每个人、无论什么人）都会告诉您。)

Не *всякий*(*каждый*, *любóй*) может это сделать. (这事不是什么样的（每个、任何）人都能干得了的。)

Я сделал только то, что *всякий*(*любóй*, *каждый*) другой сделал бы на моём месте. (我做的不过是其他无论什么样的人（任何人、每个人）处在我的地位上都会做的事情。)

Эту книгу вы найдёте в *любóй*(*каждой*, *всякой*) библиотеке. (这本书您可以在任何一个（每个、不论什么样的）图书馆里找到。)

1. káждый 可以表示一定范围内所有同类事物中的每一个、无一例外，意义相当于 все。这时不能由 любóй 或 всякий 替代。例如：

На уроке отвечал на вопросы преподавателя *каждый* студент. (在课堂上每个学生都回答了老师的问题。)

В *каждом* экзаменационном билете три вопроса. (每张考签三个问题。)

Каждый аспирант должен сдать кандидатский экзамен по специальности. (每个研究生应该通过本专业的副博士考试。)

另外，каждый 与表时段的词或词组搭配可以表示动词所表示的行为是有规律、周期性重复的。例如：

Он приходит ко мне *каждый* день. (他每天到我这儿来一次。)

Он приходит ко мне *каждые две недели*. (他每两个星期来我这儿一次。)

此外，каждый 还可以与顺序数词连用，表示"每……中就有一个"。此时也不能用 любóй 或 всякий 替代。例如：

Каждый пятый студент сдал экзамен. (每五个大学生中就有一个通过了考试。)

2. любóй 可以表示同类事物中经选择（随意选择）的一个（注意：此时涉及的只是一个），这时不能由 каждый 或 всякий 替代。试比较：

— Когда к вам пойти?

— В *любóй* день после четверга. ("哪天到您那儿去？""星期四后随便哪一天都可以。")

Приходите ко мне в *любóе* время. (你任何时候都可以来我这儿。)

Любо́й студе́нт реши́т э́ту пробле́му.（任何一个学生都会解决这个问题。）

3. вся́кий 可以表示"多种多样的、形形色色的、各式各样的"，一般为复数形式。如果名词没有复数形式，вся́кий 可用单数形式。这时，不能用ка́ждый或любо́й替代。例如：

У меня́ сего́дня мно́го вся́ких дел.（我今天有好多各种各样的事情。）

В жи́зни я встреча́л вся́ких люде́й.（在一生中我遇到了各种各样的人。）

В реке́ пла́вает вся́кая ры́ба.（河里游着各种鱼。）

вся́кий 可以构成固定词组，如 без вся́кого сомне́ния（毫无疑问），без вся́ких затрудне́ний（毫不费力），во вся́ком слу́чае（无论如何，至少），на вся́кий слу́чай（以防万一，以备急需）。例如：

Во вся́ком слу́чае сего́дня я его́ встре́чу.（无论如何今天我要见他一面。）

На́до взять с собо́й зо́нтик на вся́кий слу́чай.（要随身带伞以防下雨。）

4. ка́ждый 和 вся́кий 有时可以用在同一个语境里，即在同一个句子中两者的意思都说得通。这时，可以相互替换，但各自的意义仍然保留。试比较：

Во вре́мя войны́ ка́ждый（вся́кий）мужчи́на — э́то во́ин，защи́тник своего́ оте́чества.（战争时期，每个（任何一个）男子都是战士、自己祖国的保卫者。）

ка́ждый 和 вся́кий 在意义上只有极细微的差别。我们可以说：Вся́кий челове́к вперёд смо́трит.（任何一个人都在向前看。）和 Ка́ждый челове́к вперёд смо́трит.（每个人都在向前看）。两个句子中所指的对象都可以是任何一个人，差别仅仅在于第一句中 вся́кий 这个词所表达的一种无所不包的概括的性质更强烈些。当我们泛指任何一种事物时，我们常用 вся́кий 这个词；当我们必须指出一定范围的事物中任何一个具体事物时，用 ка́ждый 这个词更为恰当。例如：

Вся́кому де́реву нужна́ вла́га.（任何树木都需要水分。）

但是，当句式为 из кого́-чего́ 时，必须用 ка́ждый。例如：

Ка́ждое из поса́женных дере́вьев я полива́л жи́дким удобре́нием.（我给每一棵新栽的树都浇了液体肥料。）

再比较下列句子：

В чи́стой све́тлой ко́мнате стоя́ло 15 крова́ток, ка́ждая была́ аккура́тно и краси́во при́брана.（在洁净明亮的房间里摆着十五张小床，每张床都收拾得整齐而又美观）。

应该指出，代词 вся́кий 的复数形式可以随便使用，而代词 ка́ждый 则只有表示一定数量的事物或者与没有单数的名词连用时才能用复数。例如，可以说 вся́кие дере́вья（任何树木），而不能说 ка́ждые дере́вья，但是可以说 ка́ждые пять дере́вьев（每五棵树），ка́ждые три дня（每三天），ка́ждые су́тки（每一昼夜）等。

由于代词 вся́кий 具有漫无限制的概括意义，因而有时具有轻蔑的色彩。例如：

Не хочу́ я со вся́ким разгова́ривать.（我不愿意和随便什么人都交谈）。请比较：

Я с удово́льствием поговори́л бы с ка́ждым из вас.（我将很高兴和你们每个人谈话）。

5. любо́й 和 вся́кий 有时可以换用，любо́й 侧重"随便哪个"，вся́кий 着重指"不论什么样的"。例如：

Экску́рсия состои́тся при вся́кой（любо́й）пого́де.（不论什么（任何）天气游览都将进行。）

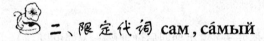

二、限定代词 сам, са́мый

сам 和 са́мый 都可以与名词或人称代词连用，都要在性、数、格上与名词或人称代词一致。

1. сам 表示"本人、自己"的意思，即强调正是该人或该事物。

(1) 当 сам 与名词连用时，сам 应位于名词前。例如：

Пришёл *сам* дире́ктор заво́да. (厂长本人来了。)

Я получи́л разреше́ние от *самого́* дире́ктора. (我得到了厂长本人的许可。)

сам 放在做主语的名词之后时，既与名词、同时又和后面的动词（谓语）发生关系，表示动作是主语自身不借外力或外部影响而独立进行或完成的。例如：

Учени́к *сам* испра́вил оши́бку. (学生自己改正了错误。)

Дверь *сама́* откры́лась. (门自己开了。)

(2) сам 与人称代词连用时，也要在性、数、格上和代词一致。如果人称代词做主语，则 сам 在其前或在其后意义上的区别与上述名词主语连用时一样。试比较：

Мари́я расска́зывала, что живу́т они́ ничего́, де́ти все пристро́ились, *сама́* она́ получа́ет пе́нсию. (玛丽娅讲道，他们的日子过得还可以，孩子们都找到了工作，她本人呢，领取退休金。)

Пусть он *сам* расска́жет обо всём. (让他本人来讲这一切吧。)

但当用于间接格时，сам 总是放在人称代词之后。例如：

Мне ну́жно ви́деть её *самоё*, а не её секретаря́. (我要见她本人，而不是她的秘书。)

Я поговори́л с ним *сами́м*. (我和他本人谈了谈。)

(3) сам 与 себя́ 连用时，则一般应于 себя́ 前，当表示强调时，也可用于 себя́ 后。例如：

Я иногда́ *само́й* себя́ бою́сь. (有时我害怕我自己。)

2. са́мый 可以和名词或人称代词连用，表示"正是、就是、本身"等意义。

(1) 与名词连用时，са́мый 用于表示空间或时间意义的词组中，强调"正是在"或"直到"某处某时间。са́мый 在名词前，有时其前还可带 тот 或 э́тот 以加强其意义。例如：

Он ро́дом не из *са́мого* го́рода, а бли́зко к э́тому го́роду. (他并不是出生在城里，而是离该城不远的地方。)

Маши́на останови́лась перед трёхэта́жным до́мом у *са́мого* подъе́зда. (汽车直到二层楼房的大门前才停下的。)

Мы шли по *са́мому* ве́рху горы́. (我们正好沿着山峰顶行走。)

(2) 与人称代词连用，са́мый 在人称代词后。试比较：

— Гла́вный инжене́р — э́то седо́й тако́й?

— Он *са́мый*, — подсказа́л Воло́дя, — ваш сосе́д. ("总工程师是那位白发的吗？"瓦洛佳悄悄地说："就是他，坐在您旁边那位。")

练习十二、选择正确答案。

1. Почти _____ (ка́ждый, любо́й, вся́кий) второ́й роди́тель в той и́ли ино́й фо́рме акти́вно уча́ствовал в дела́х шко́лы.

2. В свое́й жи́зни он встреча́лся с(о) _____ (ка́ждыми, любы́ми, вся́кими) людьми́.

3. Мы реши́ли _____ (ка́ждой, любо́й, вся́кой) цено́й доби́ться успе́ха.

4. Мы счита́ем, что перегово́ры должны́ проводи́ться в усло́виях, исключа́ющих _____ (вся́кую, любу́ю, ка́ждую) угро́зу.

5. Зайди́ в _____ (вся́кий, любо́й, ка́ждый) кни́жный магази́н и купи́ э́ту кни́гу.

6. _____ (Вся́кое, Любо́е, Ка́ждое) у́тро я занима́юсь физзаря́дкой.

7. Заявление краткое, зато _____ (всякое, любое, каждое) слово тщательно продумано.
8. Деревья посажены через _____ (всякие, любые, каждые) три метра.
9. В этом озере водится _____ (всякая, любая, каждая) рыба.
10. Поедем в _____ (всякий, любой, каждый) город — всюду видны растущие этажи новостроек.
11. Поезд останавливается на _____ (всякой, любой, каждой) станции.
12. В этом магазине продают _____ (всякие, любые, каждые) товары.
13. Он опоздал на собрание без _____ (всякой, любой, каждой) уважительной причины.
14. Приезжай с _____ (всяким, любым, каждым) поездом, только заранее дай телеграмму.
15. _____ (Всякий, Любой, Каждый) из нас любит музыку.
16. Бывают _____ (всякие, любые, каждые) книги, их нельзя читать без разбора.
17. Эти вещи возьмите с собой на _____ (всякий, любой, каждый) случай.
18. Вы можете прийти ко мне в _____ (всякое, любое, каждое) время.
19. У него ещё осталось в городе много _____ (всяких, любых, каждых) дел.
20. Теперь женщины _____ (всякие, любые, каждые): доктора, педагоги, инженеры и др.
21. Мы встречались _____ (всякие, любые, каждые) два дня.
22. Мы тщательно изучили _____ (всякий, любой, каждый) вопрос.
23. Надо, чтобы _____ (всякий, любой, каждый) соблюдал трудовую дисциплину.
24. Об этом не договаривались, это и без _____ (всяких, любых, каждых) слов понятно.
25. Здесь построены трёхэтажные жилые дома в 24 квартиры в _____ (всяком, любом, каждом).
26. Перед _____ (самом, самым) приходом в кино я вспомнил, что забыл билет дома.
27. Я узнал эту новость от _____ (самого него, него самого).
28. Об этой проблеме надо посоветоваться с _____ (самым, самим) директором.
29. Павел оставался до _____ (са́мой, само́й) смерти моим верным другом.
30. Труд создаёт _____ (са́мого, самого́) человека.

带 кóе-，-то，-нибудь，-либо 的不定代词

不定代词表示所指代的人、事物以及特征、状况等是不明确、不确定的。不定代词由疑问代词加语气词 кóе-，-то，-нибудь，-либо 等构成。

带 кóе-的不定代词表示说话人确切知道某人、某事物或某种特征等，便却不明确指出。可用四字口诀概括，即"知而不言"。这类代词有：кóе-ктó（某人），кóе-чтó（某物），кóе-какóй（某种）。例如：

Я хотéл *кóе-чтó* вам сказáть, но покá секрéт. （我想对你说点儿事情，但暂时保密。）

带-то 的不定代词表示说话人知道有某人、某事物或某特征等，但不确切知道究竟是什么人、什么事物或什么物征等。可用四字口诀概括，即"有而不确"。这类代词有：ктó-то（某人，不知是谁），чтó-то（某物，不知是什么），какóй-то（某种，不知什么样的），чéй-то（某人的，不知谁的）。例如：

Я хотéл *чтó-то* вам сказáть, но забы́л. （我想对你说点儿事情，但忘了什么事。）

带-нибудь（-либо）的不定代词表示说话人并不清楚是否存在某人、某事物或某特征。可用四字口诀概括，即"不知有无"。-либо 与-нибудь 意义相同，但-либо 主要用在书面语中。这类不定代词有：ктó-нибудь（不论谁，随便什么人），чтó-нибудь（不管什么，随便什么），какóй-нибудь（不论什么样的，随便什么样的），чéй-нибудь（不论谁的，随便谁的）。какóй-нибудь 的复数第二格可以放在"数词+名词"之前，意为"大约"，如 *каки́х-нибудь* два часá（大约两小时。）例如：

Дáйте мне *чтó-нибудь* поéсть. （随便给我点儿什么吃的东西。）

下面我们看一下这几个词的区别。

1. 其中 кóе-的用法只能其根据意义来确定。例如：

Кóе-ктó из вас не сдал экзáмен. （你们中有人没通过考试。）

2. 带-то 和-нибудь（-либо）的不定代词用法除根据意义还可以根据句中动词的时间形式和句型来判断。

（1）过去时：表示不重复的行为时，只能用带语气词-то 的代词。例如：

Он был в магази́не и *чтó-то* купи́л к у́жину. （他到商店去买吃晚饭用的东西。）

（2）现在时：俄语中的现在时有两种基本意义：①表示说话时正在进行的行为，即直接现在时；②表示经常进行不受时间限制的行为，即一般现在时。表示直接现在时时，只用带语气词-то 的不定代词。例如：

Брат сиди́т за столóм и *чтó-то* пи́шет. （弟弟正坐在桌旁写着什么。）

表示一般现在时意义时，用带-нибудь 的不定代词，因为这种形式具有行为重复意义。例如：

Мать не мóжет сидéть сложá рýки. Онá всегдá *чтó-нибудь* дéлает. （母亲从不抄手闲着，她总是干点儿什么。）

（3）在下列句型中只能用带-то 的不定代词

①句中有 взглянýть，ви́деть，смотрéть，слы́шать，чýвствовать，замечáть，показáть 等感知

动词。例如：

Заметив, что она хотела *что-то* сказать, он остановился. （发现她想要说点儿什么,他停了下来。）

②句中有表示行为发生的确切时间或行为的突然性和瞬间性的状语 в эту минуту, вдруг, неожиданно, внезапно, мгновенно 等。例如：

Вдруг мимо окна *кто-то* быстро прошёл. （突然有人从窗前迅速走过。）

③用于带连接词 как, как бы, как будто, точно, словно 的比较短语和比较从句中。例如：

Она остановилась, как бы желая *что-то* сказать. （她停下来,好像要说点儿什么似的。）

(4)在下列句型中只能用带-нибудь(-либо)的不定代词

①句中有 всегда, каждый раз, обычно, редко, часто 等表示行为多次重复的词。例如：

В этом сквере всегда *кто-нибудь* гуляет с ребёнком. （在这个街心花园总是有人领着孩子散步。）

②用于祈使句。例如：

Дайте мне *что-нибудь* почитать. （请给我点儿什么东西读。）

③用于疑问句。例如：

Ко мне *кто-нибудь* приходил в моё отсутствие? （我不在时有人找我吗?）

Если вы встретите *кого-нибудь* из наших общих знакомых, передайте от меня привет. （如果您遇见哪个我们都认识的熟人,请代我向他问好。）

④用于条件从句。例如：

Если нам *что-нибудь* непонятно, мы обращаемся к преподавателю. （如果我们有什么不明白的地方,就去问老师。）

⑤用于以 чтобы 连接的表示祈使、必须、愿望的说明从句及目的从句中。例如：

Мать велела, чтобы *кто-нибудь* из детей купил молока. （母亲让一个孩子去买些牛奶。）

练习十三、选择正确答案。

1. Спойте нам _____ （что-нибудь, что-то, кое-что）из пекинских опер.
2. _____ （Кто-нибудь, Кто-то, Кое-кто）ко мне приходил?
3. Брат _____ （когда-нибудь, когда-то, кое-когда）воевал на войне, но я не помню, в каком году.
4. Мне выслали _____ （какие-нибудь, какие-то, кое-какие）книги по почте, очень хорошие, редкие.
5. На столе лежит _____ （чья-нибудь, чья-то, кое-чья）карта, не моя.
6. Когда _____ （что-нибудь, что-то, кое-что）не понимаешь, нужно спрашивать у товарищей.
7. Мы ещё не знаем, поедут ли ребята _____ （куда-нибудь, куда-то, кое-куда）в каникулы.
8. Дайте мне _____ （что-нибудь, что-то, кое-что）почитать.
9. Я хочу _____ （что-нибудь, что-то, кое-что）вам сказать, но пока секрет.
10. Я хотел _____ （что-нибудь, что-то, кое-что）вам сказать, но забыл.
11. Есть ли _____ （кто-нибудь, кто-то, кое-кто）прочитал этот роман?
12. Мать всегда _____ （что-нибудь, что-то, кое-что）делает.
13. Преподаватель сказал, чтобы _____ （кто-нибудь, кто-то, кое-кто）поехал купить билеты на

концерт.
14. Он вдруг _____ (что-нибудь, что-то, кое-что) вспомнил.
15. Записки в _____ (каких-нибудь, каких-то, кое-каких) три-четыре строчки он прочитал два раза.

动词的体

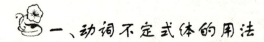

一、动词不定式体的用法

动词不定式在句中既能单独使用,也可能与其他词类连用。其体使用的基本原则是:当着眼于行为的完成或行为的具体结果时应用完成体形式;当着眼于行为本身、行为的延续或重复时用未完成体形式。

1. 在表示开始、继续、结束、停止等意义的助动词之后使用未完成体不定式,常见的这类动词有 начинáть — начáть(开始),стать(开始),принимáться — приняться(着手),прекращáть(终止),прерывáть — прервáть(中止),кончáть — кóнчить(结束)等。例如:

Этот банк начинáет *рабóтать* в 9 часóв утрá.(这家银行早 9 点开始营业。)

Обы́чно мы закáнчиваем *занимáться* в 5 часóв вéчера.(通常我们到下午 5 点结束学习。)

Друзья́ нáчали *спóрить*.(朋友们开始争论。)

С тех пóр мы перестáли *перепи́сываться*.(从那时起我们就不再通信了。)

Мы кóнчили *слýшать* мýзыку и приняли́сь *готóвить* урóки.(我们听完音乐,开始做功课。)

动词 продолжáть 之后用未完成体动词不定式。例如:

Пóсле обéда мы продолжáем *занимáться*.(午饭后我们继续学习。)

Разговóр э́тим кóнчился, и мы продолжáли мóлча *идти́*.(谈话就此结束了,我们继续默默地向前走。)

在 продóлжить 之后只能用名词第四格的直接补语。试比较:

продолжáть *обсуждáть*(继续讨论)— продóлжить *обсуждéние*(继续讨论)

продолжáть *говори́ть*(接着说下去)— продóлжить *свою́ речь*(继续发言)

2. 在表示学会、习惯、使……养成习惯、使……放弃习惯、喜爱、厌烦等意义的动词 брóсить(放弃),привы́кнуть(习惯于),разлюби́ть(不再喜欢),отвы́кнуть(失去……的习惯),запрети́ть(禁止),надоéсть(厌恶),научи́ться(学会),разучи́ться(不再会),устáть(厌烦),раздýмать(不再想)之后,由于与行为的完成和结果无关,而只涉及行为本身,所以只用未完成体动词不完式。例如:

Мне ужé надоéло *слýшать* однý и ту же пéсню.(我已经厌倦了总听同一首歌。)

В пять лет ребёнок ужé научи́лся *читáть* и *писáть*.(五岁时小孩就学会了读书、写字。)

Нáдо приучи́ть детéй *вставáть* рáно.(应该让孩子习惯早起。)

Роди́тели отучи́ли сы́на *кури́ть*.(父母使儿子戒了烟。)

在 полюби́ть,понрáвиться 之后只能用未完成体动词不定式。例如:

Он полюби́л *рисовáть* óсенью в лесý.(他喜欢上了秋天在树林里画画。)

Мне понрáвилось *занимáться* кóнным спóртом.(他喜欢上了骑马运动。)

但在 люби́ть 和 нрáвиться 之后既可用未完成体动词不定式,也可用完成体动词不定式。例如：

Я люблю *говорить* с ним. （我喜欢和他谈话。）

Я люблю *поговорить* с ним. （我乐意和他谈一谈。）

Мне нравится *танцевать*. （我喜欢跳舞。）

Мне нравится *потанцевать*. （我喜欢跳跳舞。）

Мой сосед любит *потолковать* о технических проблемах. （我的邻居喜欢谈论技术上的问题。）

3. 在表示禁止、回避意义的动词之后，一般使用未完成体。例如：

В общественных местах запрещается *курить*. （公共场所禁止吸烟。）

未完成体动词 избегать 之后使用未完成体动词不定式。例如：

Он избегает *встречаться* со мной. （他回避同我见面。）

Он избегал *говорить* о случившемся. （他回避谈论发生的事。）

完成体动词 избежать 之后不能使用动词不定式，而用第二格的名词取代。例如：

Он избежал *встречи* со мной. （他回避和我见面。）

Витя избежал *ответа* на трудные вопросы. （维佳避开了回答难题。）

4. 在表示意愿的动词（хотеть，желать，пытаться，обещать，решить，надеяться 等）、使令动词（просить，советовать，уговаривать 等）和表示完成某一行为的必要性的状态词（надо，нужно，необходимо，надобно 等）之后，动词不定式可用完成体，也可用未完成体。用完成体表示具体的、简单的或一次的行为，用未完成体表示经常的重复的行为。试比较：

①Я обещал *позвонить* ему в следующую субботу. （我答应下周六给他打电话。）

②Я обещал *звонить* ему, когда нужно. （我答应在需要的时候给他打电话。）

例①中 позвонить 表示一次行为，所以用完成体动词不定式；例②中 звонить 表示重复的行为，所以用未完成体动词不定式。

试对比下列各句：

Он просил *помогать* ему часто. （他请求常帮助他。）

Он просил *помочь* ему только в этот раз. （他请求只这一次助他一臂之力。）

Он собирается *посещать* занятия регулярно. （他准备按时听课。）

Он собирается *посетить* только одно занятие. （他准备只听一堂课。）

Я думаю каждый понедельник *давать* ученикам сочинение. （我想每星期一让学生写作文。）

Я думаю в понедельник *дать* ученикам сочинение. （我想星期一让学生写一篇作文。）

Советую тебе каждый день *повторять* пройденный материал. （我建议你每天复习讲过的材料。）

Советую тебе сегодня же *повторить* пройденный материал. （我建议你今天复习好讲过的材料。）

Надо *проветривать* помещение во время перерыва. （休息的时候应当使房间透风。）

В следующий перерыв надо *проветрить* помещение. （下一次休息的时候应当把屋子透透风。）

Вы должны *брать* газеты по вечерам. （您应当每天晚上取报。）

Вы должны *взять* газету вечером. （您应当晚上把报纸取走。）

当表示"重复"意义的词说明意愿动词、使令动词时，不影响动词不定式用完成体。例如：

Он мно́го раз обеща́л *дать* мне свой магнитофо́н. (他多次答应把自己的录音机给我。)

Получи́в письмо́, она́ ка́ждый раз дава́ла себе́ сло́во обяза́тельно *отве́тить*. (她每次接到信后,都保证一定回信。)

Мы не раз собира́лись *купи́ть* э́то пече́нье. (我们不止一次要买这种饼干。)

试比较:

Он не раз обеща́л нам *рассказа́ть* о свое́й пое́здке. (他不止一次地答应给我们讲他的旅行。)

Он обеща́л нам не раз *расска́зывать* о свое́й пое́здке. (他答应多给我们讲几次他的旅行。)

在否定结构中,表示"不想做什么"、"不叫别人做什么",有否定词 не 时(не 可放在变位动词前也可放在变位动词后),不定式一般只用未完成体。例如:

Я не хочу́ *е́хать* в Пеки́н. (我不想去北京。)

Я не наме́рен *помога́ть* ему́. (我不打算帮助他。)

Он ведь не проси́л его́ *встреча́ть*. (他本来就没让人接他。)

Он не сове́тует мне *остава́ться*. (他不建议我留下来。)

Прошу́ не *забыва́ть*, что у всех люде́й есть недоста́тки. (请你不要忘记,每个人都有缺点。)

Прошу́ вас не *перебива́ть* меня́. (请您不要打断我。)

Сын обеща́л ма́ме не *выходи́ть* и́з дому. (儿子答应妈妈不离开家。)

试比较:

Мать проси́ла *вы́звать* до́ктора. (母亲请求叫医生来。)

Мать проси́ла не *вызыва́ть* врача́. (母亲请求不要请医生。)

Он уговори́л меня́ *оста́ться*. (他说服了我留下来。)

Он уговори́л меня́ не *остава́ться*. (他说服了我不留下来。)

Мы договори́лись *встре́титься* за́втра. (我们约定明天见面。)

Мы договори́лись не *встреча́ться* за́втра. (我们约定明天不见面。)

Прошу́ вас *забы́ть* о неприя́тностях. (请您忘掉不愉快的事。)

Прошу́ не *забыва́ть*, что вы больно́й. (请您不要忘记,您是病人。)

Он обеща́л *включи́ть* э́ту рабо́ту в план. (他答应把这项工作纳入计划。)

Он обеща́л не *включа́ть* э́ту рабо́ту в план. (他答应不把这项工作纳入计划。)

只有在表示力求避免意外、失误的行为时,被否定的动词不定式用完成体。试比较:

Прошу́ тебя́ не *проговори́ться* как-нибу́дь случа́йно об э́том. (请你不要无意中说漏了这件事。)

Проси́ли меня́ не забы́ть *принести́* ей слова́рь. (让我别忘记给她带辞典来。)

Он обеща́л не *опозда́ть* на собра́ние. (他保证开会不迟到。)

5. 副词 дово́льно, бесполе́зно, доста́точно, вре́дно 以及在 хва́тит(够了), пора́(到……时候了), не́зачем(没有必要), не́чего(没什么可), не на́до(不应该), не ну́жно(不需要), не сле́дует(不应该), не сто́ит(不值得), не́ к чему́(没必要), нет необходи́мости(没有必要), не тре́буется(不要求)等之后,使用未完成体动词不定式表示否定行为的必要性,指出没有必要、不应该做某事。例如:

Хва́тит *спо́рить*! Пора́ *рабо́тать*! (别争了,该干活啦!)

Бесполе́зно *ложи́ться* спать по́здно. (晚睡没有好处。)

Доста́точно *обсужда́ть* э́тот вопро́с! (这个问题讨论得差不多了。)

Вре́дно *чита́ть* лёжа. (躺着看书有害。)

Ещё есть вре́мя, не́зачем *спеши́ть*. (还有时间,不必着急。)

Здесь все свои́, не́чего *боя́ться*. (这儿都是自己人,用不着害怕。)

Вам не́ к чему *обраща́ться* к нему́. (您没必要去找他。)

Мне не́зачем *выходи́ть* в свет с неинтере́сной кни́гой. (我没必要出一本没有意思的书。)

Не на́до *объявля́ть* об э́том реше́нии. (不应该宣布这个决定。)

Не ну́жно *вызыва́ть* его́, он придёт сам. (没必要叫他,他自己会来的。)

Нам не ну́жно *беспоко́иться*. (我们用不着担心。)

Вам не ну́жно *запи́сывать* мои́ слова́. (你们不必记录我的话。)

Нам не сле́дует *остана́вливаться* на э́том вопро́се. (我们不必讲这个问题。)

Не сле́дует *принима́ть* его́ возраже́ния во внима́ние. (不该理睬他的异议。)

Не сто́ит *брать* с собо́й в санато́рий кни́ги. Там есть библиоте́ка. (住疗养院不必带书,那儿有图书馆。)

Не сто́ит *смотре́ть* э́тот фильм, он неинтере́сный. (这部电影不值得一看,没有意思。)

Нам нет необходи́мости *остана́вливаться* на э́том вопро́се. (我们没有必要再谈这个问题了。)

Э́тот текст *чита́ть* наизу́сть не тре́буется. (这篇课文不要求背。)

С ним нет смы́сла *спо́рить*. (和他争论没有意义。)

试与使用完成体动词做一比较:

— На́до *отня́ть* у ребёнка зажига́лку.

— Не на́до *отнима́ть*, она́ испо́рченная и без бензи́на. ("应当从孩子手里抢下打火机。" "不必了,打火机是坏的,而且没有汽油。")

— На́до *поспеши́ть*, а то опозда́ем.

— Не́ к чему *спеши́ть*. Ещё ра́но. ("应当快点儿,不然我们就晚了。" "没必要着急,还早呢。")

在选择不同的体时,不能只依据句子表面的结构形式,而且还要看整个句子的含义。не на́до ли, не сле́дует ли, не сто́ит ли 用在疑问句中,虽然有否定语气词 не,但实际上是说话人用反问形式肯定"需要""应该""值得"做某事,相当于 на́до, сто́ит 的意思,因此,其后要与完成体动词连用。例如:

Не сто́ит ли *обрати́ться* к дека́ну? (不值得去找系主任吗?)

此句的含义是"值得找系主任",相当于 Сто́ит обрати́ться к дека́ну.

Не на́до ли *купи́ть* э́тот уче́бник? (不需要买这本教科书吗?)

与此相反,在下述的句子里,虽然没有否定语气词 не,但全句是表示"不需要"、"没有必要"做某事,因此,动词不定式要用未完成体。例如:

Да на́до ли вам *обраща́ться* к э́тому челове́ку! (你有何必要请教这种人!)

ничего́ не сто́ит 与 не сто́ит 在意义上完全不同,不能混淆。试比较:

Э́ту статью́ не сто́ит *чита́ть*, в ней ничего́ интере́сного нет. (这篇文章不值得一读,内容没什么有意思的。)

在 кому́ ничего́ не сто́ит 句式中的 не 已失去否定意义,全句表示"轻而易举""毫无费力"地完成某件事,因此 ничего́ не сто́ит 必须与完成体动词不定式连用。例如:

Ему ничего не стоит *прочитать* эту статью, хотя она написана на немецком языке.(虽然这篇文章是用德文写的,但他读起来毫不费力。)

Ему ничего не стоит *решить* эту задачу.(他轻而易举地解开了这道题。)

Ему ничего не стоит *написать* эту статью.(他写这篇文章不费什么劲儿。)

Первокурсникам ничего не стоит *перевести* этот текст.(一年级学生翻译这篇课文毫不费力。)

не должен 表示"不需要"做某一件事时,与未完成体动词不定式连用。例如:

Он не должен *оправдываться* перед нами.(他不应当在我们面前辩解。)

Вы не должны *подавать* заявление.(您不应该提出申请。)

Коммунист не должен *ставить* личные интересы на первое место.(共产党员不应把个人利益放在第一位。)

但当 не должен 表示推测某一具体行为不可能发生时,可用完成体动词不定式。例如:

①Он очень пунктуальный человек, он не должен *опоздать*.(他是个非常遵守时间的人,不能迟到。)

②Он не должен *обмануть* нас.(他不可能欺骗我们。)

③ — Он придёт сегодня?

— Нет, сегодня он как будто не должен *прийти*.("他今天来吗?""不,他今天好像不能来。")

例①中说话人估计"他能准时来";例②中说话人推测"他不会欺骗";例③中说话人似乎知道"今天不是他来的日子"。

6. 带语气词 бы 的动词不定式句,表示说话人希望实现某一行为,或表示说话人不希望实现某一行为。这类句子分肯定句和否定句。在肯定句中动词不定式用完成体,在否定句中动词不定式用未完成体。试比较:

Поговорить бы с ним откровенно.(和他开诚布公地谈一谈该多好。)

Пойти бы погулять.(出去散一散步多好啊。)

Не *говорить* бы ему об этом.(最好不对他说这件事。)

Не *встречаться* бы с ним.(最好别遇上他。)

带语气词 бы 的不定式否定句,表示担心发生某种不希望的行为时,动词不定式要用完成体。例如:

Не *опоздать* бы на поезд.(可别误了火车呀。)

Не *проспать* бы.(可别睡过头。)

Что-то меня знобит. Не *заболеть* бы.(我有点儿发冷,可别生病。)

На улице очень скользко. Не *упасть* бы.(路很滑,可别跌倒啊。)

Не *отстать* бы от товарищей.(可别落在同志们的后面。)

这类句子表示担心时,动作主体通常是说话人自己,因此,在一般情况下不出现主体。在指其他人称时,应通过第三格表示主体。例如:

Ему бы *встать* пораньше.(他能早点起床该多好。)

Ему бы не *опоздать* на лекцию.(他去听讲可别迟到。)

下面句子虽然带否定语气词 не,但整个句子并不表示否定意义。例如:

Не *разбить* бы стакана.(可别打碎玻璃杯。)

Смотри, какой дождь. Не *промокнуть* бы.(看,雨多大!可别淋湿啊。)

Не встре́титься бы с ним в тот день. (可别在那一天遇上他。)

从上述例句可以看出表示担心意义的句子用"не + 完成体动词不定式 + бы";表示希望、愿望的句子用"完成体动词不定式 + бы";在否定句子里用"未完成体动词不定式 + бы"。试比较：

Не встре́титься бы с ним. (可别遇见他。)

Встре́титься бы с ним. (遇见他该多好啊。)

Не встреча́ться бы с ним. (不遇见他该多好啊。)

7. 一些表示性能、习惯意义的名词与动词不定式连用时（动词作抽象名词的非一致定语），因为词义中含有"经常性"因素，要求用未完成体动词，如 привы́чка, ка́чество, осо́бенность, сво́йство 等。例如：

У него́ привы́чка встава́ть ра́но. (他有早起的习惯。)

Стекло́ облада́ет осо́бенностью поглоща́ть лучи́. (玻璃有吸收光线的能力。)

8. "表示主体的第三格 + ли + 被 не 否定的动词不定式"构成无否定意义的疑问句，表示说话人相信某种行为有可能发生或实现，有时也可表示"应该"。根据说话人所要表达的思想，动词不定式可用完成体，也可用未完成体，但多用未完成体。例如：

Тебе́ ли не руководи́ть кружко́м? (你还领导不了小组？)

Тебе́ ли с твои́м го́лосом не петь? (你有这样的嗓子,还能不唱歌？)

Ей ли не ра́доваться э́той встре́че? (对这次会面她能不高兴吗？)

Тебе́ ли не ве́рить свое́й ма́тери? (你能不相信自己的母亲吗？)

Им ли не спра́виться с э́той рабо́той? (他们能胜任不了这项工作吗？)

Ему́ ли не пое́хать в санато́рий? (他能不去疗养院吗？)

Мне ли не учи́ться? (我能不学习吗？)

假若句中没有否定语气词 не,句意则正相反，表示说话人认为谈及的行为不可能发生或实现。动词不定式可用完成体，也可用未完成体。例如：

Ему́ ли жа́ловаться на судьбу́? (他能抱怨命运不好吗？)

Тебе́ ли выступа́ть на сце́не? (你能登台表演吗？)

Ви́ктору ли ду́мать об э́том? (维克托能考虑这个吗？)

Нам ли соглаша́ться с таки́м предложе́нием? (我们能同意这样的建议吗？)

Им ли вы́играть э́ту игру́? (这次比赛他们能取胜吗？)

9. на́до, ну́жно, необходи́мо, сле́дует, до́лжен 等用在肯定结构中，其后可与完成体动词不定式连用，也可与未完成体动词不定式连用。完成体动词着眼于动作的完成,动作达到的结果,未完成体动词强调在说话时刻开始着手进行某一动作。试比较：

①Че́рез де́сять мину́т мне на́до уйти́, у меня́ есть де́ло. (十分钟之后我得走,我有事。)

②Ждать бо́льше не́чего. На́до уходи́ть. Очеви́дно, он не придёт. (用不着再等了,该走了。看来,他不能来了。)

例①强调行为的完成，即说话者过十分钟要走；例②表示在说话的时刻"离去"这一行为刚进行,人还没有走。

再比较下列例句：

Че́рез полчаса́ отхо́дит по́езд, на́до уходи́ть. (过半个小时火车就要开了,该走了。)

Подежу́рь за меня́ мину́т со́рок, мне на́до уйти́. (你替我值四十分钟的班,我得出去一趟。)

На́до уложи́ть ве́щи в чемода́н. Так бу́дет удо́бнее нести́. (应当把东西装到手提箱里,这样

携带更方便。）

До отъе́зда оста́лся оди́н день. На́до *укла́дывать* ве́щи. （离动身只剩一天了,应该装东西了。）

Ну́жно *зако́нчить* собра́ние не по́зже девяти́ часо́в. （要不晚于九点钟结束会议。）

Все жела́ющие уже́ вы́сказались. Ну́жно *зака́нчивать* собра́ние. （想发言者都发表了意见,会议该结束了。）

Мы должны́ *вы́йти* из до́ма за 40 мину́т до нача́ла спекта́кля. （我们应该在话剧开演前四十分钟从家出发。）

До нача́ла спекта́кля оста́лось 40 мину́т, мы должны́ *выходи́ть*. （离话剧开演还有四十分钟,我们应当出发了。）

当句子表现出由一个行为向另一个行为过渡,并且指出一个行为已完成,可以着手另一行为时,未完成体动词不定式表示的"着手""开始"进行某一行为的意义更为明显。例如：

Все приготовле́ния зако́нчены. Мо́жно *начина́ть*. （准备工作就绪,可以开始了。）

Пове́стка дня исче́рпана, все жела́ющие вы́сказались, ну́жно *зака́нчивать* собра́ние. （议事日程已结束,想发言的人都发言了,该结束会议了。）

未完成体动词不定式在表示"着手"进行某一行为的意义基础上,还可表示行为的迫切性和被迫的意味。例如：

Больно́му ста́ло ху́же, на́до *вызыва́ть* врача́! （病人病情加重了,应当马上请医生!）

Мы уже́ опа́здываем, хо́чешь не хо́чешь, на́до *брать* такси́. （我们要迟到了,不管愿意不愿意,要打出租车了。）

Ничего́ не поде́лаешь, на́до *соглаша́ться*, на́до *бра́ться* за де́ло. （没办法,应该同意,应该着手干事了。）

пора́ 经常和未完成体动词不定式连用,表示"该立即着手做某一件事",与"на́до + 未完成体动词不定式"表示"立即着手做什么"的意义相近。例如：

Чита́льный зал закрыва́ется, пора́ (на́до) *сдава́ть* кни́ги. （阅览室要关门了,该把书还回去了。）

当 пора́ 强调行为的必要性时,可与完成体动词不定式连用。试比较：

Пора́ *зака́нчивать* рабо́ту. （到结束工作的时候了。）

Пора́ *поко́нчить* с э́тими недоста́тками. （该消除这些缺点了。）

Пора́ *слу́шать* после́дние изве́стия. （到听新闻的时候了。）

Пора́ тебе́ *прислу́шаться* к тому́, что говоря́т твои́ друзья́. （你该听听你的朋友们怎么说的。）

Пора́ *встава́ть*. （该起床了。）

10. 有些短尾形容词可以与不定式连用,构成合成谓语,其中 здоро́в, силён 等形容词由于词义表示"擅长",即具有某种技能意义,要求动词不定式用未完成体。例如：

Он здоро́в *пить*. （他很能喝酒。）

Он ещё мо́лод *учи́ть* дете́й. （他教孩子还太年轻。）

Он мал *получа́ть* таки́е хоро́шие игру́шки. （他年龄太小了,不该得到这样好的玩具。）

11. 在完成体动词 забы́ть, успе́ть, уда́ться, ухитри́ться, оста́ться 之后用完成体动词不定式。例如：

Он ухитри́лся *доста́ть* ну́жную ему́ кни́гу. (他巧妙地弄到了自己所需要的书。)

Он так спеши́л на ле́кцию, что да́же забы́л *поза́втракать*. (他急忙去听课,甚至都忘记吃早饭了。)

Он забы́л *вы́ключить* свет, когда́ выходи́л из до́ма. (出门的时候,他忘了关灯。)

Я ви́лку забы́л из штéпселя *вы́вернуть*. (我忘记从插座上把插头拔下来。)

Мы не успе́ли *вы́полнить* э́ту рабо́ту к сро́ку. (我们没来得及按期完成工作。)

Мне удало́сь *сдать* экза́мен на э́тот раз. (这次我通过了考试。)

Нам удало́сь во́время *попа́сть* на собра́ние. (我们做到了准时参加会议。)

上述各动词的未完成体之后既可用完成体动词不定式,也可用未完成体动词不定式。例如:

Я иногда́ забыва́л *принести́*(*приноси́ть*) ключ от ко́мнаты. (我有时忘带房门的钥匙。)

Он всегда́ успева́ет *вы́полнить*(*выполня́ть*) зада́ние. (他总能来得及完成作业。)

Нам всегда́ удава́лось *доста́ть*(*достава́ть*) биле́ты на спекта́кли. (我们总是能够弄到剧票。)

Я иногда́ забыва́ю *взять*(*брать*) с собо́й ключ. (我有时忘带钥匙。)

забы́ть 的词义为"停止""中止"时,应与未完成体动词不定式连用。例如:

Тут тако́е случи́лось, что о пахо́те и *ду́мать* забы́ли. (发生了这样的事,连耕地都不想了。)

забы́ть 的命令式 забу́дь(-те) 的词义为 не сме́й(-те)(不许,不要)时,与未完成体动词不定式连用。例如:

И *ду́мать* об э́том забу́дь! (你就扔掉这个想法吧!)

12. нельзя́ 之后可接完成体动词不定式,也可接未完成体动词不定式。"нельзя́ + 未完成体"表示"不要""不应",而"нельзя́ + 完成体"则一般表示"不可能"、"做不成"。例如:

Нельзя́ *чита́ть* чужи́е пи́сьма. (不应该看别人的信件。)

Мне нельзя́ *прочита́ть* э́то письмо́: оно́ напи́сано на незнако́мом мне языке́. (我读不了这封信,因为信是用我所不熟悉的语言写的。)

В аудито́рию нельзя́ *входи́ть*: там идёт уро́к. (不要进教室去,那儿正上课。)

В аудито́рию нельзя́ *войти́*: дверь запертá. (这教室进不去,门锁上了。)

Нельзя́ входи́ть: идёт собра́ние. (不可以进去,正开会呢。)

Нельзя́ войти́: дверь закры́та на замо́к. (进不去,门锁上了。)

В ко́мнате спит ребёнок, нельзя́ *входи́ть*. (小孩在房间里睡觉,不要进去。)

Авто́бус перепо́лнен, нельзя́ *войти́*. (公共汽车里挤满了人,上不去了。)

При кра́сном све́те нельзя́ *переходи́ть* у́лицу. (红灯亮时不要过马路。)

Здесь стро́ят подзе́мный перехо́д, в э́том ме́сте у́лицу нельзя́ *перейти́*. (这里正在修建地下通道,这儿马路过不去。)

当 нельзя́ 表示"不可能"的意思时,凡符合以下两种情况者,可与未完成体动词不定式连用:

(1)动词没有对应的完成体。例如:

В э́той ко́мнате нельзя́ *спать*: о́чень шу́мно с у́лицы. (在这间屋子里不能睡觉,从街上传来的噪音太大了。)

На площа́дке нельзя́ бы́ло *игра́ть*, там лежа́л глубо́кий снег. (操场上积了很厚的雪,不能玩了。)

(2)需要强调重复性和持续性时,体的意义居于首位,нельзя́ 可与未完成体动词不定式连用,表示"不可能"。例如:

В э́том кинотеа́тре нельзя́ *пока́зывать* широкоэкра́нные фи́льмы. (这个影院不能上映宽银幕电影。)

Напро́тив постро́или большо́й дом, тепе́рь из на́шего окна́ нельзя́ *ви́деть* парк. (对面建起一座高楼，现在我们从窗户看不见花园了。)

13. 在不定式否定句中，не 与未完成体动词不定式连用，表示不需要，不可能进行某种行为；与完成体动词不定式连用，表示不可能完成某一行为。试比较：

①Ему́ не *прочита́ть* э́той кни́ги: она́ напи́сана на англи́йском языке́. (他读不了这本书，因为书是用英语写的。)

②Ему́ не *чита́ть* э́той кни́ги: он её не смо́жет доста́ть. (他不能读这本书，因为这本书他弄不到。)

例①的意思是：Он не смо́жет прочита́ть э́той кни́ги. 即"读"的这个行为不可能完成，不可能达到目的；例②的意思是：Ему́ не придётся чита́ть э́той кни́ги. 即"读"的这个行为由于某种原因不可能进行了。再如：

Ему́ не *смотре́ть* э́того спекта́кля. Все биле́ты уже́ про́даны. (他看不到这个剧了，票都卖光了。)

Тебе́ не *реши́ть* э́той зада́чи. (你解不了这道题。)

Ему́ не *вы́учить* э́того стихотворе́ния: оно́ сли́шком тру́дно для него́. (他不可能学会这首诗，因为这首诗对他来说太难了。)

Балери́на слома́ла но́гу. Ей тепе́рь не *танцева́ть*. (芭蕾舞演员扭伤了腿，现在她不能跳舞了。)

Не *де́лать* того́, что вреди́т сплоче́нию наро́да. (不要做危害人民团结的事情。)

Нам ни ша́гу не *сде́лать* без масс. (离开群众我们是寸步难行的。)

需要注意的是，如果在上述的否定结构中出现疑问语气词 ли，而使句子变成疑问句时，则否定语气词 не 不再具有否定的意思，全句表示疑惑、动摇、踌躇。句中用完成体动词不定式。例如：

Не *пойти́* ли мне в кино́? (我去不去电影院呢？)

Не *рассказа́ть* ли това́рищам о том, что я ви́дел. (我所看到的，对同志们讲不讲呢？)

Не *посове́товаться* ли ему́ с ке́м-нибудь? (他要不要和谁商量呢？)

Не *отдохну́ть* ли тебе́ пе́ред доро́гой? (起程前你是否要休息休息？)

14. "мочь не + 未完成体"表示"可以不做某事"。例如：

Он *мо́жет не уезжа́ть*. (他可以不走。)

Ты *мо́жешь не достава́ть* биле́та на карти́ну, я тебе́ уступлю́. (你可以不买电影票，我给你一张。)

Я *могу́ не писа́ть* сочине́ние. (我可以不写作文。)

Ви́тя чу́вствует себя́ лу́чше, врач *мо́жет не приходи́ть*. (维佳感觉好些了，医生可以不来了。)

мочь не 之后与完成体动词连用时，表示达不到目的，可能做不到某事。例如：

Он *мо́жет не уе́хать*. (他可能走不了。)

Ты *мо́жешь не доста́ть* биле́та на карти́ну: уже́ по́здно. (你可能买不到电影票了，因为已经晚了。)

Ви́тя заболе́л. Он *мо́жет не прийти́* на собра́ние. (维佳病了，他可能不来开会。)

Я могу́ не прочита́ть э́тот текст. (我可能读不完这篇课文。)

15. 动词不定式可与运动动词连用,构成表示"运动目的"的词组,如 прийти́ учи́ться, зайти́ посмотре́ть, подня́ться поздоро́ваться。

运动动词可分为两类:一类对与其连用的动词不定式的体没有严格限制,如 идти́, е́хать, пойти́, пое́хать, уйти́, уе́хать, прийти́, прие́хать, вы́йти, вы́ехать;另一类对与其连用的动词不定式的体有严格的限制,如 зайти́, заверну́ть, подойти́, подбежа́ть, сходи́ть, съе́здить, задержа́ться, приостанови́ться, отверну́ться, усе́сться, засе́сть 等。

(1) 与第一类运动动词连用时,动词不定式的未完成体形式一般用于具体过程意义。它表示主体去进行的某一行为,去参加的某种活动,去投入的某一行为过程。例如:

— Где Анто́н?
— Он пошёл провожа́ть Ната́шу. ("安东到哪儿去了?""他送娜塔莎去了。")

这里的不定式 провожа́ть 与其说是目的,不如说是去向,空间意义胜过目的意义。

与此相反,动词不定式的完成体形式一般用于具体事实意义。它表示主体去完成的某一行为、去实现的某种意图、去获取的结果。例如:

— Где Анто́н?
— Он пошёл проводи́ть Ната́шу. ("安东上哪儿去了?""他送娜塔莎去了。")

这里的不定式 проводи́ть 可根据说话人实际所指译作"送一送""送一下""送一趟""送一程"等等。总之,完成体的"界限"意义得到某种表现。

影响不定式用体的另一个主要因素是动词不定式本身的词汇意义。有些动词的词汇意义迫使这类词组中只能用未完成体形式或只能用完成体形式。例如:

Он пошёл проводи́ть госте́й до остано́вки. (他去送客人到车站。)(指行为短暂,只送到车站前,再不送了。)

Он пошёл провожа́ть госте́й на остано́вку. (他去送客人一直送到车站。)(强调行为过程长,把客人一直送到了车站。前置词由 до 改为 на)

Он пошёл купи́ть газе́ту. (他去买报纸了。)(指行为的一次完成)

Он пошёл покупа́ть пальто́, брю́ки, телеви́зор. (他去买大衣、裤子、电视机。)(强调行为客体的数量,行为发生多次)

Он пошёл в го́род достава́ть биле́ты. (他到城里弄票去了。)

Он пошёл к дру́гу взять биле́ты. (他到朋友那儿取票去了。)

"弄票"是一个结果不定、四处张罗的过程,只能用未完成体,否则会显得文理不通,不合逻辑;而"取票"则是个结果明确,时间短暂的动作,很难想象成一个发展中的过程,只能用完成体不定式。

(2) 要求与其连用的动词不定式只能用未完成体的运动动词有:

①表示"搬迁,转移"意义的动词,如 перейти́, перее́хать, перебра́ться, пересели́ться 等。这些动词表示同一个行为过程在一处中止下来,在另一处继续下去,潜藏着 переста́ть, стать, продолжа́ть 等表体动词的因素,同时它们提供的时空前景是长期性的、阶段性的,与其连用的未完成体不定式多用于抽象过程意义。例如:

В са́мом нача́ле весны́ Васи́лий Ива́нович перее́хал жить к сы́ну. (刚开春瓦西里·伊万诺维奇就搬到儿子家住来了。)

②表示"安顿下来,安排下来",使之获得某种稳定的、适宜较长时间进行某行为过程的动词,

如 уложи́ть，устро́ить，усе́сться，засе́сть，завали́ться 等。例如：

По́сле двухчасово́й игры́ в баскетбо́л Ви́тя наконе́ц усе́лся *выполня́ть* дома́шние зада́ния.（玩了两小时篮球后，维佳才终于坐下来做作业。）

Сейча́с же зася́ду роди́телям *писа́ть*.（我马上就坐下来给父母写信。）

要求与其连用的动词不定式只能用完成体形式的运动动词有：

①带前缀 за-的运动动词 зайти́，забежа́ть，зае́хать，заверну́ть，заскочи́ть，забрести́, загляну́ть 等；带前缀 под-的运动动词 подойти́，подбежа́ть，подъе́хать 等；带前缀 с-的运动动词 сходи́ть，сбе́гать，съе́здить 等。这些动词本身所提供的空前景是关闭型的、极其有限的，而且它们所预示的目的意义也是十分强烈的。例如：

Я зашёл *купи́ть* себе́ что́-нибудь пое́сть.（我顺路来买点儿东西吃。）

В переры́ве Ва́ня сбе́гал в декана́т *взять* расписа́ние заня́тий.（课间休息时瓦尼亚跑到系办公室去拿来一份课程表。）

②表示"暂时停留"意义的动词，如 задержа́ться，приостанови́ться。例如：

В пере́дней Ма́ша задержа́лась *снять* шине́ль и *стащи́ть* сапоги́.（到了前厅时，玛莎停步下来脱去大衣和靴子。）

③表示人的身躯及其各个部分的动作的动词，如 присе́сть 以及词组 подня́ть ру́ку，протяну́ть ру́ку 等。这些动词所提供的时空环境十分具体，极其有限，而且预示着很强的目的意义。例如：

Оте́ц присе́л *позавтракать*.（父亲坐下来吃早饭。）

Ната́ша подняла́сь *закры́ть* заседа́ние.（娜塔莎站起身来宣布会议结束。）

Петро́в поверну́лся *посмотре́ть* на меня́.（彼得罗夫转身看我一眼。）

И́горь протяну́л ру́ку *поддержа́ть* гото́вого упа́сть челове́ка.（伊戈尔伸出手去扶住那位眼看要倒下去的人。）

二、动词命令式体的用法

由于动词体的含义不同，动词命令式就具有不同的意义色彩。总的来说，完成体动词命令式强调动作的完成、结果，而未完成体动词命令式着眼于行为本身的进行。试比较不同体的第二人称命令式：

①*Отправля́й* письмо́.（去寄信吧。）

Отпра́вь э́то письмо́.（把这封信寄走。）

②*Чита́йте* бо́льше и вам бу́дет ле́гче овладе́ть языко́м.（你要多读，才能更加容易地掌握语言。）

Обяза́тельно *прочита́йте* э́ту кни́гу.（您一定要把这本书读完。）

③По утра́м *умыва́йтесь* холо́дной водо́й.（每天早晨要用冷水洗脸。）

Умо́йтесь холо́дной водо́й, и уста́лость пройдёт.（用冷水洗洗脸吧，这能解乏。）

④Зимо́й *одева́йтесь* потепле́е.（冬天要多穿些衣服。）

Оде́ньтесь сего́дня потепле́е, потому́ что на у́лице хо́лодно.（你们今天多穿点儿，因为外面很冷。）

⑤Регуля́рно *открыва́йте* окно́ и *прове́тривайте* ко́мнату, в кото́рой вы рабо́таете.（要按时打开窗子，让你们工作的房间空气能流通。）

Откро́йте окно́ и *прове́трьте* ко́мнату.（打开窗子,把房间通通风。）

⑥*Реша́йте* зада́чи самостоя́тельно.（你们要独立解题。）

Реши́те хоть одну́ зада́чу, и вы сно́ва почу́вствуете уве́ренность в себе́.（你们哪怕解出一道题,就会重新感到有自信心了。）

1. 完成体动词第二人称命令式可表示命令对方做一具体的、不费事的、一次简单的动作。例如:

Да́йте мне, пожа́луйста, ваш слова́рь.（请把您的辞典借我用一用。）

Да́йте мне кни́гу.（请给我一本书。）

Зажги́те свет!（请打开灯!）

Переда́йте профе́ссору наш приве́т!（请向教授转达我们的问候!）

表示过程时用未完成体动词命令式。例如:

Э́та ва́за дорога́я. *Ста́вьте* осторо́жно.（这只花瓶很贵,放的时候小心点儿。）

试比较:

Подержи́те, пожа́луйста, плёнку.（请你拿一下胶片。）

Держи́те плёнку, а я бу́ду её скле́ивать.（您拿着胶片,我来把它粘上。）

2. 未完成体动词第二人称命令式可表示行为的经常性和持续性。例如:

Прошу́, *приходи́те* к нам поча́ще.（请常到我们这儿来。）

Сто́йте здесь, никуда́ не уходи́те.（你们在这儿站着,哪儿也不要去。）

Смотри́те всё вре́мя в э́ту сто́рону.（请始终盯着这个方向。）

Ча́ще *пиши́те* пи́сьма домо́й.（请经常给家里写信。）

Никогда́ не *забыва́йте*, что мы — друзья́.（什么时候都不要忘记,我们是朋友。）

Э́то лека́рство *принима́й* три ра́за в день!（这种药请每天吃三次!）

3. 当第二人称动词命令式表示允许对方完成他所提出的行为时,可使用完成体动词,也可使用未完成体动词。例如:

— Мо́жно откры́ть окно́?

— *Откро́йте*(*Открыва́йте*).（"可以打开窗子吗?""打开吧。"）

然而,不同体的动词命令式能够改变句子的意义色彩。除上述的区别外,在这种情况下使用未完成体动词命令式还带有"漫不经心"的意味。例如:

— Мо́жно взять у вас слова́рь?（"可以借用您的辞典吗?"）

— *Бери́те*!（"拿呗!"）

— *Возьми́те*!（"拿去吧!"）

试比较:

① — Мо́жно проводи́ть вас?

— Ну что ж, *провожа́йте*.（"可以送您吗?""好啊,那就送吧。"）

② — Мо́жно проводи́ть вас?

— *Проводи́те*, пожа́луйста, е́сли вам не тру́дно.（"可以送您吗?""如果您不为难的话,就送吧。"）

例①用未完成体动词命令式回答,使句意附有消极意味,对方提出的"送"是否实现,对说话者是无所谓的,无关重要的。句中往往使用语气词 ну что ж(же), ла́дно 等来突出这种"不关心"的意义色彩;例②用完成体动词命令式回答,表明说话者同意对方的建议,并希望"送"的行为得以实现。再比较：

① — Я хочу́ сходи́ть сего́дня к Са́ше.

— Ну что ж, *иди́*. ("我今天想到萨沙那里去一趟。""想去那就去吧。")

② — Я хочу́ сходи́ть сего́дня к Са́ше.

— *Сходи́*. Са́ша тебя́ ждёт. ("我今天想到萨沙那里去一趟。""去一趟吧，萨沙等你呢。")

例①中的答话用 иди́，表明说话人的态度是无所谓的，去与否，对方可自便；例②中用 сходи́，表示说话人不仅同意，而且希望对方能"去一趟"。

与"漫不经心"的意味相反，使用未完成体动词命令式有时可以表示对谈话者热情、亲切。命令式的叠用是表现这种意味的典型用法。例如：

— Мо́жно мне нали́ть ещё ча́шечку ко́фе?

— Ну, коне́чно, *налива́йте*, *налива́йте*! ("我可以再倒一小杯咖啡吗？""当然可以啦。倒吧，倒吧！")

— Вы не возража́ете, е́сли я откро́ю окно́?

— *Открыва́йте*, *открыва́йте*! ("如果我打开窗子，您不会反对吧？""开吧，开吧！")

需要强调的是，在使用动词命令式时，有时语调起着决定性的作用。例如，同是未完成体动词第二人称命令式，它既可表示"漫不经心"，也可表示"热情、亲切"，这在很大程度上借助于说话人的语调。另外，由于语调的作用，有时两种体的差别变得很不明显，如上述两句中的 налива́йте 和 открыва́йте，也可使用完成体动词，其意义并不因此而变化。

4. 表示已知的信息用未完成体动词命令式，表示未知的信息用完成体命令式。例如：

Когда́ он услы́шал стук в дверь, он сказа́л: "*Войди́те!*" Он заме́тил дру́га, кото́рый стои́т у две́ри, он сказа́л: "*Входи́!*" (他听见敲门声，就说："请进！"他发现是朋友站在门口，就说："快请进！")

句中有两个命令式，第一个命令式用完成体是因为他没看见门口的人，即是未知的信息；第二个命令式用未完成体，因为他已发现敲门的人，是已知信息。试比较下面两个句子：

① — *Войди́те*, — сказа́л Ви́тя, услы́шав стук в дверь. ("进来。"听见敲门声，维佳说道。)

② Разда́лся стук в дверь. Она́ кри́кнула: "*Войди́те!*" (听见敲门声，她喊道说："请进！"（她还没看到敲门的人）

③ — Ну что же ты? Не бо́йся. *Входи́*, *входи́*! ("看你怎么啦？不要怕。进来吧，进来吧！")

例①中使用完成体动词第二人称命令式，因为说话人只听见敲门声，没看见敲门人，因此说话的着眼点在于祈使对方完成"进来"这一行为，也可理解为是要求对方完成一种具体而简单的动作；例③中使用未完成体动词第二人称命令式，表示督促或鼓励对方"进屋"，因为说话人看见站在门口的人，而且后者在犹豫是否进屋。例如：

④ Я ду́мал, как вам поступи́ть? Зна́ете что, *соглаша́йтесь*, поезжа́йте на но́вое ме́сто. (我考虑过，你应该怎么做？我看，你同意吧，到新的地方去吧。)

⑤ У ва́шего ребёнка больши́е спосо́бности к рисова́нию. Их на́до развива́ть. *Отда́йте* его́ в шко́лу при дворце́ пионе́ров. (你这个小孩很有绘画的天分，这种天分应当得到发展。把他送到少年宫附属学校去吧。)

表示劝告时用未完成体、完成体动词命令式都可以。例④中用未完成体动词命令式表示的行为是过去曾经谈论过的（已知的），而且说话人知道对方犹豫不决，在此种情况下，说话人以劝告的方式促使对方抉择，例⑤中用完成体命令式表示的行为可能是对方完全不知道的（未知的）。

6. 未完成体动词第二人称命令式表示促使对方进行某一行为。引起谈话一方对另一方催促的原因和语言环境是多种的。

(1) 请求、建议马上开始某种行为或继续某一中断的行为，命令式一般用在句子中间。此时交际情景是双方共同熟悉的，双方都清楚需要做什么，其中一方督促另一方。例如：

Почему́ вы переста́ли писа́ть? *Пиши́те* да́льше.（你们为什么不写了？快接着写！）

Вас пло́хо слы́шу, *говори́те* гро́мче!（听不清，请大声点儿！）

Если у вас вопро́сы, *спра́шивайте*!（如果你们有问题，请问吧！）

Сейча́с бу́дем чита́ть текст. Алёша, *чита́й*.（现在我们读课文。阿辽沙，你读吧。）

Что молчи́шь? *Отвеча́й*.（你为什么不说话？回答呀。）

试比较下面两个句子：

① *Напиши́* сочине́ние на те́му «Ро́дина».（以《祖国》为题写一篇作文。）

② Почему́ ты не пи́шешь? *Пиши́*.（你为什么不写？写吧。）

例①中的完成体动词第二人称命令式着眼于行为的完成，即说话人祈使对方写出一篇作文；例②中的未完成体动词第二人称命令式强调进行某一行为，即双方都知道，其中一方应当"写"，但"写"这一行为未发生，因此说话人督促对方着手"写"。

又如，当学生走进考场，来到摆放考签的桌前，准备拿考签时，主考人应当说：

Бери́те биле́т.（拿考签吧。）

当学生坐定，准备回答问题时，主考人应当说：

Отвеча́йте, пожа́луйста.（请回答吧。）

以上两例之所以用未完成体动词命令式，是因为双方都清楚需要做什么，只不过一方促使另一方着手进行罢了。但当主考人提出补充问题时，应当使用完成体动词命令式，因为要做的事只有一方清楚，所以不是督促对方进行某一行为，而是祈使对方完成某一行为。

(2) 处于句首的命令式一般用完成体，句中用未完成体命令式。例如：

Расскажи́те, …（请讲述……。）

Скажи́те, …（请说出……。）

Приведи́те приме́р.（请举例。）

Объясни́те, …（请解释……。）

Скажи́те, пожа́луйста, где здесь спра́вочное бюро́? *Говори́те* ме́дленнее, я пло́хо понима́ю по-ру́сски.（请问，问询处在哪？请说慢点儿，我不太懂俄语。）（句首用完成体命令式，句中用未完成体命令式）

Прочита́йте э́тот расска́з. *Чита́йте* ме́дленно, *следи́те* за произноше́нием.（请读这本小说。读得慢点儿，注意发音。）（句首用完成体命令式，句中用未完成体命令式）

(3) 发现对方做某事犹豫不决，说话人催促其进行应当实现的行为。例如：

Запиши́ мой телефо́н… *Запи́сывай*, я о́чень тороплю́сь.（把我的电话号码记下来吧……记下来呀，我忙得很。）

— Мо́жно вас спроси́ть?

— *Спра́шивайте, спра́шивайте*, не стесня́йтесь.（"可以问您吗？""问吧，问吧，不要不好意思。"）

(4) 谈话一方中断某一动作，而另一方促其继续下去。例如：

Ну, что же вы останови́лись? *Продолжа́йте*, я вас слу́шаю.（喂，您怎么停下啦？说下去吧，

我听着。)

Читáйте, читáйте, вы мне не мешáете.（读吧,读吧,您不妨碍我。）

— А что? — ещё раз спросúл Шýра, котóрый дéлал урóки за столóм.

— Ничегó. *Учú.*（坐在桌旁做功课的舒拉问:"又怎么啦?""没什么。你学你的吧。"）

未完成体动词第二人称命令式可以表示祈使或提醒对方进行预期的行为,这时往往含有"急不可待"的意味。例如:

Ну, как делá? *Расскáзывай!*（喂,情况如何? 快讲一讲!）

Алёша, ты забы́л? Тебé нýжно позвонúть! *Звонú* скорéе!（阿辽沙,你忘了? 你应当打电话! 快打吧!）

试比较下面的句子:

①*Расскажú*, как прошёл экзáмен.（讲一讲,考试进行得怎样?）

②Как прошёл экзáмен? *Расскáзывай!*（考试进行得怎么样? 快讲一讲吧!）

例①使用完成体动词第二人称命令式,表示说话人请求对方完成"讲"这个具体而简单的行为;例②使用未完成体动词第二人称命令式,表示说话人急切地希望知道考试的情况,"讲"是说话人请求对方进行的预期行为。再如:

Ужé 8 часóв! *Вставáй!* Мóжешь опоздáть на заня́тия!（已经八点了! 快起床吧! 你上课要迟到了!）

— Мне нáдо ещё написáть три упражнéния.

— *Пишú* быстрéе, а то опоздáем на вéчер.（"我还要做完三道习题。""快点儿写,否则晚会就迟到了。"）

Немéдленно *принимáйте* э́то лекáрство: онó вам хорошó помóжет.（赶快吃药:药对你会有帮助的。)

(5)在第一个命令式是完成体动词,而第二个命令式为未完成体动词的结构中,未完成体第二人称命令式表示在前一个行为结束后,随之开始另一个行为。例如:

Одéнься и *идú* умывáйся.（穿好衣服,就去洗脸吧。）

Вы́ключи свет и *ложúсь*.（闭灯睡觉。）

Закрóйте óкна и *идúте*.（关上窗子就走吧。）

Опустú дéньги в кáссу и *садúсь*.（把钱投入收款机后,就坐。）（指乘公共汽车自动购票）

上述各例中的未完成体动词第二人称命令式可用完成体动词第二人称命令式替换或二者都使用未完成体动词第二人称命令式。但在口语里经常使用第一个是完成体动词命令式,第二个是未完成体动词命令式的结构。

另外,还可用第一个动词谓语为陈述式,而第二个动词谓语为未完成体动词命令式的结构替换。例如:

Доéдете до Новосибúрска и срáзу *спрáшивайте*, как добрáться до аэропóрта.（您到新西伯利亚后要立即打听,到机场该怎么走。）

7. 表示邀请、给别人服务、祝愿等时用未完成体命令式。

(1)表示礼貌的邀请(хозя́йка, продавéц, официáнт 等)。

未完成体动词第二人称命令式可表示邀请。主人邀请客人时可说下列话。例如:

Приходúте ко мне в гóсти!（请到我家做客!）（邀请别人做客时,要用未完成体动词不定式,否则语气生硬）

Заходи́те к нам!（请到我们这里来啊！）

Ва́ня, *заходи́* ко мне за́втра.（瓦尼亚，明天到我这儿来吧。）

Раздева́йтесь!（请把外衣脱下来！）

Проходи́те!（请进屋！）

Сади́тесь, пожа́луйста.（请坐。）

Пожа́луйста, *бери́те* пече́нье, *клади́те* са́хар.（请吃点心,请放糖。）

试比较：

①*Зайди́те* ко мне в конце́ неде́ли, я сообщу́ вам на́ше реше́ние.（周末到我这儿来一趟,我告诉你我们的决定。）

②*Заходи́те* ко мне в конце́ неде́ли, я бу́ду выходно́й.（周末到我这儿来吧,我休息。）

例①中完成体动词第二人称命令式表示说话人祈使对方完成"来一趟"的行为；例②中未完成体动词命令式表示说话人的邀请。

（2）服务员对顾客服务时用未完成体命令式,此时顾客用完成体命令式。例如：

— Э́то сто́лик не за́нят?

— Нет, *сади́тесь*, пожа́луйста. Вот, меню́, *выбира́йте*.（"这张桌子有人吗？""没人,请坐。这是菜单,请点菜。"）（服务员说话一定用未完成体动词命令式）

— Сапоги́ мне как раз. Ско́лько они́ сто́ят?

— *Плати́те* в ка́ссу 800 рубле́й.（"这双靴子我穿正好。多少钱？""请到收银台交 800 卢布。"）（售货员说话一定用未完成体动词命令式）

— Официа́нт, да́йте, пожа́луйста, счёт!

— 50 рубле́й, *плати́те* в ка́ссу!（"服务员,结账！""50 卢布,请到收银台交款！"）（注意顾客用完成体命令式,服务员用未完成体命令式）

（3）表示祝愿或含有希望的请求时,一般用未完成体动词命令式。例如：

Выздора́вливайте.（祝您痊愈。）

Поправля́йтесь.（祝您恢复健康。）

Встава́йте поскоре́е.（愿您早日康复(快起来床吧)。）

以上是探望病人告别时拜访者的祝愿。又如：

Возвраща́йся поскоре́е.（快点儿回来呀。）

Приходи́ сего́дня домо́й пора́ньше.（你今天要早点儿回家。）

（4）医生一般对病人用完成体动词命令式。例如：

(Врач) *Разде́ньтесь*, пожа́луйста, я вас осмотрю́.（请脱下衣服,我检查一下。）

8. 否定形式动词命令式

否定的未完成体动词命令式表示禁止做某事,或请求、劝告不要做某事。例如：

Не *опа́здывайте* на заня́тия.（上课不应该迟到。）（很严厉,表示不应该,一般是老师对学生）

试比较：

①*Напо́мни* ему́ о на́шем разгово́ре.（关于我们的谈话你要提醒他。）

Не *напомина́й* ему́ о на́шем разгово́ре.（不要让他想起我们的谈话来。）

②*Возьми́* с собо́й зо́нтик.（带上雨伞。）

Не *бери́* с собо́й зо́нтик.（别带雨伞。）

③*Включи́* свет!（开灯！）

Не *включай* свет. Он мне мешает.（别开灯，灯光妨碍我。）

④*Пригласи* его на обед.（请他来吃饭吧。）

Лучше не *приглашайте* его на обед.（最好别请他吃饭。）

⑤*Задержитесь* на несколько минут, мне нужно поговорить с вами.（请留下几分钟，我需要和您谈一谈。）

Не *задерживайтесь* у входа, вы мешаете другим.（别停在出口，你们妨碍别人啦。）

当说话者担心发生意外或非心愿的事情而提醒、警告对方时，用完成体命令式。例如：

①Не *опоздай* на занятия.（上课可别迟到。）

Не *опаздывай* на занятия.（上课不许迟到。）

②Не *выдай* ему наш секрет.（可别把我们的秘密泄漏给他。）

Не *выдавай* ему наш секрет.（不要向他泄露我们的秘密。）

③Не *подумайте*, что я не доверяю вам.（您可别以为我不信任您。）

Не *думайте*, что он не прав.（不要认为他没理。）

④Не *выпей* где-нибудь сырой воды.（可别在什么地方喝生水呀。）

Не *пей* нигде сырой воды.（在哪儿也不要喝生水。）

⑤Не *потеряй* билет!（可别把票弄丢啊！）

Зря не *теряй* времени.（不要浪费时间。）

否定的完成体动词命令式表示提醒、警告，以防止发生某种不希望出现的行为，常与否定语气词连用的完成体动词数量不多，大都表示不希望发生的行为，如 опоздать, забыть, потерять, упасть, ошибиться, разбить, простудиться, заболеть, обжечь, испачкать, сломать, уронить 等。为了加强警告意义，常用 смотри(-те)，具有当心、留神的意义，其后一定用完成体命令式。例如：

Смотри, не *опоздай* на поезд.（注意，不要上车迟到！）

Смотри не *дай* кому-нибудь эту книгу.（注意，可别把这本书给别人。）

Не *разбей*, *смотри*.（当心别打破了。）

Смотри не *упади* — тут скользко.（小心别跌倒，这儿滑。）

练习十四、选择正确答案。

1. Он не хочет _____（переводить, перевести）эту статью, хотя он сможет её _____（переводить, перевести）.

2. У него привычка рано _____（встать, вставать）.

3. Он привык _____（выучить, учить）новые слова перед сном.

4. — Саша, чего ты в коридоре стоишь? — У меня ключ сломан, дверь _____（открыть, открывать）не могу.

5. Портфель не _____（закрывать, закрыть）: в нём слишком много вещей.

6. Фильм неинтересный. Его не стоит _____（смотреть, посмотреть）.

7. На этом вопросе не следует _____（останавливаться, остановиться）, все уже поняли.

8. Я думаю, что тебе не нужно _____（объяснять, объяснить）, почему ты не пришёл вчера.

9. Кажется, что на новоселье незачем _____（позвать, звать）так много гостей.

10. — Он уже написал письмо домой? — Нет, он продолжает его _____ (писать, написать).
11. Маша пришла на почту, села за стол и начала _____ (писать, написать) письмо подруге.
12. Брось _____ (курить, покурить). Это вредно тебе и другим.
13. К сожалению, он перестал _____ (посещать, посетить) занятия кружка.
14. К этому времени мы закончили _____ (пообедать, обедать).
15. Мне надоело _____ (отвечать, ответить) на такие вопросы.
16. Зоя уже научилась правильно _____ (произносить, произнести) звук "р".
17. Дома Наташа продолжала _____ (переводить, перевести) текст.
18. Он так спешил на лекцию, что даже забыл _____ (завтракать, позавтракать).
19. Хотя мне удалось достать книгу всего на один день, я успел _____ (читать, прочитать) её.
20. Мне удалось _____ (доставать, достать) билеты.
21. Отец обещал _____ (покупать, купить) Серёже фотоаппарат.
22. Они договорились _____ (встречаться, встретиться) вечером.
23. Ему осталось _____ (писать, написать) упражнение.
24. Туристам удалось _____ (возвращаться, вернуться) до дождя.
25. Товарищ убедил меня не _____ (покупать, купить) эту новую книгу.
26. Они советовали нам не _____ (смотреть, посмотреть) этот фильм.
27. Мы решили не _____ (согласиться, соглашаться) на это предложение.
28. Нас долго уговаривали не _____ (оставаться, остаться) здесь работать.
29. Мы предложили ему не _____ (задерживаться, задержаться) в городе.
30. В комнату нельзя _____ (входить, войти): там идёт собрание.
31. В аудиторию нельзя _____ (входить, войти): дверь заперта.
32. Ты можешь не _____ (повторять, повторить) этот материал, ты и так всё прекрасно помнишь.
33. Я пригласил Антона в гости, но он может не _____ (приходить, прийти), так как у него много разных дел.
34. Почему ты так редко пишешь мне? _____ (Пиши, Напиши), пожалуйста, почаще.
35. Никогда не _____ (забывайте, забудьте), что мы — друзья.
36. Это лекарство _____ (принимайте, примите) три раза в день!
37. Почему вы замолчали? _____ (Говорите, Скажите) дальше!
38. Уже 8 часов! _____ (Вставай, Встань)! Можешь опоздать на занятия.
39. — Почему вы перестали писать? _____ (Пишите, Напишите) дальше.
40. Раздался стук в дверь. Вера крикнула: "_____ (Войдите, Входите)!" Но никто не появлялся. Она выглянула в коридор и увидела свою подругу. — Что же ты стоишь? _____ (Войди, Входи).
41. Завтра у меня небольшой семейный праздник. _____ (Приходите, Придите) ко мне с женой.
42. _____ (Приходите, Придите) к нам в гости сегодня вечером.
43. — Сапоги мне как раз. Сколько они стоят? — _____ (Платите, Заплатите) в кассу 800 рублей.

44. — Этот столик не занят? — Нет, _____ (сядьте, садитесь) пожалуйста. Вот меню, _____ (выберите, выбирайте).
45. Не _____ (ставь, поставь) вазу на этот стол. Я буду здесь заниматься.
46. (Учитель очень рассердился на ученика.) — Не _____ (опоздай, опаздывай) на урок.
47. Ребята, не _____ (ходите, идите) в лес: там опасно.
48. (Врач) _____ (Раздевайтесь, Разденьтесь), пожалуйста, я вас осмотрю.
49. Ребята, если у вас вопросы, _____ (поднимите руку, поднимайте руки).
50. — Официант, _____ (дайте, давайте) пожалуйста, счёт. Сколько с меня? — 50 рублей, _____ (заплатите, платите) в кассе.
51. _____ (Скажите, Говорите), пожалуйста, где здесь справочное бюро? _____ (Скажите, Говорите) медленнее, я плохо понимаю по-русски.
52. _____ (Зайдите, Заходите) ко мне вечером. У меня дело к вам.
53. Здесь яма, будьте осторожны, не _____ (упадайте, упадите) в неё.
54. Оденьтесь потеплее, смотрите, не _____ (простужайтесь, простудитесь)!
55. Ты ходишь медленно. Смотри не _____ (опаздывай, опоздай).

动词的时

一、未完成体动词现在时的意义和用法

1. 动词现在时可以表示在说话时刻正在进行或存在的行为或状态,这种现在时语法上称为"实际现在时"。例如:

Сейча́с я иду́ на рабо́ту.(现在我去上班。)

Анто́н *сиди́т* там и *чита́ет*.(安东正坐在那里看书。)

2. 表示经常重复的动作或习惯的行为,但在说话当时,该动作可能正在进行,也可能未进行。这种现在时语法上称为"抽象现在时"。例如:

Ка́ждый день у́тром я *чита́ю* текст.(我每天早晨读课文。)

Я уже́ пять лет ежедне́вно *де́лаю* заря́дку.(我已经五年坚持天天做操了。)

3. 表示过去现在将来一贯的,与具体时间无关的规律、永恒的真理,描述事物固有的特征、性能,均用现在时,这种现在时称为恒常现在时。例如:

Земля́ *враща́ется* вокру́г Со́лнца.(地球绕太阳运转。)

Свет *дви́жется* быстре́е зву́ка.(光比声音传得快。)

除上述基本定义外,现在时还有以下转义用法。

4. 代替过去时,表示过去的动作,这种用法叫"历史现在时",它使过去的动作显得历历在目的,仿佛说话时正在进行,历史现在时是一种修辞手法。例如:

Возвраща́юсь вчера́ я с рабо́ты, *иду́* по центра́льной у́лице, вдруг *слы́шу* за свое́й спино́й знако́мый го́лос.(昨天我下班回来,正在中央大街上走着,突然听见背后有一个熟悉的说话声音。)

未完成体现在时可用来表示将来要发生的行为。这里有两种情况:

(1)表示预定行为的现在时。说话人把不久将出现的行为看作是正在实现的事实,以此强调行为的发生是必然的、不可避免的,这种形式主要用于口语。例如:

Е́ду сего́дня в ночь.(我今天夜里走。)

Мы за́втра *лети́м* в Крым.(我们明天飞往克里米亚。)

Сего́дня ве́чером *идём* в теа́тр.(我们今天晚上去看戏。)

Я бу́дущей зимо́й *уезжа́ю* за грани́цу.(我明年冬天出国。)

在俄语中可以说 Мы за́втра *уезжа́ем* в Москву́.(我们明天去莫斯科。)也可以说 Мы за́втра *уе́дем* в Москву́. 但用 уезжа́ем 表示必然一定发生。鉴于现在时用于将来时意义语气比较绝对,因此在句中不能用一些表示不肯定、不确信等意义的词,类似 мо́жет быть, возмо́жно, наве́рное 等。当句中有表示不肯定意义的词,表示行为可能实现,但不一定实现时,一般用带前缀 по- 的动词 пойти́, пое́хать 等。如只能说:За́втра я, наве́рное, *пойду́* в го́сти. 而不能说:За́втра я, наве́рное, *иду́* в го́сти.

用于这种意义的动词一般是表示预定行为或取决于主体意愿的行为。例如：

идти́（走）

е́хать（去）

уходи́ть（离开）

уезжа́ть（离开）

вылета́ть（飞去）

начина́ть（开始）

приступа́ть（着手）

встреча́ть（迎接）

посыла́ть（派遣）

отправля́ться（出发）

возвраща́ться（回来）

брать（拿）

получа́ть（接到）

зака́зывать（订购）

за́втракать（吃早饭）

обе́дать（吃午饭）

у́жинать（吃晚饭）

пирова́ть（宴饮）

кути́ть（纵饮作乐）

（2）表示设想行为的现在时。说话人对将来要发生的行为的情景加以描述，给人一种历历在目的感觉。例如：

Я воображаю себя́ уже́ на свобо́де, вне на́шего до́ма. Я поступа́ю в гуса́ры и *иду́* на войну́. （我想象自己已经自由了，脱离了我们的家。我加入了骠骑兵，去上前线。）

二、未完成体动词过去时的意义和用法

1. 未完成体动词过去时表示经常、反复的行为，句中常用 всегда́, постоя́нно, обы́чно, ча́сто, иногда́, ка́ждый день, по утра́м, два ра́за в день 等词或类似词组作时间状语。例如：

Ра́ньше он обы́чно *за́втракал* до́ма. （以前我都是在家吃早饭。）

Ле́том я всегда́ *встава́л* в шесть утра́. （夏天我经常早晨6点起床。）

2. 未完成体过去时可以表示持续进行一定时间的行为，句中常有副词 до́лго, всё у́тро, весь день, всю неде́лю, три ме́сяца, це́лый год 等类型不带前置第四格时间状语表示行为持续的时间。例如：

Я *чита́л* э́тот рома́н неде́лю. （这本小说我读了一周。）

Дождь *шёл* неде́лю. （雨下了一周。）

Он це́лый день *сиде́л* над э́той зада́чей. （这道题他解了整整一天。）

Дя́дя *жил* в э́том го́роде три го́да. （叔叔在这个城市住了三年。）

带前缀 по-, про- 的完成体动词过去时、将来时与度量状语连用也表示行为的持续性，但它表

示行为持续一定时间后结束。带前缀 про- 的动词表示持续时间较长，而且一定要与度量状语连用，带前缀 по- 的动词表示持续时间较短。例如：

пробе́гать всю ночь（跑一整夜）

пробы́ть ме́сяц（逗留一个月）

проговори́ть весь ве́чер（说一晚上话）

прое́здить два часа́（坐车走两小时）

проката́ться до́лгое вре́мя на велосипе́де（骑自行车长时间兜风）

простоя́ть мину́т два́дцать（站二十分钟左右）

проучи́ться четы́ре го́да（学习四年）

поговори́ть мину́т пять（谈五分钟左右）

поиска́ть мину́ту（找一会儿）

помолча́ть с мину́ту（沉默大约一分钟）

порабо́тать день（工作一天）

Он це́лый день *просиде́л* над э́той зада́чей.（他解这道题花了整整一天的时间。）

完成体 просиде́л 表示这一行为持续了一天之后结束了。如果用未完成体 сиде́л 替换，则只能表示这一行为持续一天。又如：

Больно́й *проспа́л* полдня́.（病人睡了半天。）

Он за́мер и *простоя́л* так це́лых де́сять мину́т.（他愣住了，就这样站了整整十分钟。）

Они́ *прозаседа́ют* це́лый день.（他们要开整整一天的会。）

Мать не́которое вре́мя *посиде́ла* о́коло сы́на, *послу́шала* его́ разгово́ры с людьми́ о ра́зных повседне́вных дела́х.（母亲在儿子身边坐了一会儿，听一听儿子和别人谈论日常工作。）

Я *посиде́л* у неё мину́т де́сять и пошла́ за поку́пками.（我在她那儿坐了大约十分钟，然后就买东西去了。）

3. 未完成体动词过去时表示过去正在进行着的行为。例如：

— Почему́ вы не́ были вчера́ на стадио́не?

— Я *писа́л* докла́д.（"您昨天为什么没去体育场？""我当时正写报告。"）

— Где ты вчера́ задержа́лась?

— Я *покупа́ла* проду́кты, поэ́тому пришла́ домо́й по́зже, чем обы́чно.（"昨天你在哪儿耽搁啦？""我买了点儿东西，所以回家比平时晚一些。"）

Когда́ ко мне пришёл Анто́н, я *переводи́л* текст.（当安东来到我这儿时，我正在翻译一篇文章。）

Когда́ оте́ц *выходи́л* и́з дому, он вы́ключил свет.（当父亲出门时关了灯。）在此句中 выходи́л 是未完成体过去时，表示离开房间的这一过程。如果用完成体过去时则意义发生变化，如 Когда́ оте́ц *вы́шел* и́з дому, он вспо́мнил, что забы́л кни́ги до́ма.（当父亲离开家以后，才想起来把书忘在家里。）此句中 вы́шел 用完成体过去时，因为是离开家以后（他已经不在家里可能在街上了）。

试比较：

①Самолёт *возвраща́лся* на аэродро́м.

②Самолёт *возврати́лся* на аэродро́м.

例①表示"返回"这一行为在过去某一时间里正在进行，应译成："（那时）飞机正在返回机场的途中。"例②表示"返回"这一行为已完成，可译成："飞机已返回机场"。又如：

①Зри́тели уса́живались на свои́ места́.

②Зри́тели усе́лись на свои́ места́.

例①表示部分观众可能已入座，部分观众正在找座，但"观众"做为整体，其行为并未完成，因此全句应译成："（那时）观众陆续入座。"例②表示"入座"这一行为已完成，可译成："观众已经坐好了。"

上述各例表明，完成体表示行为已经通过了终结点，而未完成体则表示行为尚未达到终结点，是在进行和发展中的行为。此区别在带有时间从句的主从复合句中表现得更为明显。试比较：

①Мы вошли́ в ко́мнату, когда́ заседа́ние учёного сове́та то́лько начина́лось.

②Мы вошли́ в ко́мнату, когда́ заседа́ние учёного сове́та то́лько начало́сь.

例①用未完成体过去时表示"开始"这一行为并未完成，而是处在进行的状态中，应译成："学术委员会会议正要开始的时候，我们进屋了。"例②用完成体过去时表示"开始"这一行为已通过了终结点，可译成："学术委员会会议开始后，我们进屋了。"又如：

①Когда́ мы проходи́ли ми́мо кинотеа́тра, мы купи́ли биле́ты.（我们路过电影院时，买了电影票。）

Когда́ мы прошли́ ми́мо кинотеа́тра, мы вспо́мнили, что собира́лись купи́ть биле́ты.（我们走过了电影院才想起来，我们本打算买电影票的。）

②Когда́ мы вы́шли на у́лицу, дождь уже́ конча́лся.（我们出来时，雨已经快要停了。）

Когда́ мы вы́шли на у́лицу, дождь уже́ ко́нчился.（我们出来时，雨已经停了。）

4. 未完成体动词过去时可只泛指某种行为是否发生过，而不是表示行为是否已经完成、有结果。例如：

— Ты чита́л э́ту статью́?

— Чита́л.（"你读过这篇文章吗？""读过。"）

未完成体过去时 чита́л 只指出有过"看书"这个行为，并不表示"看书"持续多长时间，完成与否。再如：

— Что вы вчера́ де́лали?

— Я повторя́л но́вые слова́.（"你昨天晚上干什么了？""复习生词了。"）

5. 某些过去时未完成体动词表示行为的结果到说话时已经消失。具有这样特征的未完成体动词有：①е́здить, приходи́ть, приезжа́ть, ходи́ть 等；②сади́ться, ложи́ться, встава́ть, поднима́ться, спуска́ться；③брать, дава́ть, надева́ть, открыва́ть, закрыва́ть, закрыва́ть, включа́ть, выключа́ть。这些动词都有相反意义的动词，如 закры́ть — откры́ть。

未完成体过去时的这一用法强调某一行为，曾经发生过，但在说话时不但行为成为过去，而且行为所造成的结果已经消失。例如：

Я заме́тил, что без меня́ в мою́ ко́мнату кто-то входи́л.（我发现，我不在时有人进过我的房间。）未完成体过去时 входи́л 指出"进屋"这个行为发生过，但在说话时进到屋子里的人已经离去。再如：

В э́то воскресе́нье ко мне приходи́ли два дру́га.（这个星期日有两位朋友来过我这儿。）（现在已经走了）

Я брал э́тот но́вый журна́л в на́шей библиоте́ке.（我在我们的图书馆借过这本新杂志。）（现在已经还了）

Почему́ в ко́мнате так ду́шно? Ах, о́кна закры́ты. Ведь я их открыва́л, кто закры́л их?（为

什么屋子里这么闷气？唉，窗子关着呢。我不是打开了吗？谁又关上啦？)

试比较下面句子：

У меня есть эта книга: я *взял* её в библиотеке. (我从图书馆借了这本书,它现在在我这儿。)（взял 表示结果存在,书现在借来了没有还回去)

У меня сейчас уже нет этой книги: я *брал* её в библиотеке. (我借过这本书,但现在这本书不在我这儿。)（брал 表示结果取消,即书借来又还回去了)

К тебе кто-то *приходил*, сказал, что зайдёт вечером. (有人来找过你,他说晚上还要来。)（приходил 表示结果取消,即来了,又走了)

К тебе кто-то *пришёл*, ждёт в твоей комнате. (有人找你来了,在你房间等着。)（пришёл 表示结果存在,即来了,没走)

三、完成体动词过去时的意义和用法

1. 完成体过去时表示过去发生并且已经达到结果的行为。例如：

Я уже *прочитал* роман. (我已经读完了小说。)

Я *окончил* университет. (我已经大学毕业了。)

— Ваш доклад готов?

— Да, я его *написал*. ("您的报告准备好了吗?""是的,报告我已经写好了。")

— Вас можно поздравить?

— Да, я *защитил* сегодня диплом. ("可以祝贺您吗?""是的,我的毕业论文答辩成功了。")

2. 完成体动词过去时表示预料中的某种行为已经完成,有结果。例如：

— Вы уже *прочитали* статью, которую указал преподаватель?

— *Прочитал*. ("老师指定的文章你读完了吗?""读完了。")

3. 未完成体动词过去时表示与说话时刻无关,发生在过去的持续行为,此时,完成体动词过去时表示始于说话以前,但说话时刻结果仍然存在的行为,此类的动词一般为带前缀 по-、за- 表示开始意义的动词,如 пойти, зашуметь, заболеть 等。例如：

Зал *зашумел*. (大厅里人们喧哗起来。)（现在仍在喧哗)

С детства я *полюбил* рисовать. (我从小喜欢画画。)（现在还喜欢)

4. 与未完成体过去时相反,某些完成体过去时不但表示行为已完成,而且可能指出行为所造成的结果在说话时仍然存在。试比较：

① Это была не моя книга, я *брал* её у товарища Вана. (那不是我的书,我从王同志那儿借过。)

② Вот эта книга, я *взял* её у товарища Вана. (你看,就是这本书,我是从王同志那儿借来的。)

例①中未完成体过去时 брал 表示"借书"这个行为曾经发生过,在说话的时候,行为已成为过去,而且行为造成的结果已消失,也就是说,书已不在借者的手里了。例②中完成体过去时 взял 表示行为不但完成,而且在说话时结果还存在,也就是说,书在说话时刻还在借者手里。又如：

Я только что *поднимался* на пятый этаж, мне не хочется ещё раз идти туда. (我刚上过五楼,不想再去了。)

Товарищи *поднялись* на пятый этаж и ждут вас там. (同志们已经上五楼了,在那儿等你呢。)

Врач *пришёл* к больно́му и сейча́с осма́тривает его́.（医生来到病人处现在正给他看病。）

结果存在意义和动词的词义有关，并非任何动词完成体过去时都具有这种意义。常见的表达结果存在意义的完成体动词有以下几类：①带前缀的运动动词，如 прийти́, прие́хать, войти́, вы́йти, уе́хать 等。②表示相反相成、一正一反动作的动词，如 откры́ть（开）— закры́ть（关），включи́ть（开）— вы́ключить（闭），наде́ть（穿）— снять（脱），встать（起来）— лечь（躺下），взять（借）— верну́ть（还）。

上述这类动词的完成体表示结果存在，而未完成体过去时表示结果取消。例如：

Окно́ *откры́ли*.（窗户打开了。）（现在窗户还开着，结果存在）

Окно́ *открыва́ли*.（窗户打开过。）（窗户曾开过，现在关上了，结果取消）

5. 完成体过去时有时可转义表示将来时，表示必然发生或马上发生的行为。

完成体过去时的这种用法是把未来的行为当作已经发生的来对待，从而强调了它的必然性，如 поги́бнуть, умере́ть, побежа́ть пойти́, пое́хать 等，其中表示运动意义的动词常作祈使意义。例如：

Помога́йте нам, ина́че мы *поги́бли*.（帮帮我们吧，不然我们就完蛋了。）

Пошли́!（出发！）

6. 完成体动词过去时形式还可以和表示多次、连续反复意义的词，如 не́сколько раз, мно́го раз 等连用，这时的行为虽表示重复多次，但每次都必须是完成的。例如：

Он не́сколько раз *прочита́л* э́ту кни́гу: она́ ему́ понра́вилась.（这本书他读了几遍，他是喜欢上这本书了。）

四、语气词 бы́ло 与完成体动词过去时连用

语气词 бы́ло 加在完成体动词过去时后，表示动作可能实现但未实现或虽已开始，但被中断。例如：

Разгово́р *начался́ бы́ло* о пого́де, но ско́ро прерва́лся.（开始谈起了天气，但很快就中断了。）

Тут он *вы́шел бы́ло*, но останови́лся в дверя́х.（他站起来要出去，但在门口停了下来。）

Мы *пошли́ бы́ло* в кино́, но не доста́ли биле́тов и верну́лись.（我们本来是要去看电影，但没买到票就回来了。）

Я *бы́ло засну́л*, да меня́ разбуди́ли（我刚睡着，就有人把我叫醒了。）

Я *бы́ло собра́лся* на прогу́лку, да дождь помеша́л.（我本想出去散步，但因下雨没有去成。）

Я *бы́ло хоте́ла* бежа́ть, но бы́ло по́здно.（我本想逃跑，可是太晚了。）

Я *хоте́л бы́ло* оста́ться до́ма, но не вы́терпел.（我本打算留在家里，但忍耐不住。）

五、否定结构中动词过去时体的用法

1. 表示长时间没发生的行为，用未完成体动词。例如：

Мы до́лго не *встреча́лись*.（我们很久没见面了。）

Он давно́ не *приходи́л* ко мне.（他很久没到我这儿来了。）

2. "не + 未完成体过去时"表示动作未曾进行，而"не + 完成体过去时"表示动作没有达到目的或没有完成。例如：

Эту книгу я ещё *не читал*.（这本书我还没读呢。）（一页也没看）

Эту книгу я ещё *не прочитал*.（这本书我还没读完。）（读了一些,但没读完）

Студенты *не сдавали* экзамен, потому что преподаватель заболел.（同学们没考试,因为老师生病了。）（即学生没参加考试,所以也谈不上及格不及格）

Студенты *не сдали* экзамен, потому что они плохо подготовились.（大学生没通过考试,因为他们没好好复习。）（即大学生参加了考试但没到预期的目的,即没及格）

Алёша *не переводил* текст, потому что преподаватель не задавал перевода.（阿辽沙没翻译课文,因为老师没留翻译作业。）

— Антон *ездил* на экскурсию?

— Нет, *не ездил*.（"安东去旅游了吗?""没去。"）

3. 当一个动作是所期待的,应发生的、但未发生,通常用"не + 完成体过去时"。例如：

Мы долго ждали его письма, но так и *не получили*.（我们等他的信等了很长时间,但始终也没收到。）

Ребята долго ждали учителя. Но учитель *не пришёл*.（学生们等了很长时间老师,但老师也没来。）

Он заболел, и поэтому *не поехал* на экскурсию.（他生病了,因此没去旅行。）（他本来应该旅行,但没去成）

Он *не выступил*, потому что заболел.（他没演出,因为生病了。）（他本来应该演出,但没有演成）

4. 表示期待过但说话时仍在期待的预期行为时,可用"не + 完成体过去时"或"не + 未完成体过去时"。例如：

— Почтальон *принёс* газеты?

— Нет, ещё *не принёс*(*приносил*).（"邮递员送报纸来了吗?""没有,还没有送来。"）

断然否定动作未曾进行,未曾发生,应用"не + 未完成体过去时"。例如：

— Вы *получили* письмо?

— Какое письмо? Я никакого письма *не получал*.（"你收到信了吗?""什么信? 我什么信都没收到过。"）

六、未完成体动词将来时的意义和用法

未完成体动词的将来时是由助动词 быть 的将来时形式加未完成体动词的不定式构成。未完成体动词将来时可用来表示说话时刻以后主体将进行的行为(不强调结果)。例如：

Что ты *будешь делать* завтра?（你明天做什么？）

Мы *будем писать* экзаменационную работу четыре раза в год.（我每年要有4次考试。）

Я *буду* часто *писать* письма родителям о моей жизни в Москве.（我将会经常给父母写我在莫斯科的生活。）

七、完成体动词将来时的意义和用法

1. 说话时刻之后一定要达到的结果。例如：

— Ты уже́ написа́л письмо́ роди́телям?

— Нет, ещё. Но за́втра обяза́тельно *напишу́*. ("你给父母的信写完了吗？""还没有,但明天一定写完。")

2. 完成体将来时可表示泛指意义,行为具有规律性,常见于格言、谚语、俚语中。例如:

Что *посе́ешь*, то и *пожнёшь*. (种瓜得瓜,种豆得豆。)

Тако́го челове́ка днём с огнём не *найдёшь*. (那样的人打着灯笼都难找。)

3. 完成体动词将来时转义可以表示现在或过去经常发生的行为。例如:

Ему́ сего́дня не рабо́тается: он то *вста́нет*, то *начнёт* ходи́ть по ко́мнате, то *ся́дет*. (今天他干不下去活儿:一会儿站起来,一会儿在房间里开始走来走去,一会儿又坐下。)

4. 用于表示现在或将来"能完成"的行为,句中可能还会有всегда́, обы́чно, в любо́е вре́мя 等词。例如:

На тако́й вопро́с любо́й студе́нт *отве́тит*. (那样的问题任何一个学生都能回答。)

Он всегда́ *помо́жет* това́рищу в тру́дную мину́ту. (他总是会乐于在困难时刻帮助同志。)

Он о́чень до́брый челове́к, он вам всегда́ *помо́жет*. (他是十分善良的人,他总能帮助您。)

Ты всегда́ что́-нибудь *разобьёшь*. (你总是好打破东西。)

5. 完成体将来时可用来描述经常的或一贯的特性,这时它具有现在时意义。例如:

Наш де́душка на все ру́ки ма́стер: и замо́к *почи́нит*, и игру́шку *смастери́т*, и стекло́ *вста́вит*. (我们的祖父是个多面手:会修锁、会制作玩具,还会镶玻璃。)

Никогда́ ты со мной да́же ве́чер не *посиди́шь*. (你从来甚至连一个晚上都不肯和我在一起坐一坐。)

Он вам любу́ю спра́вку *даст*, всё *объясни́т*, любу́ю да́ту *припо́мнит* — о́чень эруди́рованный челове́к. (他是个学识渊博的人,对你提出的任何问题都能回答,能解释一切,随便哪个日期都能记起。)

Никогда́ ты ничего́ не *сде́лаешь* зара́нее, не *пригото́вишь* во́время. (你从来什么都不提前做好,不按时准备停当。)

完成体将来时表示"现在"阶段多次、经常反复的行为,这时可用未完成体现在时替换,二者的区别在于完成体将来时强调每次行为都完成,而且在描写具体事物时具有生动性;未完成体现在时只表示行为的重复。例如:

Как *уви́жу* э́тот фотосни́мок, сра́зу вспомина́ю моё де́тство. (我一看见这张照片,就想起了我的童年。)

Часово́й сиди́т у стены́ и сторожи́т дверь, то́лько и́зредка *пойдёт* к углу́, *посмо́трит* и опя́ть *отойдёт*. (哨兵坐在墙边守着大门,偶尔走到墙角,看看又走开。)

У́тро я обы́чно провожу́ так: *вста́ну* часо́в в шесть, *сде́лаю* заря́дку, о́коло семи́ *поза́втракаю*, пото́м ухожу́ на рабо́ту. (我一般这样度过早晨:六点钟左右起床、做操,大约七点钟吃早饭,然后上班。)

Быва́ет, что и не *заме́тишь* оши́бку сра́зу. (有时你不能立即发现错误。)

八、否定结构中动词将来时体的用法

1. 否定形式的未完成体将来时表示将来不做什么。例如:

Я *не буду писáть* сочинéние. (我将不写作文。)

Вéчером я *не бýду читáть* кнѝги, а пойдý в кинó. (晚上我将不看书,而去看电影。)

Преподавáтель заболéл, и поэ́тому зáвтра мы *не бýдем сдавáть* экзáмен. (老师病了,因此明天我们不考试。)

Я *не бýду решáть* э́ту задáчу, учѝтель её не задавáл. (我将不做这道题,老师没留这项作业。)

2. 否定形式的完成体将来时表示不可能完成或没有能力完成的行为。

(1) не 加完成体将来时可表示说话人确信某种行为不可能完成,这时完成体将来时具有现在时意义,可用 не мочь 加完成体动词不定式的结构替换。例如:

Я никáк не *открóю* дверь. (我怎么也打不开门。)(не + 完成体将来时,还可以表示"绝不去做某事",上句也可译为"为我无论如何不会去开门。")

Он ещё мал. Он э́того не *поймёт*. (他还小,不可能理解这一点。) 意思是:Он ещё мал. Он э́того не мóжет поня́ть.

Ты ни за чтó не *спрáвишься* с э́той рабóтой. (你怎么也胜任不了这项工作的。) 意思是:Ты ни за чтó не мóжешь спрáвиться с э́той рабóтой.

Алёша пропустѝл мнóго заня́тий, поэ́тому он не *сдаст* экзáмен. (阿辽沙旷了很多课,他通不过考试。)

Я не *решý* э́ту задáчу, онá слѝшком слóжная. (我解不出这道题,太难了。)

(2) 这种类型的句子常见于泛指人称句中,或具有泛指意义的句子里。例如:

По лицý не *поймёшь*, скóлько ей лет. (只看脸弄不明白,她有多大岁数。)

В двух словáх э́того не *расскáжешь*. (三言两语讲不清楚这件事。)

Никтó не *повéрит*, что такѝе вéщи случáются в нáше врéмя. (谁也不会相信,这种事出在我们这个时代。)

Никтó не *даст* вам совéта, тут сам человéк дóлжен решáть. (谁也不会给你出主意,这需要自己决定。)

Ужé пóздно, ты не *достáнешь* билéт. (天太晚了,你买不到票了。)

(3) 当某人向对方提出某种请求时,可用带否定语气词 не 的完成体将来时,这时它用作现在时的意义,表示委婉的请求。例如:

— Вы *не скáжете*, где нахóдится шкóла № 8?

— Нет, к сожалéнию, *не скажý*. ("请问,八中在哪儿?""对不起,我不知道。")

这两个句子相当于:

— *Не мóжете ли* вы *сказáть*, где нахóдится шкóла № 8?

— К сожалéнию, не могý сказáть.

Простѝте, вы не *подвѝнетесь* немнóго? (对不起,请您稍挪一挪好吗?)

Вы *не разрешѝте* позвонѝть от вас? (您能让我用一下您的电话吗?)

Бýдьте любéзны, вы *не покáжете* мне вон чёрную сýмку? (劳驾,请您拿给我那个黑色的提包看一看好吗?)

Вы *не помóжете* мне? (您能帮我一下吗?)

(4) 在修辞性的问语中和带语气词 рáзве 的句子里,虽然没有否定语气词 не,但完成体将来时仍具有现在时的意义,表示不可能完成某种行为。例如:

— Кто *помóжет*?

— Никто́. ("谁能帮忙？""没谁。")

Куда́ *пойдёшь* в тако́е вре́мя! (这种时候能到哪儿去!)

Ра́зве э́то *объясни́шь*! (难道你能讲清楚这个!)

Ра́зве э́то *запо́мнишь*! (难道你能记住这个!)

上述各例均表示"不可能"，可分别用以下的句子替换：

Никто́ не мо́жет помо́чь.

Никуда́ не мо́жешь пойти́ в тако́е вре́мя.

Э́то не мо́жешь объясни́ть.

Э́то не мо́жешь запо́мнить.

3. не 加具有"完全做到"、"满足"意义的完成体将来时，用作现在时意义，表示不可能完成某种行为。例如：

не нагляжу́сь（看不够）

не налюбу́юсь（欣赏不够）

не дожду́сь（等不到）

не вы́тяну（坚持不住）

не вы́несет（忍耐不住）

не вы́держит（经受不住）

не досту́чусь（敲不应）

не наговори́тся（说不够）

не усиди́т（坐不住）

не угомони́тся（不能安静）

九、быва́ло 与动词连用

быва́ло 可以和未完成体现在时、过去时和完成体将来时连用，构成复合谓语，表示在遥远的过去多次的、重复的动作。быва́ло 可以置于动词之前，也可置于动词之后，但必须与动词紧密相接。例如：

Быва́ло расска́зывает де́душка о ста́рых времена́х, а мы сиди́м и слу́шаем.（有时祖父给我们讲过去的事，我们就坐着听。）

Быва́ло приходи́ли к нам и сосе́ди послу́шать ска́зки.（有时邻居们也到我们这儿来听故事。）

Возьмём быва́ло мы с тобо́й у́дочки и ухо́дим на весь день к реке́.（我们有时带上钩鱼竿和你去河边呆一整天。）

Быва́ло мы рабо́тали без выходны́х дней и пра́здников.（有时我们工作不休节假日。）

练习十五、选择正确答案。

1. Дава́й быстре́е, мы уже _____ (опа́здываем, опозда́ем) на по́езд.

2. Вчера́ я не мог прийти́ к вам, потому́ что _____ (помо́г, помога́л) ма́тери.

3. — Почему́ ты не пришёл вчера́ к Никола́ю! — Я _____ (зако́нчил, зака́нчивал) сро́чную рабо́ту.

4. Мальчик бежал, потому что _____ (опаздывал, опоздал) на занятия.
5. По мере того как _____ (приближался, приблизился) день отъезда, она всё больше волновалась.
6. Преподаватель проверял домашнее задание студентов, пока они _____ (писали, написали) сочинение.
7. Когда Виктор _____ (открывал, открыл) окно, он разбил стекло.
8. Когда мы _____ (прощались, простились), он крепко пожал мне руку.
9. Когда Федя _____ (возвращался, вернулся) из университета, он купил себе в газетном киоске интересный журнал.
10. Когда мы _____ (вернулись, возвращались) домой, нас застал сильный дождь.
11. Сколько ни _____ (объяснял, объяснил) я ему это правило, он всё-таки не понял его.
12. Наша группа _____ (сдала, сдавала) экзамен по английскому языку 5 часов.
13. После болезни сестра _____ (отдыхала, отдохнула) дома пять дней и она хорошо _____ (отдыхала, отдохнула).
14. Анна _____ (брала, взяла) этот роман в библиотеке. Она прочитала и вернула его.
15. — Петя, почему ты не подходил к телефону? — Я _____ (выходил, вышел).
16. К тебе утром _____ (приходил, пришёл) товарищ, он оставил тебе записку.
17. — А где была Ирочка, когда вы уезжали? — Я _____ (оставила, оставляла) её у своей тёти.
18. — У тебя так много вещей! Как же ты могла поехать на экскурсию по городу? — А я _____ (сдавала, сдала) их в камеру хранения.
19. — Окно так и открыто целый день? И во время дождя было открыто? — Нет, мы _____ (закрыли, закрывали) его.
20. Этой книги у Коли дома нет. Как я помню, он _____ (брал, взял) её в библиотеке.
21. Кто _____ (включал, включил) телевизор? Он уже не работает.
22. — Давайте пообедаем. — Спасибо, я уже _____ (обедал, пообедал).
23. Мы _____ (уговаривали, уговорили) её спеть нам эту песню, но она не согласилась.
24. — Саша, ты _____ (заказал, заказывал) железнодорожные билеты по телефону? — Да. Почему ты спрашиваешь? — У тебя не сохранился номер телефона? Мне надо заказать билеты.
25. Я очень волнуюсь: целый месяц родители не _____ (писали, написали).
26. Больше я никогда не _____ (встретил, встречал) учителя и не хотел увидеть его.
27. — Ты позвонил Саше? — Нет, я ему не _____ (звонил, позвонил), ты меня об этом не просил.
28. Студенты не _____ (сдавали, сдали) вчера экзамен, так как преподаватель заболел.
29. Алёша не _____ (переводил, перевёл) текст, потому что преподаватель не задавал перевода.
30. Я давно не _____ (получал, получил) письма от брата.
31. Студенты не _____ (сдавали, сдали) вчера экзамен, так как они пропустили много занятий.
32. Мы не _____ (остановимся, останавливаемся), пока не добьёмся цели.
33. Утром я немного _____ (работал, поработал) над статьёй.
34. Когда мы _____ (возвращались, вернулись) домой, мы увидели много гостей.
35. Дети увидели отца и _____ (побежали, побегали) к нему.

36. Когда я открыл окно, бумаги _____ (полетали, полетели) со стола.
37. — Рита ещё ужинает? — Нет, уже _____ (поужинала, ужинала).
38. Только что Наташа _____ (ложилась, легла) спать, зазвонил телефон.
39. Мы _____ (учили, выучили) новый текст за неделю.
40. — Таня сейчас свободна? — Да, она уже _____ (убирала, убрала) комнату.
41. — Кто-то _____ (взял, брал) мою книгу со стола. Теперь я не знаю, где она. — Не знаю, я не _____ (взял, брал).
42. Кто _____ (брал, взял) мой словарь? Он только что ещё лежал на моём столе.
43. К тебе _____ (приходил, пришёл) товарищ, он ждёт тебя уже полчаса.
44. Кто _____ (вешал, повесил) сюда карту? Очень удачно выбрано место.
45. Алёша не _____ (переводил, перевёл) текст, потому что в нём было слишком много новых слов.
46. Этот студент не _____ (будет сдавать, сдаст) экзамены, потому что пропустил много занятий.
47. Лена заболела и на концерте не _____ (выступала, выступила).
48. Наш хоровой кружок не _____ (выступал, выступил) на вечере: заболел дирижёр.
49. Его ждали, но он не _____ (приходил, пришёл).
50. Ребята бегали, пока они не _____ (устали, уставали).
51. Мы следили за лодкой, пока она не _____ (скрывалась, скрылась) из виду.
52. Он _____ (начинал было, начал было) рассказывать, но вдруг замолчал.
53. Я _____ (буду вставать, встану) в шесть часов каждый день в следующем месяце.
54. С 1-го ноября первый урок _____ (будет начинаться, начнётся) в 8 часов утра.
55. — Ваш сын _____ (будет поступать, поступит) в университет в будущем году?
56. — Что вы собираетесь делать в выходные дни? — Мы _____ (будем отдыхать, отдохнём).
57. Анна не _____ (будет сдавать, сдаст) экзамен, потому что она будет в командировке.
58. Я не _____ (буду учить, выучу) это стихотворение. Оно не интересное.
59. Я думаю, что через час Таня _____ (переведёт, переводит) статью и будет свободна.
60. Сегодня я обязательно _____ (читаю, прочитаю) книгу, которую я должна буду вернуть завтра.
61. Мать боялась, что её сын _____ (заболеет, заболел).
62. Если спросишь его о чём-нибудь, он всегда с удовольствием _____ (ответит, отвечает).
63. Ученики этого класса прекрасно знают математику. Любой из них _____ (решает, решит) самую трудную задачу.
64. — Скажите, где находится поликлиника №15? — К сожалению, не _____ (скажу, говорю), я не здешний, спросите у кого-нибудь ещё.
65. Это стихотворение очень длинное, я не _____ (буду учить, выучу) его.

运动动词

一、定向和不定向运动动词的语义特征

运动动词作为词汇-语法单位,具有以下特征:

1. 定向和不定向运动动词都是未完成体动词,都没有与其相对应的完成体,不能把 пойти, поéхать 看成是 идти, éхать 的完成体。

2. 运动动词表示在陆地上、在水中、在空中的各种运动方式,如 идти — ходить, éхать — éздить 表示在陆地上的运动; плыть — плáвать 表示在水中的运动; летéть — летáть 表示在空中的运动。везти — возить 在上述三种情况下都可以使用。

3. 运动动词有及物和不及物之分,如 нести — носить, везти — возить, вести — водить 等为及物动词。идти — ходить, éхать — éздить, плыть — плáвать, летéть — летáть 等为不及物动词。

4. 表示交通运输工具本身的运动一般用 идти — ходить。
(1) 用于描写汽车、出租车、电车、火车等交通工具的运动。例如:
До цéнтра гóрода *идёт* троллéйбус. (无轨电车通向市中心。)
Вот *идёт* автóбус. (公共汽车来了。)
Здесь *хóдит* трамвáй. (这里有电车。)
(2) 用于打听汽车、电车等运行的方向和时间。例如:
Кудá *идёт* этот автóбус? (这辆公共汽车开往什么地方?)
Скажите, пожáлуйста, здесь *хóдит* 22-й автóбус? (请问这里有二十二路汽车吗?)
Скóлько врéмени *идёт* этот автóбус до плóщади Свердлóва? (这辆公共汽车到斯维尔德洛夫广场要走多长时间?)
Как чáсто *хóдит* здесь маршрýтное таксú? (这里的小公共汽车多长时间一趟?)
С какóго чáса начинáют *ходить* автóбусы в гóроде? (城里公共汽车什么时候开始发车?)
(3) 表示交通工具运动的速度时,可以用动词 éхать — éздить。例如:
Автóбус *éдет* быстро. (汽车走得很快。)
Таксú «Вóлга» нóвой мáрки *éздит* хорошó. (新型"伏尔加"出租车运行得很好。)

5. 动词 вести — водить 表示行为主体与客体的共同运动(徒步)。例如:
Мать *ведёт* ребёнка зá руку. (母亲牵着孩子走。)
По дорóжке, ведýщей к шкóле, шёл старúк и *вёл* зá руку первоклáссника. (一个老人牵着个一年级的小学生走在去学校的路上。)
везти — возить 表示借助交通工具(车、船、马等)进行运输。例如:
Я éду к дрýгу, *везý* емý лекáрства. (我到朋友家给他送药去。)

Ему́ пришло́сь плыть по реке́ на парохо́де, *везти́* сы́на в го́род учи́ться. (他不得不乘船送儿子到城里去学习。)

Дед сказа́л, что бу́дет меня́ *вози́ть* в шко́лу на маши́не. (爷爷说要开车送我上学。)

二、定向和不定向运动动词现在时的用法

1. 定向运动动词现在时的用法

(1) 定向运动动词表示说话时正在进行时、有一定方向的一次行为。例如：

Ты не зна́ешь, как называ́ется у́лица, по кото́рой мы *идём*? (你知道我们走的这条街叫什么街吗？)

Маши́на *везёт* о́вощи и фру́кты. (汽车正在运送蔬菜和水果。)

Скажи́те, пожа́луйста, э́тот авто́бус *идёт* до пло́щади Матере́й? (请问这辆公共汽车到母亲广场吗？)

В окно́ я ви́жу, что к нам *идёт* почтальо́н. Он *несёт* газе́ты. (我在窗口看见邮递员向我们走来，他正在送报。) 试比较：

①Авто́бус по э́той ли́нии *идёт* ка́ждые пятна́дцать мину́т. (这条线路的公共汽车每隔十五分钟有一趟。)

②Авто́бус по э́той ли́нии *хо́дит* ка́ждые три́дцать мину́т. (这条线路的公共汽车每隔三十分钟往返一次。)

正因为定向运动动词表示一个方向的动作，因此例①中使用 идёт 时，只能表示汽车开往一个方向，运行的单趟时间为十五分钟。但例②中用 хо́дит 替换后，则表示"去"和"回来"这一往返动作，往返运行的时间为三十分钟。

(2) 定向运动动词用于说话时引起别人对正在运动中的事物或人的注意。句中常带有 смотри́, слу́шай, слы́шишь, вот, вон 等词。例如：

Смотри́, э́то Ни́на *идёт* к театра́льной ка́ссе. (瞧，尼娜正朝剧场售票处走去。)

Ви́дишь, самолёт *лети́т*! (看呀，飞机在飞。)

Идёт! Наконе́ц-то *идёт* 22-о́й авто́бус. (来了！22 路公共汽车终于来了。)

Вот он *бежи́т* впереди́ всех. (他跑在大家的前面。)

Вот *идёт* мой брат. Я узна́ю его́ по похо́дке. (看，我弟弟来了。我从步态认出是他。)

(3) 定向运动用于对话中或疑问句中，表示"从……来"、"到……去"的意义，运动动词往往可以省略，但必须指出运动的方向或目的。例如：

— Ты куда́?

— (*Иду́*) в библиоте́ку. ("你到哪儿去？" "我去图书馆。")

— Отку́да возвраща́етесь?

— (*Е́дем*) из консервато́рии. ("你们从哪儿回来？" "我们从音乐学院回来。")

— Ты (*идёшь*) в лингафо́нный кабине́т?

— Нет, в чита́льный зал. ("你是去语言实验室吗？" "不是，是去阅览室。")

(4) идти́, е́хать 等定向运动动词的现在时形式还可以用于将来时意义，表示即将来临的、已经拟定的朝着一个方向的一次运动。这时上下文或语境常常指出进行这一运动的必须性。例如：

За́втра мы *идём* смотре́ть интере́сный фильм. (明天我们去看有意思的电影。)

Он сказа́л ма́тери, что всё решено́ и че́рез два дня он *идёт* на рабо́ту. (他对母亲说, 一切都已决定, 再过两天他就去上班。)

В выходно́й день меня́ попроси́ли вы́ступить пе́ред студе́нтами в клу́бе. Обеща́л. *Иду́* к ним. (休息日请我到俱乐部给大学生们演讲。我答应了。一定去。)

这种话语表示的意思比较坚决, 句中不能使用具有犹豫不决、不疑意义的词语, 如возмо́жно, мо́жет быть, наве́рное 等。如果即将来临的运动是可能的、希望实现的和准备进行的, 则用пойти́的将来时表示。在这种情况下可以使用上述表示犹豫的词语。例如:

На э́той неде́ле я *пойду́* на вы́ставку, е́сли успе́ю зако́нчить рабо́ту. (这个星期我去看展览, 如果能把工作做完的话。)

За́втра я, наве́рное, *пойду́* в го́сти. (明天我可能去作客。)

当句中没有表示不肯定意义的词时, 既可用带前缀по-的运动动词, 也可用不带前缀по-的运动动词, 因此可以说: Подожди́те меня́, я *пойду́*(*иду́*) с ва́ми.

(5) 定向运动动词本身不表示行为重复意义, 但是它可以借助其他手段来表示朝着一个方向的重复运动, 作为另一行为的时间背景。句中常有ка́ждый раз, обы́чно, всегда́, ча́сто, иногда́等时间状语。此时一般为复合句中, 即使是简单句(一些语言学家也认为是复合句), 句中至少有两个并列的动词。例如:

По воскресе́ньям Ко́ля *хо́дит* к ба́бушке в сосе́днюю дере́вню. Снача́ла он *идёт* ле́сом, а пото́м по́лем. (每逢星期天柯利亚都到邻村外婆家去。他先走过森林, 然后经过田野。)

Обы́чно я встаю́ в семь часо́в утра́, за́втракаю и *иду́* на рабо́ту. (一般我都是早上七点起床、吃早饭, 然后去上班。)

Ле́том он *е́дет* на Кавка́з и прово́дит там весь свой о́тпуск. (夏天他常去高加索, 在那里度假。)

表达两个同时存在的行为, 其中一个行为是另一个行为的背景时, идти́所表示的行为与另一个行为可以完全同时, 也可以部分同时。例如:

Ка́ждый раз, когда́ я *иду́* по бульва́ру, я встреча́ю э́ту пожилу́ю па́ру. (每当我在林阴道上走的时候, 总是碰见这对上了年纪的夫妇。)

这种重复运动是借助具有重复意义的词汇手段 (如всегда́, ка́ждый раз, обы́чно, ча́сто, иногда́ 等) 和上下文中动词体的形式体现出来的, 因为идти́本身并不表示行为重复意义。再如:

Ка́ждый год пе́рвого сентября́ ты́сячи дете́й пе́рвый раз отправля́ются в шко́лу. Они́ *иду́т* по у́лицам го́рдые, *несу́т* свои́ но́вые портфе́ли. (每年九月一日数千名孩子第一次上学。他们背着新书包自豪地走在大街上。)

Ча́сто, когда́ я *иду́* в го́сти к дру́гу, я покупа́ю цветы́ для его́ ма́тери. (我到朋友家作客时, 我常常给他的母亲买鲜花。)

— Вы выпи́сываете «Жэньминьжиба́о»?

— Нет, но я покупа́ю э́ту газе́ту, когда́ *иду́* на рабо́ту. ("您订阅《人民日报》吗?" "不, 我(每天)上班时买这份报纸。")

如果是简单句, 像 Ка́ждый день я *е́ду* на заня́тия. 这样的句子是错的, 不完整的, 因为上课一定返回来的。应说成 Ка́ждый день я *е́зжу* на заня́тия.

Ка́ждый день я *е́ду* на заня́тия. 语义上需加以补充, 使成为一个意思完整的句子: Ка́ждый день у́тром я *е́ду* на заня́тия. (每天早晨我乘车去上学。) е́ду 是每天重复一次的行为, 虽然在实际

上不只重复"去",自然也包括"回来",但说话人谈论的条件是"早上",因此,只涉及"去"的动作,并不涉及"回来",因此不能用éзжу替换。以下句子都是对的。例如:

Каждый день, если опаздываю, я *еду* на работу. (每天如果上班要迟到了,我就乘车去。)(句中有опаздываю,所以一定是早上上班才可能迟到,下班不会迟到,所以不涉及返回)

Каждый день в семь часов отец *едет* на работу. (每天早上父亲七点上班)(句中有具体时间в семь часов,所以一定用定向动词)

Каждый день я *еду* на работу автобусом, а обратно — пешком. (每天我坐车上班,徒步回来。)(句中往返的动作分别提出)

2. 不定向运动动词现在时的用法

(1) 表示没有一定方向的运动。例如:

Дети *бегают* во дворе. (孩子们在院子里跑。)

Почтальон *ходит* по городу и *носит* письма, газеты и журналы. (邮递员走遍全城,送递信件、报纸和杂志。)

(2) 表示有一定方向的一次往返运动或多次往返的运动。例如:

Они *ходят* в кино каждое воскресенье. (他们每个星期日都去看电影。)

Каждый день я *езжу* в институт на автобусе. (每天我乘公共汽车去学院。)

(3) 可以表示人或事物固有的能力、本领、特征。例如:

Этот ребёнок ещё не *ходит*. Ему ещё нет года. (这孩子还不会走路,他还不到一岁。)

Птица *летает*, а рыба *плавает*. (鸟会飞,鱼会游。)

三、定向和不定向运动动词过去时的用法

1. 定向运动动词过去时的用法

(1) 定向运动动词过去时在句中表示朝一个方向进行的一次运动,表示行为的过程,常用于下列情况。

① 表示说话以前发生的行为过程,有固定的方向,常用于对话中。例如:

— Куда ты *шёл* сегодня утром? Даже не заметил нас и не поздоровался.

— Извини, *шёл* в больницу. Очень спешил. ("今天早晨你去哪儿啦?甚至没有看见我们,也没打招呼。""对不起,当时我正去医院,走得很急。")

— С кем я видел тебя утром?

— Я *шёл* с моим профессором. ("早晨我见到你和谁在一起走来着?""和我的教授一起走的。")

Утром я видел тебя из окна: ты *шёл* мимо нашего дома с какой-то девушкой. (早上我从窗口看见你和一个姑娘从我们家旁边走过。)

② 定向运动动词过去时在句中表示朝一个方向进行的一次运动,用于复合句或简单句中,表示过去进行的行为,作为另一行为(主要行为)的时间背景。例如:

Когда я *шёл* в университет, я неожиданно встретил своего старого друга. (我到学校去的时候,偶然遇见了我的老朋友。)

Хотя моя коллега проработала в школе много лет, но она всегда волновалась, когда *шла* в новый класс. (我的同事在学校工作了多年,但是每当她去教一个新班时,总是心情紧张。)

— Когда́ ты купи́л э́ту кни́жку?

— Когда́ *е́хал* в шко́лу. ("你什么时候买的这本书？""去上学的时候买的。")

在这类句子中也可以用不定向动词，但意义不完全相同。试比较：

Я познако́мился с его́ бра́том, когда́ *лете́л* в Арха́нгельск.

Я познако́мился с его́ бра́том, когда́ *лета́л* в Арха́нгельск.

第一句中动词 лете́ть 表示与他的哥哥认识是在去阿尔汉格尔斯克的途中。第二句中动词 лета́ть 则没有时确指出具体的地点和时间，可以是去的途中，也可能是在阿尔汉格尔斯克，也可能是从阿尔汉格尔斯克返回的途中。再如：

Я потеря́л бино́кль, когда́ *ходи́л* в теа́тр. (我看剧时丢了望远镜。)

Она́ купи́ла блокно́т, когда́ *шла* на ле́кцию. (她在去上课的路上买了一个便条本。)

Когда́ я *шёл* в шко́лу, я вспо́мнил, что забы́л до́ма кни́гу. (我在去学校途中想起把书忘在家里了。)

③定向运动动词过去时在句中表示朝一个方向进行的一次运动，用于简单句中，说话者强调行为发生的各种情况，如延续的时间、乘什么交通工具、与谁同行等。例如：

От Белору́сского вокза́ла до институ́та я *е́хал* мину́т три́дцать: снача́ла на метро́, пото́м на авто́бусе. (从白俄罗斯站到学校我用了三十来分钟：先乘地铁，然后换乘公共汽车。)

Сего́дня я *е́хал* на заня́тия с Ми́шей. (今天我是和米沙一起去上课的。)

До остано́вки авто́буса ещё мину́т пять *шёл* пешко́м. (到车站还要步行五分钟左右。)

Андре́й *шёл* домо́й из клу́ба пешко́м. Он *шёл* два́дцать мину́т. (安德烈从俱乐部步行回家。他走了二十分钟。)

Ра́неный *шёл* ме́дленно, ча́сто остана́вливаясь, что́бы отдохну́ть. (伤员走得很慢，时常停下来休息。)

因此，像 Сего́дня я *е́хал* на заня́тия. 这种句子意思是不完整的，语义上需加以补充，使成为一个意思完整的句子：Сего́дня я *е́хал* на заня́тия *со́рок мину́т*. 或者 Сего́дня я *е́хал* на заня́тия *на велосипе́де*.

2. 不定向运动动词过去时的用法

(1) 不定向运动动词的过去时可以表示一次往返的行为。例如：

— Где ты был?

— Я *ходи́л* в магази́н. ("你去哪儿了？""我去了一趟商店。")（去了商店，现在回来了）

(2) 不定向运动动词的否定形式表示从发生该行为。例如：

— Анто́н *е́здил* на экску́рсию?

— Нет, не *е́здил*. ("安东去旅行了吗？""没去。")（不能用 е́хал）

— Вы бы́ли вчера́ у своего́ дру́га на да́че?

— Нет, вчера́ я никуда́ не *е́здил*. ("你昨天去朋友的别墅了吗？""没去，哪也没去。")（不能用 е́хал）

四、定向和不定向运动动词将来时的用法

1. 定向运动动词将来时的用法

(1) 定向动词的复合将来时形式一般用得较少，主要用于下列情况：

①用于简单句中,说话者着重指明运动将要延续的时间。例如:

Сколько времени мы *будем ехать* до музея? (到博物馆去我们需要走多长时间?)

На поезде до Новосибирска вы *будете ехать* двое суток, а на самолёте — лететь четыре часа. (乘火车去新西伯利亚,你们要走两天两夜,而乘飞机只要四小时。)

До вокзала вы *будете идти* два часа, а на автобусе — ехать двадцать минут. (到火车站您得走两个小时,而坐公共汽车只需二十分钟。)

②用于简单句中,说话者指明运动的各种情况,此时也可用带前缀 по- 的动词,如 пойти, поехать。例如:

Мы пойдём вместе. Я *буду идти*(*пойду*) впереди и показывать дорогу。(我们一起走。我在前面走,给你们指路。)

— Мы не опоздаем?

— Всё зависит от того, с какой скоростью вы *будете ехать*(*поедете*). ("我们不会迟到吧?""这就决定于你们的速度了。")

③用于复合句中,作为另一行为(主要行为)的时间背景,表示"正在……的时候"。例如:

Я договорился с приятелем о том, что когда *буду идти* мимо его дома, я постучу ему в окно. (我和朋友约定,我从他家走过时敲敲他的窗子。)

Когда вы *будете идти* мимо почты, опустите это письмо. (当您路过邮局时,请将这封信投进邮筒。)

Подождите меня у входа в музей, завтра к трём часам я *буду идти* мимо этого музея. (请您在博物馆入口处等我,明天 3 点我将路过该博物馆。)

2. 不定向运动动词复合将来时的用法

不定向运动动词的将来时(буду ходить)表示将发生的反复的运动。例如:

В следующем году мы *будем плавать* в море. (明年我们将到海里游泳。)

С первого сентября мы *будем ходить* в школу。(从 9 月 1 日我们开始上学。)

五、定向和不定向运动动词命令式的用法

1. 当表示"到……去吧"时,用定向运动动词命令式,但当表示"不要到……去"时,用 не 加不定向运动动词命令式。试比较:

Поезжайте за грибами на рассвете. (天亮时去采蘑菇吧。)

Не ездите за грибами так рано. (不要这么早去采蘑菇。)

Летите в Одессу на самолёте! (坐飞机去敖德萨吧!)

Не летайте на самолёте, вам вредно. Поезжайте лучше поездом. (不要坐飞机,这对您身体不好,最好乘火车。)

Иди через лес, так ближе. (穿树林走吧,这样能近一些。)

Не ходи через лес, ты заблудишься. (别穿树林,你会迷路的。)

Иди на занятие! (去上课吧!)

Не ходи сегодня на занятия, если плохо чувствуешь себя. (如果你觉得不舒服,今天就别去上课了。)

2. 当某人正在进行某一动作,而对方阻止这一行进中的定向动作时,用 не 加定向运动动词命

令式。例如：

Не беги́ так, я не успева́ю за тобо́й. (别跑,我跟不上你。)

Не иди́те так бы́стро, мы успе́ем на докла́д. (别走这么急,我们能赶上报告。)

не 加不定向运动动词命令式表示事先禁止或劝告对方不要做什么。试比较：

Не пла́вайте здесь: э́то опа́сное ме́сто. (不要在这儿游泳:这是危险区。)

Не плыви́ так бы́стро. (别游得这么快。)

Не бе́гайте здесь, ребя́та, вы о́чень шуми́те. (孩子们,不要在这里乱跑！你们太吵闹。)

Не беги́те: по́езд уже́ ушёл. (不要跑了,火车已经开了。)

Не е́здите по э́тому шоссе́: оно́ не отремонти́ровано. (别走这条公路,还没修好呢。)

Останови́тесь! *Не поезжа́йте* да́льше. (停车！别再往前开了。)

六、带前缀的运动动词

运动动词与方向状语有密切关系,因此不带前缀和带前缀的运动动词要求与一定的表示方向意义的前置词连用。

1. 运动动词前缀的意义

(1)带前缀 при- 的运动动词表示运动主体来到某处,带前缀 под- 的运动动词表示运动主体走近某人、某物。例如：

Студе́нты *пришли́* на ве́чер, посвящённый нача́лу уче́бного го́да. (学生来参加新学期开始晚会。)

Дека́н *подошёл* к микрофо́ну и поздра́вил студе́нтов с нача́лом уче́бного го́да. (系主任走到麦克风前并祝贺学生新学期开学。)

(2)带前缀 при- 的运动动词表示运动主体来到某处；带前缀 в- 的运动动词表示运动主体从外向里的运动。例如：

По ра́дио объяви́ли, что по́езд Москва́ — Волгогра́д *пришёл* на пя́тый путь. (广播通知,莫斯科至伏尔加格勒的列车进五道。)

По ра́дио сообщи́ли, что по́езд Москва́ — Волгогра́д отправля́ется, и пассажи́ры *вошли́* в ваго́ны. (广播通知,莫斯科至伏尔加格勒的列车就要出发,于是旅客们走进了车厢。)

(3)带前缀 про- 的运动动词表示运动主体走过某段距离,带前缀 в- 的运动动词表示运动主体从外向里的运动。例如：

Пассажи́ры *вошли́* в авто́бус. (乘客们上了车。)

Подошёл по́езд, и пассажи́ры из за́ла ожида́ния *прошли́* на перро́н. (火车来了,乘客们走出候车室来到站台。)

(4)带前缀 у- 的运动动词表示运动主体离开某处相当长时间或永远,带前缀 вы- 的运动动词表示运动主体离开某处一会儿(不远),很快就会回来。例如：

Врач зако́нчил приём и *уе́хал* домо́й. (医生接诊后回家了。)

Врач *вы́шел* за лека́рством. Он ско́ро вернётся. (医生取药去了,很快就会回来。)

(5)带前缀 у- 的运动动词表示运动主体不在某处,带前缀 от- 的运动动词表示运动主体从某物旁离开一段距离。例如：

По ра́дио сообщи́ли: то́лько что *ушёл* электропо́езд Москва́ — Волгогра́д. (广播通知,莫斯

科至伏尔加格勒的快车已开车。)

По ра́дио объяви́ли: «*Отойди́те* от кра́я платфо́рмы, приближа́ется электропо́езд Волгогра́д — Москва́». (广播通知,请大家离站台远一点儿,莫斯科至伏尔加格勒的快车就要进站。)

(6)带前缀 при-的及物运动动词表示运动主体把某人、某物带来某处,带前缀 от-的及物运动动词表示把某人、某物送到某处并留下。例如:

Утром мать *отвела́* до́чку в де́тский сад, а сама́ пошла́ на рабо́ту. Ве́чером мать *привела́* до́чку домо́й. (早上母亲把女儿领到幼儿园,自己去上班。晚上再把女儿领回来。)

(7)带前缀 пере-的运动动词表示运动主体从一个地方到另一个地方的运动;带前缀 про-的运动动词表示运动主体经过或越过某地的运动、完成某段距离、坐过站。例如:

Он *перее́хал* в но́вое общежи́тие. (他搬进了新宿舍。)

Он *прое́хал* свою́ остано́вку. (他坐过了站。)

(8)带前缀 с-的运动动词表示运动主体自上而下的运动,带前缀 с-(-ся)的运动动词表示运动主体从四面八方聚集到某处;带前缀 раз-(-ся)的运动动词表示运动主体从某地分散去四面八方。例如:

Уча́стники соревнова́ний по шко́льному ру́сскому языку́ *съе́хались* в Госуда́рственный институ́т ру́сского языка́ и́мени А. С. Пу́шкина из ра́зных стран ми́ра. (中学俄语竞赛的参加者从世界各地来到普希金俄语学院。)

Ве́чер уже́ ко́нчился, и все *разошли́сь* по дома́м. (晚会结束了,大家回家了。)

(9)定向运动动词 идти́, е́хать 加上前缀 по-之后,构成具有另外意义的完成体动词,如 пойти́(去)和 пое́хать(乘车、船、马去等),它们没有对应的未完成体动词,它们:①用来表示运动的开始,包括从静态转入运动态的开始或一种运动状态转达入另一种运动状态;②过去时形式在一定上下文表示运动已达到目的,运动主体在目的地。例如:

Они́ се́ли в маши́ну и *пое́хали* в аэропо́рт. (他们坐上车去了飞机场。)(现在飞机场)

— Почему́ студе́нтов нет в аудито́рии? Где они́?

— Они́ *пое́хали* на экску́рсию. ("为什么学生没在教室里?他们在哪儿?""他们去旅行了。")

(10)不定向运动动词 ходи́ть, е́здить 加上前缀 по-之后,构成具有其他意义的完成体动词,如 походи́ть(走一走), попла́вать(游一会),没有对应的未完成体动词。例如:

Пти́ца *полета́ла* над ле́сом и улете́ла. (鸟儿在森林上空飞了一会儿就飞走了。)

Мы два часа́ *походи́ли* по па́рку. (我们在公园走了两个小时。)

(11)с-与不定向动词,构成完成体动词表示一次往返的终结行为,即"去了某处又返回来"。用于这个意义时,它没有相应的未完成体。例如:

— Где вы бы́ли?

— Я *сходи́л* в магази́н. ("你去哪儿了?""我去了一场商店。")(此时可以用 ходи́л 替换意义差别不大。但 сходи́л 只表示一次的往返,而 ходи́л 可以表示多次的往返)

с-与不定向动词构成为完成体动词表示从上向下运动。这类动词的完成体是由前缀 с-与定向动词构成的,如 сходи́ть — сойти́, сбега́ть — сбежа́ть, слета́ть — слете́ть。例如:

Де́ти *сбежа́ли* с горы́. (孩子们从山上跑下来。)

2. 带前缀运动动词的用法

(1)带前缀 при-, за-, под-, в-, про-, пере-, до-, раз-的完成体运动动词用于过去时表示运动主体说话时刻正处于句中所指的地方;而带这些前缀的未完成体运动动词过去时表示运动主体曾经在某处，但说话时刻已离开。例如：

Антон *пришёл* в институт.（安东来到学院。）= Антон в институте.（安东在学院。）

Антон *приходил* в институт.（安东来过学院。）= Антон был в институте. Но он сейчас находится в другом месте.（安东曾来过学院，但现在他在别的地方。）

（2）带前缀 у-、вы-、от- 的完成体运动动词过去时表示运动主体说话时刻不在某处，而带这些前缀的未完成体动词过去时表示运动主体曾经不在某处，说话时刻回来了。例如：

Гриша *уехал* из Москвы.（格里沙离开了莫斯科。）= Гриши нет в Москве.（格里沙现在不在莫斯科。）

Гриша *уезжал* из Москвы.（格里沙曾离开过莫斯科。）= Гриши не было в Москве, но теперь он в Москве.（格里沙离开过莫斯科，但现在他在莫斯科。）

（3）表示从未发生该行为通常用"не + 未完成体过去时"。例如：

Я не мог передать ей эту книгу, так как она вовсе *не приходила* ко мне.（我没能把这本书转交给她，因为她没来过我这儿。）

— Вы были вчера у своего друга на даче?

— Нет, вчера я никуда *не уезжал*.（"你昨天去朋友的别墅了吗？""没去，哪儿也没去。"）（不能用 ехал）

（4）当一个动作是所期待的，应发生的，但未发生，通常用"не + 完成体过去时"。例如：

Ребята долго ждали учителя. Но учитель *не пришёл*.（学生们等了很长时间老师，但老师也没来。）

Он заболел, и поэтому *не поехал* на экскурсию.（他生病了，因此没去旅行。）（他本来应该旅行，但没去成）

— Антон ездил на экскурсию?

— Нет, он собирался поехать, но *не поехал*, потому что заболел.（"安东去旅行了吗？""没有，他打算去，但没去成，因为他病了。"）

练习十六、选择正确答案。

1. Он студент. Он _____（ходит, идёт）в университет каждый день.

2. Я не _____（езжу, еду）на метро уже несколько лет, предпочитаю ездить автобусом.

3. Он живёт далеко от завода. Каждый день утром он _____（ездит, едет）на работу на автобусе или на метро.

4. Он занимается спортом, поэтому 3 раза в неделю _____（идёт, ходит）на стадион.

5. Летом мы будем часто _____（ходить, идти）в зоопарк.

6. Скажите, пожалуйста, здесь _____（ходит, идёт）22-й автобус?

7. — Антон ездил на экскурсию? — Нет, не _____（ездил, ехал）.

8. — Вы были вчера у своего друга на даче? — Нет, вчера я никуда не _____（ездил, ехал）.

9. Сколько времени _____（ходит, идёт）этот автобус до Красной площади?

10. Каждый раз, когда я _____（ходил, шёл）на работу, я встречал его.

11. На работу я обычно _____（езжу, еду）на метро, а если опаздываю, то _____（езжу, еду）на такси.

12. Каждый день утром лодка _____（везёт, возит）учеников на другой берег, вечером — обра-

тно.

13. Когда Алёша _____ (ехал, ездил) в зоопарк на велосипеде, пошёл сильный ветер.
14. Скажите, пожалуйста, сколько времени _____ (летит, летает) самолёт от Пекина до Шанхая.
15. Странно, что мы не увидели друг друга, я ведь _____ (летал, летел) этим же рейсом.
16. От общежития до университета он _____ (ходит, идёт) 40 минут пешком.
17. — Почему ты так быстро _____ (идёшь, ходишь) в школу? — Я не люблю _____ (идти, ходить) медленно.
18. Смотрите! Экскурсовод _____ (ведёт, водит) туристов в музей.
19. Я люблю _____ (ходить, ездить) на лыжах.
20. Этой зимой Олег научился _____ (идти, ходить) на лыжах.
21. Андрей хорошо _____ (плавает, плывет). Смотри, он _____ (плавает, плывёт) к нам.
22. — Я вам звонил утром, часов в десять, к сожалению, вас не было дома. — Да, я утром _____ (шёл, ходил) в магазин за покупками.
23. — Где была Мария? — Она _____ (ходила, шла) в магазин.
24. — Анна, почему ты не пришла на занятия? — Я _____ (ездила, ехала) в Петербург.
25. — Я давно жду тебя! Где ты был? — Я _____ (ходил, шёл) в поликлинику.
26. — У тебя болят зубы? Ты был у врача? — Утром _____ (шёл, ходил) к врачу, но зубы всё ещё болят.
27. Незачем к нему _____ (ходить, идти), он всегда занят.
28. Завтра, когда ты _____ (будешь идти, будешь ходить) мимо моего дома, позови меня.
29. Очень прошу вас, когда _____ (пойдёте, будете идти) мимо почты, опустите письмо.
30. Когда он увидел, что берег уже близко, он медленно _____ (поплавал, поплыл).
31. Отдохнув, туристы _____ (шли, пошли) быстро.
32. Он _____ (обходил, обошёл) озеро за сорок минут.
33. — Ты был вчера у Игоря? — Я _____ (заходил, зашёл) к нему, но не застал его дома.
34. По-моему, кто-то _____ (входил, вошёл) в мою комнату, книга лежит не на своём месте.
35. — Мария, я давно тебя не видел. Где ты была? — Я _____ (уезжала, уехала) в Москву.
36. — Есть кто-нибудь _____ (приходил, пришёл) в моё отсутствие? — К тебе _____ (приходил, пришёл) сосед. Он ушёл 10 минут назад.
37. Вчера я провожал Сашу на вокзале. Он _____ (приехал, приезжал) ко мне из Киева на два дня.
38. — Ты был на концерте? — Нет, я _____ (уезжал, уехал) в командировку.
39. Когда отец _____ (выходил, вышел) из дому, сестра вспомнила, что забыла попросить его купить ручку, но уже поздно.
40. Когда он _____ (уходил, ушёл) на занятия в университет, он забыл выключить свет.
41. Когда я _____ (ушёл, уходил) из дома, я велел сыну остаться с сестрёнкой.
42. Когда отец _____ (выходил, вышел) из дому, сестра попросила его купить ей ручку.
43. Когда мама _____ (выходила, вышла) из дома, она взяла с собой зонтик.
44. Когда брат _____ (уезжал, уехал), его товарищи пришли к нему проститься.

45. К тебе _____ (приходил, пришёл) один молодой человек. Сейчас он сидит в вашем кабинете.
46. — Где ты был? — _____ (Пошёл, Сходил) в магазин.
47. Петя, тебя ждут в общежитии. Родители из Пекина _____ (приезжали, приехали) к тебе.
48. Антона нет дома: он _____ (уходил, ушёл) на занятие.
49. — Кто принёс новый словарь? — Не знаю, я не _____ (принёс, приносил).
50. Я не мог передать ей эту книгу, так как она вовсе не _____ (пришла, приходила) ко мне.
51. — Антон ездил на экскурсию? — Нет, он собирался поехать, но не _____ (ездил, поехал), потому что заболел.
52. — Вера у вас? — Нет, она не _____ (приходила, пришла). — Она должна прийти, но не _____ (приходила, пришла).
53. Его ждали, а он ещё не _____ (приезжал, приехал).
54. — Ира, а папа дома? — Нет, он ещё не _____ (приходит, пришёл) с работы.
55. Завтра он _____ (уезжает, будет уезжать) на Родину.

前置词 в 和 на

一、前置词 в 和 на 表示空间关系

前置词 в 与 на 在俄语中使用频率很高,表示空间意义时,二者都可以与第四格、第六格名词连用。用第四格时表示方向,回答 куда 的问题;用第六格则表示地点,回答 где 的问题。

1. в 表示动作或状态存在于某物的内部,或者动作向着某物的内部,而 на 则表示动作或状态存在于某物的表面上,或者动作指向某物表面。试比较:

Книга лежит *в парте*.(书在书桌里。)

Книга лежит *на парте*.(书在书桌上。)

Положите книгу *на стол*.(把书放在桌上。)

Положите книгу *в стол*.(把书放进桌里。)

2. 如果指的是某一区域,前置词 в 接第六格表示处于有一定范围的地区之内;如果没有一定范围的意思,就要用前置词 на。如果我们说的是一块有具体界限的地段,我们就要用 в поле(在地里),如果没有这种具体界限的意思,就要用 на поле(在田野);如果指四周都是房子或四周是用篱笆围起来的这样一个地方,我们就用 во дворе(在院子里),如果想表示"在户外"(不表达一个有限具体的地方这种意思)就用 на дворе,也就是说有些名词分别与 в、на 连用时,в 表示地点更具体些。试比较:

Мой отец работает *на шахте*.(我的父亲在矿上工作。)(范围广)

Мой отец работает *в шахте*.(我的父亲在矿井里工作。)(具体地点)

На дворе очень холодно.(户外很冷。)(范围广泛,指除了在室内)

Во дворе играют дети в мяч.(孩子们在院子里玩球。)(具体地点)

前置词 в,на 与第四格的地理名称连用时,所表示的语义不同。на 指方向,в 则指所去的具体地点(这里不包括只能与 на 连用的地理名称)。例如:

Поезд идёт *в Пекин*.(火车去北京。)(具体地点)

Поезд идёт *на Пекин*.(火车开往北京方向。)(指方向)

Мы идём *в реку*.(我们去河边。)(具体地点)

Мы идём *на реку*.(我们朝河边走。)(指方向)

3. в 和 на 与表示交通工具的名词连用时,на чём 强调的是乘什么交通工具,而 в чём 表示处所,意为"在……里"。例如:

Мы ехали *на автобусе*.(我们乘坐公共汽车。)

Мы сидели *в автобусе* и разговаривали.(我们坐在汽车车厢里交谈。)

В трамвае было много народу.(电车里人很多。)

Мы ехали *на поезде*. *В поезде* было много народу.(我们乘火车。车厢里的人很多。)

4. 有些名词既可与 в，也可与 на 搭配，与不同的前置词搭配，意义不变，ку́хня 就是一例，в ку́хне，на ку́хне 词义均为"在厨房里"，区别只在于语体不同，на ку́хне 常用在口语里。类似的词组还有：

во фло́те — на фло́те（职业用语）（在舰队里）

в сту́дии — на сту́дии（职业用语）（在画室里）

в теа́тре — на теа́тре（职业用语）（在剧院里）

в коню́шне — на коню́шне（口语）（在马厩里）

в посёлке — на посёлке（口语）（在村镇里）

в отделе́нии — на отделе́нии（口语）（在分局里）

в уса́дьбе — на уса́дьбе（口语）（在庄园里）

有些名词与要求第六格的前置词 в 和 на 搭配可构成同义形式，在语义和修辞色彩上基本无区别，огоро́д 便是一例，如 на огоро́де，в огоро́де 均为"在菜园里"。类似的词组还有：

в скла́де — на скла́де（在仓库里）

в переу́лке — на переу́лке（在胡同里）

в таре́лке — на таре́лке（在盘子里）

в скве́ре — на скве́ре（在街心花园里）

в блю́дце — на блю́дце（在茶碟里）

5. 有些名词通常与 на 搭配，如 вокза́л（车站），ста́нция（车站），по́чта（邮局）等。但当句义表示到该事物的内部，或与带前缀 в- 的动词连用，强调动作进入内部时，要用前置词 в。试比较：

Ви́тя пое́хал *на вокза́л* встреча́ть отца́.（维佳到车站去接父亲。）

Наконе́ц его́ ввели́ *в вокза́л*.（他终于被领进车站候车室。）

Он вошёл *в вокза́л*, там наро́ду почти́ не́ бы́ло.（他走进车站，那里几乎没有人。）

6. 岛和半岛的名称通常和前置词 на 连用，如 на Сахали́не（在萨哈林岛），на Ку́бе（在古巴），на Камча́тке（在堪察加半岛），на Таймы́ре（在太梅尔半岛）等。但有时与其连用的前置词通常是 в（有时 в 和 на 都可以），如 в Исла́ндии（在冰岛）（而不是 на Исла́ндии），в Гренла́ндии（在格陵兰）。

7. 在由 ряд（一系列），большинство́（大部分），часть（部分）等词和普通名词第二格组成的词组之前，用前置词 в 还是 на，取决于该名词应与哪一个前置词搭配。例如：

на ря́де предприя́тий（在许多企业里）

на ря́де заво́дов и фа́брик（在许多工厂里）

в ря́де учрежде́ний（在许多机关里）

на бо́льшей ча́сти аэродро́мов（在大部分机场里）

в бо́льшей ча́сти порто́в（在大部分港口）

8. 有时 в，на 与同一个名词连用，它们表示的意义不同。例如：

в во́здухе（在空气中）— на во́здухе（在户外）

в углу́（在角落里）— на углу́（在拐角处）

в рабо́те（在工作中）— на рабо́те（在班上）

в посте́ли（在被窝里）— на посте́ли（在床上）

（1）в стороне́（сто́рону）— на стороне́（сто́рону）

сторона́ 与前置词 в 和 на 连用时，语义上是有区别的。

①на какóй сторонé 表示以某物为中心的某一边、某一面，即有相对的另一边、另一面。例如：
Универмáг нахóдится *на сéверной сторонé* ýлицы. (百货商店位于街的北面。)

Прóтив собóра Васúлия Блажéнного на другóй сторонé плóщади — Исторúческий музéй. (在广场的另一面，对着圣瓦西里教堂的是历史博物馆。)

На лéвой сторонé рекú бýдут стрóить огрóмное водохранúлище. (在河的左岸将建一个大水库。)

②与此相应的 на какýю стóрону 则表示从某物的一边（一面、一侧）向相对的另一边（一面、一侧）转移。例如：

Штаб стройúтельства переправúлся *на лéвую стóрону* рекú. (建筑工地指挥部移往河的左岸了。)

Когдá мы перешлú ýлицу с лéвой сторонý *на прáвую*, автóбус ужé отходúл. (我们从街的左侧走到右侧时，汽车已经开走了。)

Навстрéчу шла толпá людéй. Дéвочка свернýла *на прáвую стóрону* шоссé и ускóрила шагú. (迎面过来一群人，女孩拐到公路右边并加快了步伐。)

③на сторонé 还可以表示"站在……的一边""支持……"（类似于有对峙的两方），而 на стóрону 则随之可表示有人的立场、观点从原来的一边向相对的一边转移。例如：

Князь был *на сторонé* Лéвина. (公爵站在列文一边（同意列文的观点）。)

Преимýщество *на нáшей сторонé*. (优势在我们一边。)

Он дýмал, что я перешёл *на стóрону* бéлых. (他认为我投奔了白军。)

④в какóй сторонé 的第一个意义是表示"在某处""在某一带"，表示笼统的"某个方向"，一般不与表示具体方向的词（如 лéвый，ю́жный）搭配，因为此时并不包含有另一个对应（对称）的概念。в стóрону 则也只表示"向某处去"，同样不包括对应方向概念。例如：

В этой сторонé обнарýжили огрóмные зáлежи ýгля. (这一带发现了蕴藏量很大的煤层。)

По-мóему, мы не тудá идём. Пóчта должнá быть *в сторонé* вокзáла. (我看我们走错了方向。邮局应该在车站方向。)

И он махнýл рукóй *в стóрону* желéзной дорóги. (他向铁路方向挥了一下手。)

Он чуть замéтно подмигнýл *в стóрону* своегó сосéда. (他暗暗向他旁边的人使了个眼色。)

⑤в сторонé 还表示"在一旁""在一边"，即不是在中间，也不是在中心。相应地，в стóрону 则表示"向一旁""向一边"，即离开中心。例如：

Он стоя́л *в сторонé* от всех, у окнá, курúл и молчáл. (他离开大家站在一旁，挨着窗户，抽着烟，一言不发。)

在这个意义上，与 в сторонé 常连用的动词有：стоя́ть в сторонé (站在一旁，袖手旁观)，держáться в сторонé (袖手旁观，不加干涉)，оставáться в сторонé (不被人注意)，оставля́ть когó в сторонé (把……放在一边)。例如：

Ребя́та беспокóятся тóлько об однóм: как бы не *остáться в сторонé*! (孩子们担心的只有一件事：千万可别被人搁在一边不管。)

В такúх принципиáльных спóрах *держáться в сторонé* нельзя́. (在这种原则性争论中不能袖手旁观。)

(2) в углý — на углý

①使用 в углý 还是 на углý 取决于它后边的名词通常是为 в 还是与 на 搭配。与 в 搭配，则用

в углу́, 与 на 搭配,则用 на углу́。例如:

ко́мната — *в ко́мнате* — *в углу́* ко́мнаты

коридо́р — *в коридо́ре* — *в углу́* коридо́ра

у́лица — *на у́лице* — *на углу́* у́лицы

пло́щадь — *на пло́щади* — *на углу́* пло́щади

②有的名词既能与 в 搭配,又能与 на 搭配,此时两种说法都可能,如表示在物体内部的角落里,则用 в углу́,如表示在物体外部的角上,则用 на углу́。例如:

На пя́той мину́те мяч влете́л *в у́гол* воро́т. (第五分钟时球飞进球门的角落里。)

Она́ жила́ *на углу́ у́лицы* в двухэта́жном до́ме. (她住在街拐角上的一座两层楼房里。)

Гусе́в присе́л *на у́гол* сундука́ и стал жа́дно есть. (古谢夫坐到箱子角上,贪婪地吃了起来。)

(3) в о́кнах — на о́кнах

в окне́, в о́кнах 表示"在窗子里"。例如:

Усло́вный сигна́л — фона́рь, горя́щий *в окне́*. (约定的信号是窗子上点着的灯笼。)

根据上下文的不同,в окне́, в о́кнах 可以表示:

①"在窗外"(= за о́кнами),即"从里边看"。例如:

Ребя́т в дом Ле́на бо́льше не пуска́ет, но *в окне́* то и де́ло появля́ются го́ловы. (列娜不再让同学到屋子里去,但是窗外不断地出现一些人头。)

Зате́м роков́ая ночь, чёрная мгла *в о́кнах*. (然后是决定命运的一夜,窗外一片黑暗。)

②"在窗外"(没有相应的同义结构),即"从外边看"。例如:

В окне́ парово́за появи́лся уса́тый машини́ст. (一个大胡子司机出现在机车窗前。)

В окне́ у дежу́рного горе́ла кероси́новая ла́мпа. (值班室的窗子里点着煤油灯。)

与 што́ры(窗帘),за́навески(帘幕)等词连用时,用 на окне́, на о́кнах。例如:

Ве́тер поколеба́л за́навески *на его́ окне́*, я уви́дел свет в ко́мнате. (风拂动着窗上的帘子,我看见房间里亮着灯。)

Зелёные што́ры *на о́кнах* бы́ли задёрнуты, на дверя́х большо́й замо́к. (窗户上的绿色窗帘拉上了,门上挂着一把大锁。)

на окне́, на о́кнах 还可表示"在窗台上"的意思。例如:

На окне́ стои́т ва́за. (窗台上有一个花瓶。)

На́ша ко́шка лю́бит сиде́ть *на окне́*. (我家的猫喜欢趴在窗台上。)

(4) в во́здухе — на во́здухе

в во́здухе 表示"在空中"。例如:

Лёгкие снежи́нки лета́ют *в моро́зном во́здухе*. (轻柔的雪花在寒冷的空中飘舞。)

в во́здухе 还可以表示"在空气中"。例如:

И́ней ме́дленно испаря́лся *в сыро́м во́здухе*. (霜在潮湿的空气中蒸发得很慢。)

В чи́стом во́здухе па́хнет арома́том ро́зы. (清新的空气里散发着玫瑰花香。)

на во́здухе 表示"在室外""在户外"。例如:

Врач посове́товал больно́му побо́льше гуля́ть *на во́здухе*. (医生建议病人多在户外散步。)

Я выхожу́ у́тром во двор и де́лаю заря́дку *на све́жем во́здухе*. (清早我到院子里去,在空气清新的户外做早操。)

(5) в гора́х — на гора́х

в горáх 表示"在山里""在山区"。例如：

Всю зи́му Ни́на провела́ *в гора́х*. （整个冬天尼娜都是在山里度过的。）

Что ну́жно, что́бы жить *в гора́х*? Вода́ и доро́ги. （在山里居住需要什么呢？水和道路。）

на горáх 表示"在山上""在山顶上"。例如：

На гора́х снег лежи́т да́же ле́том. （甚至在夏天山顶上还有积雪。）

Сооруже́ние но́вого зда́ния МГУ *на Воробьёвых гора́х* продолжа́лось о́коло пяти́ лет. （在麻雀山上建国立莫斯科大学的新校舍持续了大约五年时间。）

(6) в не́бе — на не́бе

①对天空中原有的事物（如облака́, ту́чи, звёзды, Луна́, Со́лнце等）来说，两者都可使用。例如：

Че́рез полчаса́ *на не́бе* не́ было ни одного́ о́блачка. （过了半小时天空中一块云彩也没有了。）

В не́бе зажгла́сь пе́рвая звёздочка, пото́м друга́я, тре́тья. （天空中亮起了第一颗星，然后是第二颗、第三颗。）

②与非天体事物发生关系时，用в не́бе。例如：

И вдруг *в не́бе* разда́лся шум мото́ра. Появи́лся самолёт. （突然天空中传来了马达声，出现了一架飞机。）

Все смотре́ли вверх. Вот *в не́бе* появи́лась ма́ленькая то́чка. （大家都往上看，天空中出现了一个小圆点。）

(7) в рука́х — на рука́х

这两种形式通常都用于指出事物所处的位置。на + 第六格表示"捧在手上"，一般是有生命的。例如：

На остано́вке авто́буса стои́т де́вочка, *на рука́х* она́ де́ржит котёнка. （在公共汽车站上有一个小女孩，她手里抱着一只小猫。）

Са́ша обы́чно но́сит своего́ малыша́ в де́тскую поликли́нику *на рука́х*. （萨莎一般都是抱着自己的小孩到儿科门诊去。）

в + 第六格表示"握在手中"，一般是没生命的。例如：

Секрета́рь стои́т у стола́ дире́ктора, *в рука́х* он де́ржит па́пку с бума́гами. （秘书站在经理的桌子旁边，他手里拿着文件夹。）

Де́ти иду́т из ле́са. *В рука́х* у них корзи́ны с гриба́ми. （孩子们从森林里出来，他们手里提着盛有蘑菇的篮子。）

(8) на Украи́не — в Украи́не

权威的语法著作和教科书无不指出на Украи́не(Украи́ну)是唯一符合语法规范的形式。但现在用俄语表达"在乌克兰"这个意义时，乌克兰人普遍使用в Украи́не，如вы́ставки *в Украи́не*, пого́да *в Украи́не*, пенсио́нное обеспе́чение *в Украи́не* 等。

在苏联解体之前，乌克兰人也一直沿用на Украи́не这种表达方式。但自解体后，乌克兰及其他前苏联加盟共和国从原来独立性相对较弱的国家转变为真正意义上的拥有独立主权的国家，各前加盟共和国人民的民族独立意识也空前高涨，这体现在他们在各个方面都积极要求得到独立主权国家应有的地位，乌克兰人也不例外。同时这一民族独立热潮在语言中也得到了相应的反应。乌克兰人不再愿意延用解体之前的на Украи́не(Украи́ну)这一用法，而选择了能够体现乌克兰现在是独立主权国家的в Украи́не这一用法。

Украи́на 前应用 в 还是 на 这一问题在俄罗斯的语言学家和语文爱好者中正引发热烈的讨论。当然,就使用地域范围看,目前 в Украи́не 这种表达方式只在乌克兰得到普遍使用,在俄罗斯和其他前苏联加盟共和国虽然 в Украи́не 这一形式不乏支持者,但人们普遍使用的仍是 на Украи́не 形式。至少 в Украи́не 和 на Украи́не 两种表达方式现在处于共存和竞争的状态。

二、前置词 в 和 на 表示时间意义

1. в, на 其后接时间名词的第四格和第六格

（1）на 加名词第六格

①序数词作 год 的定语,词组用第六格,此时意义相当于 во ско́лько лет。例如:

Ребёнок обы́чно начина́ет говори́ть *на второ́м году́ жи́зни*.（婴儿通常是一岁多开始会说话。）

Ле́нин у́мер 21-ого января́ 1924 го́да, *на 54-ом году́ свое́й жи́зни*.（列宁于1924年1月21日逝世,享年54岁。）

Мой брат пошёл в шко́лу *на восьмо́м году́*.（我弟弟7岁多时上了学。）

②деся́ток 表示一个十岁,前面的定语也用序数词表示,意为"在几十岁时"。例如:

Исса́к Нью́тон заложи́л фунда́мент но́вой фи́зики *на четвёртом деся́тке*.（伊萨克·牛顿在30多岁时就奠定了新物理学的基础。）

На пя́том деся́тке ему́ пришло́сь в ко́рне меня́ть свои́ привы́чки.（他40多岁时不得不彻底改变自己的生活习惯。）

Тепе́рь бы я ниско́лько не удиви́лся, е́сли бы кто́-то из мои́х друзе́й сказа́л, что гото́в нача́ть жизнь снача́ла *на шесто́м деся́тке*.（现在,假如某个朋友对我说,准备在50多岁时从头开始生活,我丝毫不会感到吃惊。）

③на зака́те жи́зни 是一种固定的成语性结构,常用的有 на зака́те жи́зни, на скло́не лет（在晚年,同 в ста́рости）, на заре́ мо́лодости, на заре́ ю́ности（在青年时期,同 в ю́ности）。例如:

Изве́стно, что он писа́л э́ту автобиогра́фию *на скло́не лет*.（众所周知,他是在晚年写这部自传的。）

На заре́ тума́нной ю́ности я всей душо́й люби́л ми́лую.（在懵懂的少年时代我炽热地爱着心上人。）

На зака́те жи́зни он заду́мал жени́ться.（他在晚年时想起结婚来了。）

④表示在某件事情过后的第几年时,用 на 加第六格。例如:

На второ́м году́ по́сле сме́рти отца́ я поступи́л в инжене́ры-меха́ники.（父亲死后第二年我去学机械工程了。）

На тре́тьем году́ по́сле оконча́ния университе́та я на́чал изуча́ть ру́сский язы́к.（大学毕业的第三年我开始学习俄语。）

⑤表示时间关系的前置词结构"на + 第六格 + 第二格"。该结构中的第二格名词通常表示某种行为或某种状态,而该行为或状态所延续的时间都是确定的,比如体育比赛的一场或一轮（如足球赛每场90分钟）,学校各阶段的学习年限（小学6年、中学6年、大学4年）,一个工作日（8小时）、义务服兵役（3-4年）等。常见的搭配形式有: *на пе́рвом（второ́м, пя́том）часу́ рабо́ты*（在上班的第一（二、五）个小时）, *на второ́м году́ слу́жбы в а́рмии*（在服役的第二年）, *на тре́тьем году́* учёбы(обучения)(在学习的第三年)等。例如：

На десятой минуте матча гости открыли счёт.（比赛进行到十分钟的时候，客队首开纪录。）

Второй мяч был забит в ворота динамовцев *на предпоследней минуте* второго тайма.（第二个球是在下半场倒数第二分钟攻入狄纳摩队大门的。）

Контрольная работа будет *на первом часу*(занятий), а на втором — мы будем читать новый текст.（测验将在前一个小时进行，后一个小时我们将学新课文。）

На второй неделе занятий мы начали изучать английский язык.（在上课的第二周我们开始学习英语。）

На шестом месяце войны, переправляясь в Сталинград, он вдруг заболел гриппом.（战争爆发的第六个月，在向斯大林格勒转移的路上他突然患了流感。）

На последнем году обучения будущие педагоги знакомятся с работой в школе.（学习的最后一年，未来的教师们通常要了解中小学的工作情况。）

（2）на 加名词第四格

表示某事进行过程中的第几年、第几月、第几周、第几天时，用 на 加第四格。例如：

На третий день занятий Витя тяжело заболел.（上课的第三天维佳得了重病。）

Опухоль спала только *на третью неделю*.（到第三周才消肿。）

На второй год войны он поступил на военную службу.（在战争进行的第二年他参军了。）

（3）в 加名词第四格

①该结构由前置词 в 加表示年龄的"数词＋名词"词组第四格组成，意为"在……岁时"。例如：

В восемь лет он "сконструировал" без чужой помощи самолёт.（年仅8岁的他独立"制作"了一架飞机。）

Неужели мне *в 7 лет* нельзя знать две-три вещи?（我7岁了，难道还不能知道点事情吗？）

②в детские годы 结构，同样用前置词 в 加上名词第四格组成，表示大概的年龄段，名词 годы 前常用的一致定语有：детские, молодые, зрелые, пожилые, преклонные, школьные, студенческие 等，也可以用 твой, ваши, свой, его, эти, такие 等词作定语，其年龄需根据上下文确定。例如：

Особенно полезно учиться *в молодые годы*, когда всё усваивается легко.（青年时期最宜学习，这时什么都容易学会。）

Мало кто *в эти годы* становится домоседом.（到这一年龄几乎没有人会闲坐在家里。）

Они близко сошлись ещё *в школьные годы*.（他们还在上中学时就成了好朋友。）

③表示某一不具体的时间。例如：

В 1941 году *в первый месяц* войны отец пошёл на фронт и под Смоленском погиб.（1941年，战争爆发后的第一个月，我父亲上了前线，后来在斯摩棱斯克城外牺牲了。）

В последнюю минуту беседы Александр Борисович отказался от своего мнения.（谈话进行到最后时刻，亚历山大·鲍里索维奇放弃了自己的意见。）

但是，当 день 用于上述意义时，则用"на＋第四格＋第二格"这一结构。例如：

На третий день гостевания у деда Люба заболела.（柳芭在祖父家作客的第三天生病了）。

在俄语中有些名词既可以与 на 连用接第六格表示地点意义，又可以与 в ＋四格连用表示时间意义，如 на вечере(在晚会上)— в вечер(在晚上)，类似的还有 на празднике — в праздник, на дне рождения — в день рождения, на каникулах — в каникулы。例如：

В день рождения я подарил ему книгу.（我送他一本书作生日礼物。）

На дне рождения мы пели и танцевали.（生日晚会上我们唱歌跳舞。）

（4）в 加名词第六格

这一结构由前置词 в 加名词第六格组成，表示大概的年龄段。常用的名词有：младенчество, детство, отрочество, юность, молодость, старость 等。例如：

Однажды в ранней молодости мне попался в каком-то журнале очерк Максима Горького.（还在我十分年轻时，有一天我偶然在一本杂志上读到了马克西姆·高尔基的随笔。）

В глубокой старости она ещё работает по хозяйству.（耄耋之年她还在料理家务。）

2. 前置词 в 和 на 与表示时间意义的名词连用

（1）секунда（秒），минута（分），час（小时）

①表示具体钟点时，用前置词 в + 数量数词 + 名词第四格。例如：

В два часа дня у нас есть занятия по аудиовизуальному курсу русского языка.（下午两点钟我们上俄语视听说课。）

В восемь часов вечера преподаватель пришёл к нам на консультацию в аудиторию.（晚上 8 点钟老师来教室给我们答疑。）

Сегодня *в 20 часов 40 минут* по восьмому каналу будет передача 《В мире животных》.（今天 20 点 40 分八频道将播放《动物世界》节目。）

②表示笼统时间意义时，用前置词 в + 第四格。此时常有指示代词或具有"起初、开始、很晚"等意义的形容词表示的一致定语或第二格名词表示的非一致定语，如 в эту минуту（在此时刻），в минуту радости（高兴时刻），в трудный час（困难时刻）。例如：

В минуту раскаяния я упрекнул себя.（在痛悔的时刻我责备了自己。）

В первую секунду девочка растерялась и забыла все готовые слова.（刚一开始女孩子就惊慌失措，把准备好的话全给忘了。）

Уже 12 часов. *В такой поздний час* учитель ещё готовится к уроку и проверяет тетради учеников.（已经 12 点了，这么晚老师还在备课、批改作业。）

③表示行为进行中某具体时刻发生的事，用前置词 на + 第六格，此时一定有顺序数词作定语。例如：

На 30-ой минуте генеральной репетиции пьесы пришёл и сам начальник управления.（戏彩排到 30 分钟时局长本人也来了。）

На десятой минуте боя враг прекратил сопротивление.（战斗进行到第十分钟时，敌人停止了抵抗。）

④на + час 第六格除了表示某时段发生的事外，还可表示学校中"第几节课"。例如：

На первом часу у нас был зачёт по грамматике.（第一节课我们进行了语法考查。）

час 的另一用法是与顺序数词连用表示"在第几点钟""几点多"，此时用 в + 第六格。例如：

Позвони мне *в первому часу* дня.（请于中午 12 点多给我打电话。）

（2）утро, день, вечер, ночь

用前置词 в + 第四格，名词前后常有一致或非一致定语。例如：

В апрельское утро на юге произошло разрушительное землетрясение силой в 7 баллов по шкале Рихтера.（四月的一个早晨，在南方发生了里氏七级破坏性地震。）

В воскре́сный ве́чер в на́шем институ́те нам показа́ли фильм «Москва́ слеза́м не ве́рит». (星期天晚上，我校放映了影片《莫斯科不相信眼泪》。)

В про́шлую ночь вы́пал пе́рвый в э́том году́ снег. (昨夜下了今年的第一场雪。)

（3）по́лдень（正午，中午），по́лночь（午夜，子夜），су́мерки（黄昏，暮色；黎明前的朦胧），这些词均用 в + 第四格，定语可有可无。例如：

Всё э́то случи́лось *в глуху́ю по́лночь*. (这一切发生在寂静的午夜。)

В су́мерки мы гуля́ем по бе́регу реки́ Су́нгари. (黄昏时我们在松花江边散步。)

（4）表示星期几的词 понеде́льник, вто́рник ... воскресе́нье 等用 в + 第四格，可单独使用，也可加定语。例如：

Ната́ша должна́ быть *во вто́рник* у нас. Мы её пригласи́ли. (娜塔莎星期二应到我们这里，我们已邀请她了。)

В сле́дующий понеде́льник студе́нты пое́дут на пра́ктику. (下周一大学生将去实习。)

（5）неде́ля（星期，周）

①表示"一周内、最近一周"等意义时，用 в + 第四格，此时常有顺序数词及 после́дний 等词作定语或第二格名词作非一致定语，如 в после́днюю неде́лю（最近一周内），в пе́рвую неде́лю ка́ждого ме́сяца（每月第一周）。例如：

Рабо́чая неде́ля — определённое коли́чество дней *в неде́лю*, отведённое для рабо́ты. (工作周指一周里工作的天数。)

В после́днюю неде́лю я зако́нчил диссерта́цию «О ру́сских обы́чаях». (最近一周我写完了题为《关于俄罗斯的风俗习惯》的论文。)

②表示确定的按日历计算的"本周、上周、下周"意义时，用 на + 第六格。例如：

На той неде́ле о́бе сто́роны уточни́ли вопро́с о цене́. (上周双方明确了价格问题。)

На э́той неде́ле они́ бу́дут обсужда́ть вопро́с о защи́те диссерта́ции. (本周他们将讨论论文答辩问题。)

③表示一周有几天时，用 в 加第六格。例如：

В неде́ле семь дней. (一周有七天。)

（6）ме́сяц（月）

①用非顺序数词作定语时，в + ме́сяц 第四格，表示笼统时间概念。例如：

В э́тот ле́тний ме́сяц 1992-ого го́да был решён вопро́с о социалисти́ческой ры́ночной эконо́мике. (1992 年这个夏季的月份里解决了社会主义市场经济的问题。)

В тот счастли́вый ме́сяц Алёша верну́лся из-за грани́цы. (在那个幸福的月份里阿辽沙从国外回来了。)

②表示准确的日历月份"上月、本月、下月"时，用 в + 第六格。例如：

В сле́дующем ме́сяце, т. е. в январе́, в Харби́не бу́дет Междунаро́дный фестива́ль льда и сне́га. (下月，即一月在哈尔滨要举办国际冰雪节。)

В про́шлом ме́сяце Пётр офо́рмил па́спорт и ви́зу, а *в э́том ме́сяце* он прие́дет на стажиро́вку в Нанки́нский университе́т. (上月彼得办好了护照和签证，本月他将来南京大学进修。)

（7）янва́рь, февра́ль ... дека́брь 等词都用 в + 第六格。例如：

В ма́е э́того го́да моя́ дочь око́нчит аспиранту́ру. (今年五月我女儿将研究生毕业。)

Кака́я чуде́сная пого́да в Санье́! Я не ожида́л, что *в январе́* так тепло́. (三亚的天气多好啊！

我没料到一月会这么暖和。)

(8) год(一年,年)

①表示笼统时间段落,год 之前带有非顺序数词表示的一致定语,或其后带有非一致定语,应用 в + год 第四格。例如:

Эту я́блоню они́ посади́ли *в год* перее́зда в э́тот райо́н. (这棵苹果树是他们迁居本区时栽种的。)

В год, когда́ сестра́ вы́шла за́муж, мне бы́ло то́лько де́сять лет. (姐姐出嫁那年我才 10 岁。)

②表示"去年、今年、明年"或用顺序数词做定语,表示按历法计算的某一年时用 в + 第六格。例如:

В 2014-ом году́ на 22-ых зи́мних олимпи́йских и́грах в Со́чи кита́йские спортсме́ны завоева́ли 3 золоты́е меда́ли. (2014 年 22 届索契冬奥会上中国运动员夺得了 3 枚金牌。)

В позапро́шлом году́ в на́шем университе́те был постро́ен но́вый четырнадцатиэта́жный уче́бный ко́рпус. (前年我校建成一座 14 层的新教学楼。)

③当 го́ды 与序数词连用表示"年代"的意思时,可用 в 加第四格,也可用 в 加第六格。例如:

В тридца́тых года́х 20 ве́ка все хоте́ли сиде́ть за рулём. (20 世纪 30 年代大家都想开汽车。)

В тридца́тые го́ды на́шего столе́тия бы́ли откры́ты дре́вние города́. (本世纪三十年代发现了许多古城。)

④表示一年有几个月,多少天时用 в 加第六格。例如:

В году́ 12 ме́сяцев. (一年有十二个月。)

(9) 上述 у́тро, ночь, день, неде́ля, ме́сяц, год 等词,除已列出的意义及用法外,还有某些共同的用法。如 у́тро, ночь, день, ме́сяц, год 与 на 搭配,用第四格,表示"到早晨、夜里、到第几天(月、年)",此时一般均有一致定语或第二格名词表示的非一致定语。例如:

То́лько *на второ́е у́тро* я вспо́мнил и́мя и фами́лию челове́ка, с кото́рым познако́мил меня́ перево́дчик. (直到第二天早晨,我才想起翻译给我介绍的那个人的姓名。)

На тре́тий год войны́ Кра́сная а́рмия перешла́ в контрнаступле́ние. (到战争的第三年,红军转入反攻。)

上述一些词的复数形式,如 мину́ты, часы́, дни, ме́сяцы, го́ды 用来泛指某段时间,表示"时间、时刻、时期、年代"等意义,用 в + 第四格,通常带有定语。例如:

В часы́ пик я не по́льзуюсь городски́м тра́нспортом. (在交通高峰时我不坐公交车。)

В мину́ты ра́дости па́рни и де́вушки пою́т и танцу́ют. (在欢乐的时刻,小伙子们和姑娘们唱歌、跳舞。)

В го́ды седьмо́й пятиле́тки у нас в стране́ произошли́ больши́е переме́ны во всех областя́х. (在"七五"期间,我国各方面都发生了巨大变化。)

го́ды 在表示"年代"时,除 в + 第四格用法外,尚有 в + 第六格的用法,如"九十年代",既可说 в девяно́стые го́ды,也可说 в девяно́стых года́х,дни 可用 на + 第六格,即 на дня́х,表示"在这几天,近几天"的意义。这一结构与 в э́ти дни (在这几天,近几天) 不同,前者指过去或未来几天内的某一天,是一个时段中的一点,后者指几天整个过程,是整个时段。试比较:

На дня́х прие́дут в Урумчи́ мои́ ро́дственники из дере́вни. (这几天我亲戚将从农村来乌鲁木齐。)

В э́ти дни у меня́ что́-то нела́дно с се́рдцем. (这几天我心脏有点不适。)

(10) декада(十天,旬),квартал(季度),сезон(季节)

декада 可用 в + 第四格或第六格,квартал 只能用 в + 第六格;在修饰语上 декада,квартал 都常用顺序数词,以表示"上、中、下旬"和"第一、二、三、四季度"。例如：

В первую декаду каждого месяца он обходил все участки первой фермы, *во второй декаде* обследовал вторую ферму, *в третьей декаде* выезжал в третью.(每月上旬他巡视第一农场各作业区,中旬视察第二农场,下旬到第三农场去。)

Мы могли бы поставить два комплекта оборудования *в третьем квартале* 1993 года и четыре комплекта *во втором квартале* 1994 года.(我们能在 1993 年第三季度交两套设备,在 1994 年第二季度再交四套。)

(11) весна,лето,осень,зима

这几个表示一年中四个季节的名词,用 в + 第四格形式,一般均有定语。例如：

В прошлую весну мой брат был переведён на должность секретаря.(去年春天我弟弟调任书记工作。)

В нынешнее лето здесь погода не такая жаркая, как мы думали.(今年夏天这里的天气并不像我们想象的那样炎热。)

(12) век(时代,时期;世纪)

① 本词因意义不同,用法也不同,如表示"时代,时期"意义,用 в + 第四格形式,一致定语用非顺序数词以外的词表示,但不能用 прошлый,следующий 等词。例如：

Мы живём *в век* атомной энергии.(我们生活在核能时代。)

В нынешний беспокойный век непрерывные агрессивные войны очень волнуют прогрессивных людей.(在当今动荡的时代,连续不断的侵略战争使进步人士非常不安。)

В век пара в мире появился новый транспорт — поезд.(在蒸汽时代世界上出现了新的交通工具——火车。)

② 如 век 表示"世纪"意义,用 в + 第六格,一致定语主要用顺序数词表示,可用 прошлый,следующий 等词。例如：

В 19-ом веке наука и техника получили большое развитие.(19 世纪科技有了很大发展。)

В прошлом веке вспыхнули первая и вторая мировые войны.(上世纪爆发了第一次和第二次世界大战。)

В нашем веке мы превратим нашу страну в богатую, демократическую, цивилизованную, модернизированную социалистическую державу.(在本世纪我们一定要把我国建设成为富强、民主、文明的社会主义现代化强国。)(注意 в наш век 表示"当代")

③ средние века(中世纪),первые века(上古时代),раннее средневековье(中世纪初叶),позднее средневековье(中世纪后叶)与前置词 в 搭配,既可用第四格,也可用第六格。例如：

в средние века — в средних веках(在中世纪)

в позднее средневековье — в позднем средневековье(在中世纪后叶)

в первые века — в первых веках(在上古时代)

(13) 表示"短时间、时期、阶段"等意义的词

миг(一刹那),мгновение(瞬间、刹时),время,момент(时刻;时机,关头),срок(期限,期间),пора(时候),период(时期),эпоха(时代),династия(朝代),эра(纪元)等,这些词均用 в + 第四格,表示行为发生的时间。例如：

В один миг всё исчéзло.（霎那间一切都消失了。）

Он пришёл к нам на пóмощь *в сáмый критический момéнт*.（正在紧要关头，他来帮助我们了。）

Благодаря упóрному труду рабóчие вы́полнили мéсячный план *в срок*.（由于顽强的劳动，工人们按期完成了月计划。）

В инкубациóнный период СПИДа больны́е обы́чно сáми не знáют, что заболевáют.（在艾滋病潜伏期，病人通常不知道自己已经染病。）

Эта стари́нная стáтуя былá извáяна из ги́пса *в эпóху Возрождéния*.（这尊古老的塑像在文艺复兴时代用石膏铸成。）

В Ми́нскую динáстию Дадý был переименóван в Пеки́н.（在明朝大都改称北京。）

（14）表示节日、周年、纪念日的词

прáздник（节日），годовщи́на（周年），用 в + 第四格，其中 прáздник 可单独使用，也可加定语，但 годовщи́на 必须有顺序数词作定语。例如：

В 90-ую годовщи́ну создáния Харби́нского политехни́ческого университéта состоя́лось торжéственное собрáние.（哈尔滨工业大学成立90周年时举行了隆重的庆祝大会。）

В прáздники друзья́ всегдá собирáются вмéсте.（每逢节日朋友们聚会。）

（15）семéстр（学期），用 в + 第六格，应有修饰定语。例如：

Мари́я Михáйловна бýдет занимáться с нáми *в нóвом семéстре*.（新学期玛丽娅·米哈伊洛夫娜给我们上课。）

Какие предмéты бýдут у нас *в этом семéстре*?（本学期我们有哪些课程？）

（16）表示休息、假期的词 переры́в, антрáкт, óтпуск, перемéна, кани́кулы

①переры́в 指暂时休息，课间的小休息，антрáкт 指演出的幕间休息或讲演、报告等的中间休息，óтпуск 的意义是休假、假期，这三个词带定语时，用 в + 第四格，单独使用时用 в + 第六格。例如：

В обéденный переры́в друзья́ разговáривают по душáм.（午休时朋友们倾心交谈。）

В переры́ве Ни́на переписáла из блокнóта Зóи объяснéние преподавáтеля, котóрое онá не успéла записáть на пéрвому часý.（课间休息时，尼娜从卓娅笔记本上抄录了第一节课未记下的教师讲解。）

В антрáкте я встрéтил товáрища по шкóле, котóрого я не ви́дел почти 10 лет.（幕间休息时，我遇见了几乎10年未见的中学同学。）

В óтпуске мать отдыхáла в санатóрии.（休假时母亲在疗养所休养。）

②перемéна 指的是课间大休息，有无定语均可，但用前置词 на + 第六格。例如：

На перемéне（*На двадцатиминýтной перемéне*）все дéлают заря́дку под мýзыку.（休息时（在20分钟的休息时间内）大家做广播体操。）

③кани́кулы 是复数形式，指学校的假期，有时也可泛指休息、假期，在使用中可用 в + 第四格，也可用 на + 第六格；可加定语，也可不加定语。例如：

В зи́мние кани́кулы я научи́лся катáться на конькáх.（寒假我学会了滑冰。）

На кани́кулах моя́ внýчка былá у тёти в Шанхáе.（假期我的孙女去了上海姑姑家。）

（17）表示一个人生理发育、生长各阶段的词

①дéтство, юность, мóлодость, стáрость 这些词用 в + 第六格，不带定语单独使用较多。例

如：

　　Вот шко́ла но́мер 2, где я учи́лся *в ю́ности*. (这就是我少年时就读的第二中学。)

　　В ста́рости я люби́л дыха́тельную гимна́стику цигу́н. (我年老时爱上了气功。)

②与表示成长阶段有关的一个词是 во́зраст，意思是"年龄、年纪、年岁"，虽然此词本身不是表示人生某一阶段的特定术语，但加上说明语，也能表示该意义，例如 младе́нческий во́зраст（幼年），де́тский во́зраст（童年），ю́ношеский во́зраст（少年），молодо́й во́зраст（青年），пожило́й во́зраст（中年），ста́рческий во́зраст（老年），也用 в + 第六格。例如：

　　В тако́м во́зрасте уже́ тру́дно рабо́тать. (这种年岁已很难工作了。)

　　В моём ста́рческом во́зрасте не могу́ спра́виться с э́той зада́чей. (我已步入老年，不能胜任这项任务了。)

（18）表示事物、行为等发展过程各阶段的词

нача́ло, середи́на（中期），коне́ц, полови́на（转义也可表示事物在时间概念上的"中期"），这些词都用 в + 第六格结构，有无定语均可。例如：

　　В середи́не правле́ния Ми́нской дина́стии офо́рмились две ча́сти Пеки́на — Вну́тренний и Вне́шний го́род. (明朝中期北京形成两部分：内城和外城。)

　　Тре́нер на́шей футбо́льной кома́нды о́чень волну́ется, ведь *во второ́й полови́не* дня пе́рвый матч. (我们足球队教练很紧张，因为下午要进行第一场比赛。)

　　На друго́й день я просну́лся о́чень ра́но, *в полови́не пя́того*. (第二天我醒得很早，四点半就醒了。)

（19）一些由形容词转化的名词

про́шлое（过去），настоя́щее（现在），бу́дущее（将来），дальне́йшее（以后，将来），用 в + 第六格表示时间，可单独使用，也可加说明语。例如：

　　Э́то бы́ло *в далёком про́шлом*. (这事发生在很久以前。)

　　В ближа́йшем бу́дущем я пое́ду в Шэньян. (最近我将去沈阳。)

　　В дальне́йшем я постара́юсь стать отли́чником. (今后我一定努力争取成为优等生。)

（20）一些表示自然现象的词，可用来表示时间概念，可用定语，也可不用定语。按使用前置词情况及接格关系，这组词又可分两类：

①в + 第四格：这类词有 дождь, ве́тер, снег, гроза́, бу́ря, шторм（烈风，风暴），мете́ль（暴风雪），жара́（热），зной（炎热，酷热），хо́лод, моро́з, тума́н（雾），разли́в（汛期），непого́да（恶劣天气）等。例如：

　　В ле́тний зной осо́бенно прия́тно броди́ть по тени́стому ле́су. (炎热的夏天在绿树浓荫中走一走十分舒适。)

　　В грозу́ э́тот до́мик загоре́лся от мо́лнии. (暴风雨中这座小屋被雷电击燃烧毁。)

　　В весе́нний разли́в реки́ разли́лись и доро́ги ста́ли непроходи́мы. (春汛时河水漫出河岸，道路已不能通行。)

②на + 第六格：这类词较少，如 заря́（霞，霞光；曙光），рассве́т（黎明，拂晓），восхо́д（日、月等出现，升起），захо́д（日、月、星辰落下），зака́т（日落）等。例如：

　　На зака́те пого́да стано́вится прохла́днее. (太阳下山时，天气凉爽起来。)

　　На рассве́те мы перелете́ли Ти́хий океа́н. (黎明时我们已飞过了太平洋。)

此外，这类用 на 加第六格形式的词中，有几个词还可用于转义，表示时间关系。

на заре́ 的转义表示"开端,初期,萌芽时期"。例如:

на заре́ ю́ности(青春的初期)

на заре́ разви́тия чего́(发展的初期)

на заре́ цивилиза́ции челове́чества(在人类文明的初期)

на рассве́те 的转义表示"开始,初期"。例如:

на рассве́те жи́зни(生命初期)

на зака́те чего́ 的转义表示"末期,末日;晚年;终结"。例如:

на зака́те ста́рого стро́я(旧制度的末日)

на зака́те сцени́ческой де́ятельности(舞台活动的末期)

на зака́те дней(在晚年)

（21）во́зраст

表示年龄时 в во́зрасте 结构中 во́зраст 必须带有一致定语或非一致定语。表示确切年龄时,一致定语用 семиле́тний, двухме́сячный 等表示,非一致定语则用"数词+名词"词组第二格表示。例如:

Ива́н Ива́нович надорва́лся на рабо́те, заболе́л туберкулёзом и у́мер *в во́зрасте 36 лет.*（伊万·伊万诺维奇在工作中积劳成疾,得了结核病,36 岁就死了。）

В во́зрасте 15 лет он на́чал свою́ трудову́ю де́ятельность.（他 15 岁就开始参加劳动。）

有时,一致定语也可以是表示人生成长阶段的形容词,如 де́тский, ю́ный, молодо́й 等,还可以用 твой, ваш, его́, их, э́тот, тако́й 等物主代词、指示代词来作一致定语,此时却只表示一个大概的年龄段。例如:

В тако́м молодо́м во́зрасте, наве́рно, тру́дно рабо́тать генера́льным дире́ктором.（这样年轻恐怕难于胜任总经理的工作。）

Ка́жется, *в э́том во́зрасте* лю́ди уже́ не меня́ются.（人们在这个年纪似乎已经定型不变了。）

3. 时间状语中的词义的区别

俄语的时间状语除了用副词、副动词等表示外,绝大部分是用带或不带前置词的间接格名词或名词词组表示的。构成这类时间状语的名词及限定名词的形容词、代词等往往具有多义性。因此,它们往往以不同的格的形式与不同的前置词构成语义各异而外形近似的时间状语,但其是有区别的。例如:

в на́шем ве́ке — в наш век

в пе́рвом часу́ — на пе́рвом часу́

в друго́й день — на друго́й день

на той неде́ле — в ту неде́лю

в пе́рвую мину́ту — на пе́рвой мину́те

в но́вом году́ — в Но́вый год — на Но́вый год

要掌握这些外形近似的时间状语的区别,首先必须弄清其构成要素的意义,下面就以上所举行各例逐一说明。

（1）в на́шем ве́ке — в наш век

这里的名词 век 是一个多义词,它的第一个意义是"世纪",如 шестна́дцатый век(16 世纪), двадца́тый век(20 世纪), наш век(本世纪)等。在这个意义上组成的时间状语用 в+век 的第六格来表示。例如:

в девятна́дцатом ве́ке(在 19 世纪)

в про́шлом ве́ке(在上个世纪)

в на́шем ве́ке(在本世纪)

В на́шем ве́ке друго́й о́стров архипела́га стал концентрацио́нным ла́герем для прогресси́вных де́ятелей.(本世纪群岛的另一个岛屿成了关押进步活动家的集中营。)

век 的另一个意义是"时代,时期"。例如:

век а́тома(а́томный век)(原子时代)

век па́ра(蒸汽时代)

век киберне́тики(智能时代)

наш век(我们这个时代)

在这个意义上组成的时间状语用 в + век 的第四格表示。例如:

в век а́томной эне́ргии(在核能时代)

в косми́ческий век(在宇航时代)

в наш век(在我们这个时代)

В наш век говори́ть об э́том про́сто смешно́.(在我们这个时代还说这个简直可笑。)

век 还能与一些形容词连用,组成固定词组,表示人类发展史上的某个特定的阶段。例如:

ка́менный век(石器时代)

бро́нзовый век(青铜器时代)

желе́зный век(铁器时代)

这时既可用 в + век 的第四格,也可用 в + век 的第六格表示时间。例如:

В бро́нзовый век населе́ние Земли́ колеба́лось в преде́лах 20 - 40 миллио́нов.(青铜器时代地球上的人口总数一直在两千万至四千万之间浮动。)

В бро́нзовом ве́ке лю́ди умира́ли о́чень ра́но: сре́дняя продолжи́тельность жи́зни не превыша́ла 18 лет.(青铜器时代人死得很早:平均寿命不超过 18 岁。)

век 还有一个意义是"一生,一辈子",作为时间状语只有 на своём веку́ 这样一个成语性词组。例如:

Он мно́го ви́дел *на своём веку́*.(他一生经历过很多事情。)

(2)в пе́рвом часу́ — на пе́рвом часу́

这里的名词 час 也是个多义词,其中有一个意义是指几点钟,如 второ́й час(1 点多),восьмо́й час(7 点多)。在这个意义上作为时间状语用 в + час 的第六格表示。例如:

Он уе́хал *в пе́рвом часу́*.(他是 12 点多走的。)

час 的另一个意义是"学时,一堂(节)课",这时作为时间状语就用 на + час 的第六格结构表示,因此 на пе́рвом часу́ 是指在第一节课上。例如:

На пе́рвом часу́ мы бу́дем чита́ть текст, а на второ́м — бу́дет контро́льная рабо́та.(第一节课我们要读课文,第二节课要进行一次测验。)

(3)в друго́й день — на друго́й день

друго́й 具有不同的意义。它的第一个意义是"另一个",如 друго́й день 意为"另一天"。在这个意义上作为时间状语用 в + день 的第四格表示。例如:

Е́сли вы не мо́жете позвони́ть в пя́тницу, позвони́те *в друго́й день*: в воскресе́нье и́ли в четве́рг.(如果您不能在星期五打电话,那就在另一天打,比如星期天或星期四。)

другóй 的另一个意义是"第二,其次"。这时 другóй день 意为"第二天"。此时用 на + день 第四格表示时间。例如:

Мы приéхали сюдá 20-го мáя, и *на другóй день* ужé началáсь конферéнция.(我们是 5 月 20 日到达这里的,第二天会议就开始了。)

(4)на той недéле — в ту недéлю

这一组状语语义差异也是因为限定语 тот 用于不同的意义:其中一个意义是时间段落中的"上(一个)"或"下(一个)"。因此 та недéля 既可表示上星期,也可表示下星期,这取决于句中动词的时间形式:如动词用过去时就表示上周,将来时就表示下周。在此意义上用 на + недéля 的第六格表示时间,这一形式和 на прóшлой недéле, на бýдущей недéле 等的表示法是一致的。例如:

На той недéле Алёша был бóлен.(上星期阿辽沙病了。)

тот 的另一个意义是指已经提到过的那个。这时作为状语用 в + недéля 的第四格表示。例如:

Мы с ним договорились о встрéче ещё в начáле мéсяца. Но *в ту недéлю* мы так и не встрéтились, потомý что óба были óчень зáняты.(我和他在月初就约定要见面。但是那个星期我们俩都很忙,所以没有见成。)

(5)в пéрвую минýту — на пéрвой минýте

有些时间状语中整个词组可能具有某种整体意义,这样它就和普通词组构成了同形异义关系,当然作为时间状语也就得用不同形式来表示。如 в пéрвую минýту 中 пéрвая минýта 词组具有:"一开始"之意,接近于副词 сначáла。例如:

В пéрвую минýту я не узнáл Волóдю.(一开始我没有认出瓦洛佳来。)

在 на пéрвой минýте 中 минýта 用于其本义,是各种比赛中的计时单位,作为状语用 на + минýта 的第六格表示。例如:

Счёт был открыт *на пéрвой же минýте* пéрвого перúода.(第一局的第一分钟就进球了。)

(6)в нóвом годý — в Нóвый год — на Нóвый год

这一组中的第一个 нóвый год 并无特殊意义,就是指"新的一年中",作状语时用 в + год 的第六格表示。例如:

В нóвом годý мы организýем конферéнцию по вопрóсам биóники.(在新的一年里我们将组织一次仿生学问题研讨会。)

而大写开头的词组 Нóвый год 则具有特殊的整体意义,它特指元旦这一天,作状语时用 в + 第四格或 на + 第四格表示,后者带有口语性质。例如:

Премьéра этой кинокартúны состоялась *в Нóвый год* в Москвé.(元旦那天在莫斯科举行了这部片子的首映式。)

На Нóвый год я весь день былá дóма, с родúтелями.(元旦那天我全天都在家,和父母在一起。)

练习十七、选择正确答案。

1. Мы отдыхáли _____(в канúкулы, в канúкулах).
2. Об этом пúшут _____(в газéте, на газéте).
3. Рýчка лежúт _____(в газéте, на газéте).
4. _____(В автóбусе, На автóбусе)я встрéтил дрýга.
5. _____(В автóбусе, На автóбусе)я доéхал до стáнции метрó.

6. Он забыл сумку _____ (в такси, на такси).
7. В театр они решили ехать _____ (в такси, на такси).
8. Мы поедем _____ (в аэропотрт, на аэропорт).
9. Мы поедем _____ (в аэродром, на аэродром).
10. Мальчик сел _____ (на стул, в стул).
11. Мальчик сел _____ (в кресло, на кресло).
12. Трактор работает _____ (в поле, на поле)
13. _____ (В картофельном поле, На картофельном поле) стоит много тракторов.
14. Алёша побывал и _____ (в Кубе, на Кубе) и _____ (в южной части, на южной части) Кавказа.
15. _____ (На следующей неделе, В следующей неделе) начнутся студенческие каникулы.
16. _____ (На будущий год, В следующем году) я буду учиться на летних курсах русского языка.
17. _____ (В следующий день, На следующий день) он вернулся.
18. _____ (В день рождения, На дне рождения) я подарил ему книгу в подарок.
19. Я хожу плавать в бассейн два раза _____ (в неделю, в неделе).
20. _____ (В неделе, В неделю) семь дней.
21. Мы встретились _____ (в два часа, в двух часах).
22. _____ (В школьные годы, В школьных годах) я мечтала стать врачом.
23. _____ (В восьмидесятые годы, В восьмидесятых годах) наша жизнь начала меняться.
24. _____ (В прошлый год, В прошлом году) я ездила в Москву.
25. _____ (В прошлой неделе, На прошлой неделе) к нам приехали гости.
26. _____ (На пятой минуте, В пятой минуте) футбольного матча наша команда забила первый гол.
27. Он очень помог мне _____ (в трудную минуту, в трудней минуте).
28. _____ (В тот же миг, В том же миге) странный предмет поднялся над водой.
29. _____ (В 16 лет, В 16 годах) он поступил в университет.
30. _____ (В молодость, В молодости) она начала работать в школе.
31. _____ (В будущее, В будущем) всё будет лучше.
32. Мы живём _____ (в 21-ый век, в 21-ом веке), то есть _____ (в век, в веке) атома.
33. _____ (В другой день, На другой день) он вернулся.
34. _____ (На этой неделе, В этой неделе) начнётся отпуск.
35. _____ (В такой весенний месяц, В таком весеннем месяце) человек рождается заново.
36. Эту берёзу мы посадили _____ (в год, в году) рождения нашего сына.
37. Я взял книгу в библиотеке _____ (на две недели, в две недели).
38. _____ (В старость, В старости) Л. Н. Толстой жил в Ясной Поляне.
39. _____ (В юношеские годы, В юношеских годах) он учился в Петербургской академии художеств.
40. Отпуск начинается _____ (в апрель, в апреле).

表示原因意义的前置词

俄语中表示原因意义的前置词很多,它们是 из,из-за,от,по,то,с,благодаря,ввиду,вследствие 等。

1. 前置词 из 的用法

前置词 из 与第二格名词连用,通常表示出自于行为主体本身的思想感情、性格特点或主观倾向性的原因。由此原因所引起的行为往往是自觉的、有意识的,这种原因一般是主体自身具备的。常与 из 连用的名词有:

(1)表示人的内心思想感情、心理状态的名词,如 любовь(爱)、ненависть(恨)、сочувствие(同情)、зависть(嫉妒)、любопытство(好奇心)、милость(怜悯)、осторожность(谨慎)、жалость(怜悯)、боязнь(胆怯)等。例如:

Наши бойцы *из любви* к Родине и *ненависти* к врагу совершили великие подвиги.(出于对祖国的热爱和对敌人的仇恨,我们的战士们建立了卓越的功勋。)

Я спрашивал об этом просто *из любопытства*.(我询问此事纯粹是出于好奇。)

(2)表示人的性格特征的名词,如 скромность(谦虚)、гордость(骄傲)、упрямство(固执)、самолюбие(自尊心)、скромность(谦虚)、равнодушие(冷淡)、тщеславие(虚荣)等。例如:

Пётр настаивал на своём *из упрямства*.(彼得坚持自己的意见,因为他秉性固执。)

(3)表示伦理道德方面的名词,如 вежливость、приличие(礼貌)、учтивость(谦恭)、уважение、благодарность 等。例如:

Из уважения к дедушке Алёша не стал возражать ему.(出于对爷爷的尊敬,阿辽沙没有反驳他的意见。)

(4)表示个人爱好、兴趣、希望、想法等意义的名词,如 интерес、склонность(爱好)、желание、стремление、соображение(考虑)、расчёт(打算)、принцип 等。例如:

С этим мнением я не согласился *из принципа*.(出于坚持原则,我没有同意这个意见。)

由于 из 是表示一种引起自觉行为的积极原因,因此一般不能用其他原因前置词来替换。

2. 前置词 из-за 用法

前置词 из-за 与第二格名词连用,一般用于表示引起不良结果、不希望发生的事情的外部原因。由于 из-за 表示外部原因,因此,一般与句中主体没有直接关系。与 из-за 搭配的名词很广,常与表示自然现象、周围环境等意义的名词连用,如 засуха(干旱)、наводнение(水灾)、туман(雾)、темнота(黑暗)、шум(喧哗声)、опоздание、предательство、безработица(失业)、нищета 等,除此以外 из-за 还可以某些具有消极意义的名词连用。例如:

Из-за дождя экскурсия не состоялась.(游览因下雨而未能成行。)

Ему с трудом даются иностранные языки *из-за плохой памяти*.(由于记忆力不好,他学外语很吃力。)

Приятели поссорились *из-за пустяков*.(朋友间因一点儿小事争吵起来。)

Из-за твоего опоздания собрание отложили на полчаса. (会议因你迟到而推迟了半小时。)

此外，из-за 也可以表示主体自身的内部原因，这时 из-за 与 по 意义相近，但比后者更强调结果是不好的。试比较：

①*Серёжа пропустил много занятий по болезни.*（因为生病，谢辽沙耽误了很多课。）

②*Из-за болезни Серёжа пропустил много занятий.*（因为生病，谢辽沙耽误了很多课。）

例①只是陈述一般事实，说话者对原因引起的结果没有作任何主观评论；而例②中说话者想强调该原因所引起的结果是消极的，不希望发生的。

из-за 还可以与表示人的名词或人称代词连用，如 из-за Миши，из-за тебя，表示由于某人的原因而产生不希望发生的行为。例如：

Я опоздал из-за брата.（由于弟弟的缘故我迟到了。）(意思是 *Я опоздал по вине брата.*)

Из-за него мы не смогли закончить работу в срок.（因为他我们未能如期完工。）

3. 前置词 по 的用法

前置词 по 表示的原因一般是由于主体（多指人）自身的某些消极性特征造成的，原因与主体有直接关系，并且常引起消极的、不良的结果。常与 по 连用的名词有：

（1）表示人的性格或其他方面弱点的名词，如 неопытность，наивность（幼稚），глупость，невнимательность，небрежность（疏忽，马虎），неаккуратность，рассеянность（漫不经心），неосторожность（漫不经心），ветреность（轻浮），замкнутость（孤僻），неблагонадёжность（不可靠）等。例如：

Петя допустил много ошибок в диктанте по невнимательности.（由于马虎别佳的听写出了很多错。）

По своей трусости он бросил боевой пост.（由于胆怯他离开了自己的战斗岗位。）

（2）表示人的健康或年龄方面弱点的名词，如 слабость（здоровья），нездоровье，болезнь，молодость，старость 或一些容易引起消极后果的名词，如 ошибка（错误），занятость（忙碌），бедность（贫穷），привычка（习惯），вина，недоразумение，незнание 等。例如：

По слабости здоровья его не взяли в армию.（他因身体太弱而未能应征入伍。）

Старик по ошибке сел не в тот автобус.（老人乘错了车。）

В прошлом году дед ушёл с работы по возрасту.（爷爷去年因年龄的关系退休了。）

前置词 по 所表示的原因与行为主体有直接联系，而 из-за 经常用于表示外部原因的结构中。试比较：

По рассеянности он забыл билеты дома.（由于漫不经心他把票忘在家里了。）

Из-за его рассеянности вся группа опоздала на доклад.（由于他的漫不经心全班听报告都迟到了。）

По ошибке я сделал одно упражнение вместо другого.（由于错误我做了另一个练习。）

Из-за ошибки в расписании занятий мы долго не могли найти нужную аудиторию.（由于课程表出了错，我们很久没有找到该去的教室。）

除上述意义外，原因前置词 по 还可以表示行为的根据，如（пропустить занятия）по уважительной причине（有正当理由），（прийти）по делу, по обязанности, по необходимости 等。例如：

Я пришёл к вам по одному важному делу.（我找您是有一件重要的事情。）

4. 前置词 от 的用法

前置词 от 使用范围很广，它通常用来表示主体（人或物）的状态或状态的变化，也可以表示主体不自觉的行为。от 加名词第二格构成的原因通常是外界引起的。常与 от 连用的名词有：

(1) 表示人的生理和心理状态的名词，如 боль(疼痛)，ра́дость(高兴)，утомле́ние(疲惫)，у́жас(惊恐)，го́лод(饥饿)，тоска́(忧愁)，жа́жда(口渴)，отча́яние(绝望)，волне́ние(紧张)等。

(2) 表示自然现象的名词，如 дождь(雨)，во́здух(空气)，жара́(炎热)，дым(烟)，луна́(月亮)，моро́з(严寒)，волна́(浪)，наводне́ние(水灾)等。

(3) 动名词，如 забо́та(关怀)，встре́ча(相遇)，восхо́д(升起)，езда́(乘行)，смех(笑)，бег(跑)，суета́(忙乱)等。

(4) 抽象名词，如 напряже́ние(紧张)，наде́жда(希望)，молча́ние(沉默)等。

前置词 от 表示原因关系时，经常与下列动词连用，如 заболе́ть(得病)，задрожа́ть(发抖)，запры́гать(跳)，запла́кать(哭)，побледне́ть(发白)，волнова́ться(激动)，испуга́ться(害怕)，кри́кнуть(叫喊)，похуде́ть(消瘦)，побеле́ть(发白)，поги́бнуть(死亡)，страда́ть(难过,受苦)，скуча́ть(苦闷,烦闷)，умере́ть(死)等。例如：

Тури́сты е́ле держа́лись на нога́х *от уста́лости*.（旅行者们累得勉强站住。）

От переутомле́ния он заболе́л.（他因疲劳过度而病倒了。）

Же́ня расцвела́ *от похвалы́* учи́тельницы.（热尼娅由于受到老师的表扬而喜形于色。）

前置词 от 还用于表示人或物死亡的原因。例如：

Урожа́й поги́б *от за́сухи*.（庄稼旱死了。）

Ты́сячами они́ ги́бли здесь *от го́лода и боле́зни*.（由于饥饿和疾病他们成千上万地死去。）

Солда́т у́мер *от ра́ны*.（战士因受伤而死亡。）

形容词表示原因意义时，必须用前置词 от，如 мо́крый *от дождя́*，бе́лый *от сне́га*。这种结构中的 от 不能用其他的前置词来替换。例如：

Осенью *от листопа́да* все доро́жки и алле́и в саду́ бы́ли жёлтыми.（秋天由于落叶，公园的小路和林阴道都变成了黄色。）

Ко́ля уви́дел, что румя́ные *от моро́за* щёки бра́та внеза́пно побледне́ли.（科利亚看见弟弟冻红了的面颊突然变白了。）

Ру́ки его́ бы́ли кра́сными *от моро́за*.（他双手冻得通红。）

5. 前置词 с 的用法

с 与第二格名词连用表示原因关系，与前置词 от 构成同义现象，但与其搭配的名词有限，主要是一部分表示人的心理或生理状态的名词，如 ра́дость，тоска́，доса́да(懊丧)，стыд，злость，страх，испу́г，смех，го́лод 等。前置词 с 常用于口语和俗语中，如 уста́ть *с непривы́чки*，закрича́ть *с испу́гу*。例如：

С(От) го́ря он заболе́л и тепе́рь лежа́л весь день и молча́л.（由于忧伤他生病了，现在整天卧床，沉默寡言。）

Он гото́в сквозь зе́млю провали́ться *со(от) стыда́*.（他羞愧得无地自容。）

因为前置词 с 多用于口语及俗语中，与之搭配的阳性名词通常用特殊的第二格词尾，如 со стра́ху，с испу́гу，со сме́ху，с го́лоду。例如：

В 1941 году́ оте́ц чуть не у́мер *с го́лоду*.（1941 年父亲险些饿死。）

Она́ широко́ раскры́ла рот *со стра́ху*.（她吓得目瞪口呆。）

Слу́шая его́ расска́зы, живо́тики надорвёшь *со сме́ху*.（听他讲故事能笑破肚皮。）

6. 前置词 за 的用法

за 表示原因关系时，可以与名词第五格或第四格连用。

（1）за 与名词第五格连用表示原因关系时，其意义与 из-за 相近，常与抽象名词连用，一般表示引起不良结果的原因，这些抽象名词有：непригóдность（不中用），ненáдобность（不需要），негóдность（无用），отсýтствие（缺乏），неимéние（没有），недостáток（缺少）等。例如：

Министéрство ликвидировало контóру *за ненáдобностью*.（办事处由于作用不大，部里给取消了。）

与上述抽象名词连用时，за 可以用 из-за 替换，但名词 неимéние 除外。例如：

За недостáтком（Из-за недостáтка） óпыта товáрищ не мог спрáвиться с порýченным емý дéлом.（由于经验不足我的同志未能完成交给他的工作。）

За отсýтствием（Из-за отсýтствия） срéдств строительство нóвого жилища задéрживается.（由于资金不足，新住宅的建筑要推迟了。）

（2）за 与第四格名词连用时，通常与表示奖励、处分等意义的动词搭配，如 благодарить（感谢），наградить（奖赏），хвалить（称赞），ценить（评价），подарить（赠送），наказáть（惩罚），любить（爱），ругáть（斥骂），критиковáть（批评），осудить（斥责）等。例如：

За отличную учёбу егó наградили медáлью.（由于学习成绩优异，奖给他一枚奖章。）

За революциóнную дéятельность Лéнина исключили из Казáнского университéта.（由于参加革命活动列宁被喀山大学开除。）

за 与第四格名词连用表示原因关系时，不能用其他的原因前置词替换。

7. 前置词 благодаря 的用法

前置词 благодаря 在多数情况下表示引起良好结果的原因，它是 благодарить 构成的副动词。此外 благодаря 一般表示外部原因，但有时也可以表示主体自身的内部原因。与 благодаря 搭配的名词范围相当广泛。例如：

Я спрáвился с этой рабóтой тóлько *благодаря вам*.（由于您的帮助，我才胜任了这一工作。）

Благодаря дóктору больнóй выздоровел.（多亏医生，病人康复了。）

但在现代俄语中，在较少的情况下前置词 благодаря 还可以表示引起不良结果的原因，特别是在文学作品和科普著作中。例如：

В послéдние дни *благодаря дурнóй погóде* он пил по вечерáм слишком мнóго.（近来由于天气恶劣，他每晚都喝很多的酒。）

Благодаря снéжным занóсам движéние на трáнспорте прéрвано.（由于积雪交通中断了。）

Благодаря движéнию Земли вокрýг Сóлнца нáше дневнóе светило менáет своё расположéние по отношéнию к звёздам.（由于地球围绕太阳旋转，太阳与星星间的相对位置不断发生变化。）

8. 前置词 ввидý, вслéдствие 的用法

ввидý 和 вслéдствие 与第二格名词连用一般表示引起不良结果的原因，与 из-за 的意义相近，常用于书面语体和公文语体。例如：

Строительство здáния приостанóвлено *ввидý（вслéдствие）недостáтка* материáла.（由于材料不足，楼房停建。）

Вслéдствие сокращéния ассигновáний сократили объём строительства.（由于拨款减少，建筑规模压缩了。）

ввидý 主要表示由于预见到某种现象而引起某种行为，因此，像 *Ввидý предстоящих морóзов* нáдо запасáться дровáми.（由于严寒即将到来，应该储备木柴。）这类句子中的 ввидý 不能用 вслéдствие 来替换。

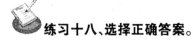练习十八、选择正确答案。

1. Я чувствовал, что он говорит со мной только _____ (из, по, от, с) уважения.
2. _____ (От, Из, Из-за, С) благодарности за помощь он прислал мне много ценных книг.
3. _____ (От, Из, Из-за, С) сильного дождя экскурсия не состоялась.
4. Ему не спалось _____ (из, по, от, за) срадостного волнения.
5. _____ (Благодаря, По, Из, От) маме я полюбила классическую музыку.
6. _____ (Из-за, От, Из, За) брата я бросил университет.
7. _____ (Из-за, От, Из, За) засухи растения погибли.
8. _____ (Из-за, По, Благодаря, За) ошибке я назвал его Петром Ивановичем.
9. _____ (Из-за, От, Из, За) интереса к медицине он решил стать врачом.
10. _____ (Из-за, От, Из, За) вежливости он позвонил Анне Петровне.
11. _____ (Из-за, От, Из, За) радости дети начали прыгать по комнате.
12. _____ (Из-за, От, Из, За) усталости она плохо сдала экзамен.
13. Мы посмотрели на него, и он покраснел _____ (из-за, от, из, за) стыда.
14. Он никогда не разделял нашу точку зрения, в этот раз не поддержит нас _____ (из-за, от, из, за) принципа.
15. _____ (Из-за, От, Из, За) волнения он ни одного слова не сказал.

简单句的词序

前苏联科学院1954年版《俄语语法》对于词序定义是这样的:"句子成分的相互位置叫做词在句中的词序。"这里的"句子成分的相互位置"可以理解为句中某一词组中两个有密切关系的句子成分的相互关系。因此对词序的正确理解应是"词序是指句子中两个有密切关系的句子成分的相互位置"。因此,词序不仅研究词的排列次序,而且还要研究述谓单位的排列次序。因此,"词序"这个术语未能确切地反映它的研究对象,但出于传统习惯的考虑,我们暂时沿用这一术语。

一般认为,汉语词序与俄语词序比较起来,要固定一些。因此,汉语词序通常被称为固定词序;相反,把俄语的词序称为是自由词序。但这并不意味着汉语词序是绝对固定的,它绝对不可以颠倒,而俄语词序是绝对自由的。前苏联科学院1980年版《俄语语法》指出:"俄语的词序是可以变异的,但它不是自由的:在不同的词序下,句子的意思、它的交际任务是不同的。"

1. 与词序相关的因素

(1) 语法因素

在各种语言中可能利用的语法手段,它们的数量是有限的,但总结起来可以分为四类:①形态变化,这包括附加成分的增添、内部屈折及语音的交替、词根的重叠、重读;②辅助词。这包括前置词(介词)、后置词、连词、小品词(助词);③词序;④语调。

形态变化是由词的本身变化表示的语法手段,所以又叫做综合手段;辅助词、词序、语调不是由词的本身变化表示的语法手段,所以又叫做分析手段。

综合手段占优势的语言叫做综合语;分析手段占优势的语言叫做分析语。自然,这两种按照使用的语法手段来划分的语言,也并不排斥使用另一种语言常用的语法手段。比如,俄语虽然属于综合语,但是它也使用分析语的语法手段。汉语虽然是分析语,但是它也不排斥使用综合语中的某些手段。

在俄语中占主导地位的语法手段是词形变化手段,其次是辅助词、词序和语调。在汉语中占主导地位的语法手段却是词序,其次是辅助词、重叠、音变、重读、语调和附加成分的增添。

因此,作为语法手段之一的词序,由于俄语优先使用词形变化手段,它在俄语中的作用相对降低,但仍然有重要的作用,而在汉语中它却起着无可比拟的决定性的作用。

如俄语一致定语置于名词的前面(егó, её, их 虽然是非一致定语,但一般也前置),非一致定语后置。汉语的定语都在名词的前面。例如:

Я ви́дел брáта дрýга. (我看见了一位朋友的弟弟。)
　　(补语)(非一致定语)

Я ви́дел дрýга брáта. (我看见了弟弟的一位朋友。)
　　(补语)(非一致定语)

(2) 语义因素

词序除与语法因素密切相关外,与语义因素也密切相关。

①反映事物的发展顺序。例如:

Несомне́нно, и на други́х ми́рах мо́жет *возни́кнуть* и *развива́ться* жизнь. (无疑，在其他行星上也能出现生命并得到发展。)

Нагре́тый Со́лнцем во́здух *стано́вится ле́гче* и *поднима́ется* от пове́рхности Земли́. (被太阳晒热的空气变轻，离开地面升到高空。)

②词序的不同可以引起意义上的差别。例如：

Прошло́ *пять лет*. (过了五年时间。)

Прошло́ *лет пять*. (过了大约五年时间。)

(3) 修辞因素

说话和写作人除了叙述事实外，有时还要流露强烈的感情。词序也是修辞的一种手段。说话的人或作者常常利用它来强调某一成分，加强修辞效果。例如：

Брат подари́л мне э́ту кни́гу. (弟弟赠给我这本书。)(正常词序)

Э́ту кни́гу подари́л мне брат. (赠给我这本书的是弟弟。)(倒装词序，强调 брат 的意义)

这是因为，虽然俄语句子中的词序相对自由，但仍然有习惯上用的词序，改变这种词序(将句子成分放在不正常的位置)就会加强其表现力。

在俄语中结构和句子类型所决定的正装词序和不合正常词序的倒装词序。正装词序多用于科技和公文语体，倒装词序广泛用于文艺和政论著作，它在口语中有着特殊的作用。

(4) 语体因素

语言的体裁对于词序有很大的影响。

科学语言主要用于清晰明了地阐述科学事实，因此很少有必要使用特殊词序来强调某一事实。反之，文学语体和报刊政论语体不仅要把事实叙述清楚，而且还要通过事实的形象化感动和影响别人。因此常常用特殊的表现方法来叙述事实和表达自己的思想，词序就是常被利用的一种表现手法。

语言学家 О. Б. Сироти́нина 认为，口语词序和书面语词序的功能和规范有着原则的区别。书面语词序的基本功能，一是实义切分的基本手段(一般主位在前，述位在后)；二是构成词组的方法之一(如 хоро́ший день. 和 День хоро́ший. 只有前者才构成词组)；三是表达修辞色彩的方法之一。而口语词序的功能则截然不同，口语词序反映了语句形成的过程。说话人的言语思维活动。

因此，苏联科学院 1980 年版《俄语语法》在谈到词序时指出："标准语的不同领域具有不同的词序规范。书面散文语的词序在某种程度上比较严格，诗歌语的词序比较自由。口语的词序极其自由。"

(5) 交际任务

早在 19 世纪的语法著作中，同一句子成分可随着表达意思的需要改变自己在句中的语义比重这一点就已经被注意到了。不过当时语法学家对词序问题的研究只局限在句子的句法结构上，他们对于词序改变的原因所进行的解释主要还是从逻辑学和心理学角度出发的。只是在捷克学者、布拉格学派的代表人物马泰休斯提出实义切分法之后，俄语词序中的各种现象才逐渐获得越来越明确的解释。

马泰休斯于 1947 年提出实义切分理论以后，句子词序的语义功能研究进入了一个新阶段。马泰休斯实义切分法研究的初步成果很快引起了国内外语法学界的注意。

马泰休斯从句子的功能和句子与现实的联系出发，认为每个句子都是一个基本的交际单位。它的形式上的切分与实义切分有着本质的区别。也就是说，实义切分是形式上的切分(即语法切分)相对立的，因为形式上的切分以句子语法成分为基础，而实义切分的依据是具体的言语环境。

实义切分的基本成素是"出发点"和"表述核心"。所谓出发点就是在该语境中已知（或至少是清楚的）、说话者所要表述的那个东西；而表述核心则是新知或是说话者就出发点（或与出发点有关）所进行的表述。

在注意到通过改变句子词序可以使句子所表述的意思适应语境的需要这一言语事实的基础上，马泰休斯将陈述句的词序类型分为两种：客观词序和主观词序。

客观词序指按基点→表述核心的顺序安排句中词的位置，如当回答 Сколько ты заплатил за эту книгу 这一问题时，客观词序应当是 За эту книгу я заплатил / двадцать рублей. 而主观词序则应是由表述核心向基点，即 Двадцать рублей / я заплатил за эту книгу. 主观词序可以表示强调或表达某种强烈的情感。

马泰休斯得出结论：句子实义切分就是决定句子中词序的主要因素。

在连贯言语中，句子和句子是靠一定的逻辑语义关系来衔接的。依据与上文的关系，在连贯言语中的句子可分为组合上不受制约和组合上受制约的两种。

组合上不受制约的句子，其构句成素的排列次序由句子本身表达思想的需要而定。也就是说，词序不受语境或上下文的制约，这在上面我们已经讲过，即语法词序。

组合上受制约的句子，是指本身成素的排列顺序要受到语境或上下文的制约的这一类句子。它们与语境或上下文的联系一般都会在形式上有所体现，如词的重复、词的对应、词的替代，而句子的词序也要做相应的调整。这种词序我们就叫做实义切分词序。

在言语实践中，实义切分两大成素（主位、述位）与句子句法结构成分（如俄语中的主语、谓语、补语、定语、状语）之间并无一般的对应关系。就是说，任何句子成分及其组合都可以充当主位和述位；反之，主位和述位都可以由任何句子成分及其组合充当。

①实义切分的概念

句子的实义切分是一种根据交际任务而不是根据句法结构对句子进行的切分，根据说话者对自己提出的交际任务，同一个句子可以获得多种不同的概念。交际任务的内含是指说话人特别强调该上下文或该语言环境中起重要作用和本质作用的那一方面句子内容的愿望。

如 Нина уедет в Москву. 这句话，是说"尼娜在干什么"，"尼娜将要去莫斯科"。如果说话人对自己提出另外一种交际任务，想说明"谁要去莫斯科"，那他就可以说成：Уедет в Москву Нина. 这一交际任务的前提是，听话人已经知道"要去莫斯科"这件事，但不知道谁要去莫斯科。如果说话人想要告诉听话人"尼娜将要到什么城市去"时，则说话人应该说 Уедет Нина в Москву. 如果想说明尼娜去莫斯科是利用何种交通工具，则可表达为 Нина в город Москву уедет. 当然还可以提出其他的交际任务，如 В город Москву Нина уедет. В город Москву уедет Нина. 等等。但不管怎样交换，句子一般可切分为两个部分：一部分是说话的出发点，是所说的对象。说话出发点通常是听话者所知道的，或者是根据上下文或语言环境能预先确定的。这一部分在定义切分中就称为主题（тема）。另一部分包含着句子的主要交际内容，是句子的交际中心。在实义切分中，这一部分就称为述题（рéма）。因此，上述例句的不同说法可作如下实义切分：

Нина // уедет в Москву.
　（主题）　　（述题）

Уедет в Москву // Нина.
　（主题）　　（述题）

Уедет Нина // в Москву.
　（主题）　　（述题）

Нина в Москву // уедет.
　（主题）　　　（述题）

В Москву // Нина уедет.
　（主题）　　（述题）

В Москву уедет // Нина.
　（主题）　　　（述题）

上述例句中的符号//是句子切分成主题和述题的标志。

同一句子由于交际任务不同而导致实义切分不同,其所构成的变体叫做句子的交际变体。

实义切分重要的表达手段是词序,换言之,词序是表达句子实义切分的主要形式手段(除词序外,另一表达实义切分的手段是语调)。各种句法模式的句子,包括其各扩展方式,均可构成若干不同的实义切分变体,显然,这种"不同"表现在词序和语调上。特定的词序与特定的语调可结合为语言系统中的样板。根据这样的样板,可组成句法构造相同的句子的具体变体,这种变体组成句子的交际聚合体。

②主观词序与客观词序

传统句法学判断一个句子是正装词序还是倒装词序常常是从研究一个孤立的句子作出的,往往脱离了对上下文和整个语境的分析,从而使这种判断经常是错误的。如俄语中有一类描写自然状况的句子,其词序排列总是谓语在前,主语在后。例如：

Сверкает молния, грохочет гром, дует сильный ветер.

Идёт дождь ведром.

Настало лето.

Царит густой туман.

Блестит снег.

Стоят морозы.

传统句法学认为,这些句子都是倒装词序。其实不然,这些句子恰恰是典型的正装词序。又如 Пришла и Муся. 这个句子,按照传统句法的观点,这是一个倒装词序,因为谓语在前,主语在后,但在实义切分句法中,这却是一个受上文制约的正装词序：

Накануне операции университетские ребята пришли в госпиталь все вместе. Пришла (主题) // и Муся. (述题)

因在这种受上下文制约的正装词序中,谓语总是在主语之前,按句子实义切分原则切分,пришла 是主题,Муся 却是述题。按实义切分法的原则,主题在前,述题在后的句子顺序,叫做客观词序,或称为正装词序。而述题在前,主题在后的顺序叫主观词序,或称为倒装词序。出现上述反差的原因是,传统句法学遵循的原则是"传统的句子成分分析法",根据一个词在句子中所起的语法作用来划分。上述句子便变成了"谓语－主语"的倒装词序。而话语语言学研究词序是把研究主题、述题在句中的位置结合在一起。实义切分法研究词序不是以句子成分的语法功能,而是以其交际功能为基础,即把句子切分成主题和述题。主题表示已知的信息,为叙述的出发点,述题表示新的信息,为叙述的核心。根据这种原则,上述句子便切成了"主题－述题"的正装词序或称客观词序。显然,后一种意见是对的,因为用传统句法学的"正装词序"和"倒装词序"往往不能正确地说清现代俄语的词序。苏联语言学家和当前的俄罗斯语言学家在阐述俄语词序时大都采用"客观词序"和"主观词序"来取代"正装句序"和"倒装词序"。

练习十九、选择正确答案。

1. — Сколько студентов на вашем факультете?
   — _____. (На нашем факультете 100 студентов. 100 студентов на нашем факультете.)
2. — Кто пришёл к нам?
   — _____. (Алёша пришёл к нам. К нам пришёл Алёша.)
3. — Куда мама пошла?
   — _____. (В магазин мама пошла. Мама пошла в магазин.)
4. — Что ты получил?
   — _____. (Книгу я получил. Я получил книгу.)
5. — Когда она уехала в Пекин?
   — _____. (Она уехала в Пекин в субботу. В субботу она уехала в Пекин.)

主语和谓语的一致关系

在双部句中,谓语在语法上从属于主语。这种从属关系借助于谓语动词的各种语法形式或系词与表语来表达。在绝大多数情况下,主语和谓语之间都有一致关系,具体表现在谓语要和主语在人称、性、数上一致。

一、名词做主语

1. 主语用名词表示时,动词谓语可用现在时或将来时的单数或复数第三人称,过去时要与主语的性、数一致。例如:

Брат *ýчится* в срéдней шкóле.(弟弟在中学学习。)

Учёные *мы́слят* создáть нóвую межпланéтную ракéту.(学者们在考虑建造新的星际火箭。)

Ни́на *послáла* мáтери телегрáмму.(尼娜给母亲发了电报。)

Инженéры *обсуждáли* проéкт нóвого мотóра.(工程师们讨论过新发动机的设计。)

2. 不变格的名词做主语时,谓语的形式取决于主语的实际情况。例如:

Нóвое пальтó *кýплено*.(买了一件新大衣。)(单数)

Нóвые пальтó *кýплены*.(买了几件新大衣。)(复数)

3. 复合缩写词作主语,分以下几种情况。

(1)字母型复合缩写词做主语时,谓语要和构成该名称的主导词在性、数上一致。例如:

ТЭС(Теплова́я электри́ческая ста́нция)*постро́ена* в срок.(热电站如期建成。)

США *нахо́дятся* в Се́верной Аме́рике.(美国位于北美洲。)

Но́вая ЭВМ *нахо́дится* в лаборато́рии.(一台新计算机在实验室。)

Но́вые ЭВМ *нахо́дятся* в лаборато́рии.(几台新计算机在实验室。)

ЭВМ(电子计算机)可以是электрóнно-вычисли́тельная маши́на,也可以是электрóнно-вычисли́тельные маши́ны,所以ЭВМ既可以是阴性形式,也可以是复数形式。

但是,在确定字母型复合缩写词的性时,对上述这些一般原则还必须作这样的补充,即凡属语音型的缩写词,当它们按音节读音,要看它是否变格。如果变格,缩写词的性属就根据其没有恢复全称的现有语法形式来确定,如 МИД,вуз 都是阳性,这些复合缩写词的性已约定俗成。例如:

Англи́йский МИД *напра́вил* но́ту на́шему прави́тельству.(英国外交部给我国政府发来了照会。)

(2)由一个词的缩写词干加另一个词的变格形式构成的复合所写词要确定其语法性属就必须恢复这类复合缩写词全称的中心词。例如:

Молодо́й компо́ты *уе́хал*.(年轻的连长走了。)

компо́ты(连长)是команди́р ро́ты的缩写形式,中心词是команди́р(阳性),所以компо́ты是阳性形式,但该词属不变化词类。

полчаса́(半小时)受 час 的影响是阳性形式。但由数词 пол- 组成的复合名词做主语(полчаса́,полго́да 等)时,现在时谓语用单数第三人称,过去时用中性形式。例如:

Полчаса́ *прошло́*. (半小时过去了。)

Полчаса́ *пройдёт* незаме́тно. (半小时转瞬就会过去。)

Полго́рода *уча́ствовало* в демонстра́ции. (全城有一半人参加了游行。)

当主语带有复数第一格形式的定语时,谓语用复数形式。例如:

Це́лые полчаса́ *прошли́*. (整整半个小时过去了。)

Пе́рвые полчаса́ *прошли́* незаме́тно. (前半个小时不知不觉地过去了。)

Минова́ли э́ти нелёгкие полго́да. (这不轻松的半年过去了。)

Це́лые полсела́ *пересели́лись* в го́род. (整整半个村子迁到城里去了。)

复合名词前的说明语不是第一格时,即使是复数形式,谓语也要用单数,过去时用中性。例如:

Це́лых полчаса́ *прошло́* в ожида́нии. (整整半个小时在等待中过去了。)

当需要强调一群人时,谓语可用复数。例如:

Полкла́сса не *вы́учили* уро́ков. (全班有一半人没学好功课。)

(3)复合缩写词是机关、单位专有名称,它们不是所有组成的各部分构成,而是由其中若干词的缩写部分构成,此类复合缩写词的性不受原来复合缩写词的中心词限制。例如:

Главне́фть *заняла́* пе́рвый ко́рпус. (石油总局占用第一号楼。)

Универма́г *вы́полнил* план. (百货公司完成了计划。)

4. 复合名词做主语。由两个不同性属的名词构成的复合词做主语时,谓语应与复合词上的主导词一致。确定主导词一般要根据以下几个原则:

(1)表示较广概念的词为主导词。例如:

Кафе́-столо́вая *переведена́* на другу́ю у́лицу. (咖啡馆搬到另一条街上去了。)

Пе́сня-рома́нс *ста́ла* популя́рной. (抒情歌曲流行起来了。)

Кни́га-спра́вочник весьма́ *поле́зна*. (参考书很有用处。)

Откры́лась шко́ла-интерна́т. (开办了寄宿学校。)

(2)具体说明事物的那个词为主导词。例如:

Плащ-пала́тка *лежа́ла* в свёрнутом ви́де. (避雨帐篷卷起来放着。)

Конце́рт-зага́дка *прошёл* с успе́хом. (猜谜音乐会开得很成功。)

Торт-моро́женое *разре́зан* на ра́зные ча́сти. (冰淇淋蛋糕切成小块。)

(3)有词形变化的部分为主导词。例如:

«Рома́н-газе́та» *вы́шла* больши́м тиражо́м. (《小说月报》大量发行。)

В на́шем городке́ *откры́лась* автома́т-заку́сочная. (在我们的小城开设了自动小吃店。)

(4)取决于上下文,特别是复合词的词汇意义。试比较:

Ваго́н-вы́ставка *по́льзовалась* больши́м успе́хом. (车厢展览非常成功。)

Ваго́н-вы́ставка *стоя́л* на запа́сном пути́. (展览车厢停在备用线上。)

(5)词的位置也起一定作用,位于前面的词有时被视为主导词。例如:

Клуб-чита́льня *закры́т* на ремо́нт. (阅览俱乐部关闭维修。)

Кни́га-спра́вочник *пополни́лась* но́выми све́дениями. (参考书增补了新知识。)

5. 词组做主语。主语用名词、代词和带前置词 с 的第五格形式组成的词组表示时,如果强调第一格名词是行为的发出者,第五格名词是伴随者,谓语用单数;如果认为第一格名词和第五格名都是独立的行为发出者，则谓语用复数。例如：

Гри́ша с бра́том *посла́ли* Воло́де поздрави́тельное письмо́. （格里沙和弟弟一起给瓦洛佳寄了一封贺信。）

Мы с дру́гом *собира́лись* в далёкую пое́здку. （我和一个朋友准备作长途旅行。）

试比较：

Мать с ребёнком *ходи́ла* к врачу́. （母亲领着孩子去看大夫了。）

Мать с ребёнком *ходи́ли* к врачу́. （母亲和孩子去看大夫了。）

谓语用单数时，主语只是一个名词而不是词组。例如：

Жил стари́к со свое́й стару́хой у са́мого си́него мо́ря. （从前有一个老头和自己的老太婆住在蔚蓝色的大海边）。这时主语是 стари́к，而 со стару́хой 是补语。

6. 主语带同位语。同位语所说明的名词在句中做主语时，一致定语应与表示身份、职业的同位语一致，而谓语应和被说明词一致，不是和同位语一致。例如：

Инжене́р Ивано́ва *пришла́*. （伊万诺娃工程师来了。）

Победи́ла ма́стер спо́рта Петро́ва. （运动健将彼得洛娃取胜了。）

Молодо́й врач Ивано́ва *уе́хала* в дере́вню. （年轻的医生伊万诺娃去农村了。）

Кла́ссный руководи́тель Смирно́ва *вы́ступила* с коро́ткой ре́чью. （班主任斯米尔诺娃作了简短的讲话。）

但须注意区分同位语，在 инжене́р Ивано́ва 中 инжене́р 是同位语，而 столи́ца Пеки́н 中 Пеки́н 是同位语。例如：

Столи́ца Пеки́н *дорога́* ка́ждому. （首都北京对每个人都很亲切。）

如果同位语是表示阴性的词时，定语和谓语都应该和它一致。例如：

Изве́стная же́нщина-лётчик *пришла́*. （著名的女飞行员来了。）

Спосо́бная де́вушка-машини́ст *сде́лала* нам докла́д. （年轻能干的女司机给我们做了报告。）

7. 绝大多数的主谓联系都必须在语法形式上协调一致，但在下述场合可按意义协调一致。

（1）主语是一些表示人的职业、身份、地位的阳性名词，如果它们实际表示的是女人，在口语和政论语体中谓语可用阴性形式。例如：

Вчера́ врач *сде́лала* две опера́ции. （昨天女大夫做了两个手术。）

У́тром профе́ссор *дала́* ле́кцию. （上午女教授上了课。）

Наш корреспонде́нт *встре́тилась* с председа́телем жюри́. （我们的记者会见了评委会主席。）

阳性表人名词之前有以阴性形式出现的定语时，谓语用阴性形式。例如：

На́ша врач *пришла́*. （我们的大夫来了。）

Но́вая секрета́рь *оши́блась*. （新来的秘书弄错了。）

Де́ло *рассма́тривала* райо́нная судья́. （案子是由区审判员审理的。）

（2）主语是一些不变格的外来语，如地理、企业、报刊名称时，谓语应按其所指事物的俄语词的性与其协调一致。例如：

Миссу́ри（река́）*вы́шла* из берего́в. （密苏里河决堤了。）

《Де́йли Ньюс》（газе́та）*опубликова́ла* э́то заявле́ние. （《每日新闻》刊载了这一声明。）

（3）主语是外来语缩写词时，谓语通常用中性，但也可能按意义协调一致。例如：

ЮНЕСКО（Организа́ция Объединённых На́ций по вопро́сам образова́ния, нау́ки и культу́ры）*присла́ло* своего́ представи́теля. （联合国教科文组织派来了自己的代表。）

ФИДЭ（Международная шахматная федерация）*утвердила* состав участников турнира.（国际象棋联合会批准了参赛人员。）

二、代词做主语

1. кто 做主语。

（1）кто 做主语时，不论 кто 指的人实际上是多数或是女性，在一般情况下谓语用单数，过去时用阳性。例如：

Кто из учениц не *выполнил домашних заданий*?（女学生中谁没完成家庭作业？）

Кто из сестёр вам об этом *сказал*?（哪个姐妹对你说的这件事？）

（2）谓语用复数的情况有以下几种：

①在主从复合句中，关联词 кто 做从句中的主语，说明主句中以复数形式出现的代词或名词，在此情况下，从句中的谓语可用单数也可用复数。例如：

Те, кто *приходили*（*приходил*），шёпотом спрашивали о больном.（来人低声询问了病人的情况。）

Все мои друзья, кто его хорошо *знали*（*знал*），были о нём хорошего мнения.（我的朋友中，凡是了解他的人都对他有很好的看法。）

②从句中的谓语是静词性合成谓语，而且表语是复数的名词时，系词用复数形式。例如：

Узнаем, кто *были* его друзья.（我们会知道谁曾经是他的朋友。）

С благодарностью вспоминаю тех, кто *были* моими друзьями в трудное для меня время. （我怀着感激的心情回忆在我最困难的时刻曾是我朋友的那些人。）

③主句中有以复数形式出现的名词化了的形容词、顺序数词时，从句中的谓语用复数。例如：

Последние, кто *ушли*, погасили свет.（后走的人把灯关上了。）

Первые, кто *записались* в кружок, уже приступили к занятиям.（第一批报名参加小组的人已经开始活动了。）

2. 人称代词 вы 做主语指一个人，表示尊敬的意义时，动词谓语在人称、数上与主语一致。名词性合成谓语中的表语，即形容词或形动词短尾形式用复数，名词、代词、长尾形容词、长尾形动词等用单数。例如：

Как вы *поживаете*, товарищ Иванов?（伊万诺夫同志，您近来怎么样？）

Говорят, что вы *приняты* в Пекинский аэрокосмический университет.（听说，您考取了北京航空航天大学。）

Вы уже *студент*, а не ученик.（你已经是大学生，而不中学生了。）

Он всегда *довольный*.（他总是很满意。）

3. 指示代词 это 做主语时，名词性合成谓语中的系词不与主语一致，而与表语在性、数（或者只在数）上一致。例如：

Это *был* крупный, тяжёлый мужчина.（这是魁梧结实的男子。）

Это *были* знакомые.（这都是熟人。）

Я случайно поглядел на эту книгу, это *была* хрестоматия.（我无意中看了一眼这本书，这是一本选读课本。）

三、数词做主语

1. 数词和名词第二格的词组做主语时,谓语的形式也是不稳定的。
(1) 在下列情况谓语倾向用单数。
① 强调主语表示的事物是一个整体或总和时。例如:
Строится ещё пять столо́вых. (还有五个餐厅正在建设。)
Стро́йку *посети́ло* сто пять делега́ций. (有 105 个代表团参观了工地。)
На ста́нции *служи́ло* оди́ннадцать челове́к. (车站上有 11 个人工作。)
② 主语表示时间、空间、重量等度量时。例如:
Прошло́ со́рок лет. (过去了 40 年。)
На ремо́нт *ушло́* семь килогра́ммов гвозде́й. (修缮用去了 7 公斤钉子。)
Сто сантиме́тров *равно́* ме́тру. (100 厘米等于 1 米。)
③ 主语中有以оди́н 结尾的合成数词时。例如:
Три́дцать оди́н студе́нт *прие́хал* в ле́тний ла́герь. (31 名大学生来到了夏令营。)
④ 主语中有 ты́сяча(千), миллио́н(百万), миллиа́рд(十亿) 时。例如:
Ты́сяча солда́т *отпра́вилась* на по́мощь пострада́вшим. (1000 名士兵前去支援受灾者。)
此句还可以说成:
Ты́сяча солда́т *отпра́вилось* на по́мощь пострада́вшим.
Ты́сяча солда́т *отпра́вились* на по́мощь пострада́вшим.
⑤ 主语由一个数词组成时。例如:
Три́дцать не *де́лится* на семь. (30 用 7 除不尽。)
⑥ 如果"数词+名词"词组前有限定词 всего́, то́лько, лишь 时,谓语用单数。例如:
В реда́кции *рабо́тает* всего́ три челове́ка. (编辑部的工作人员总共三个人。)
⑦ 做主语的"数词+名词"词组表示大约数量意义时,谓语通常用单数形式。例如:
О́коло двадцати́ студе́нтов *сда́ло* экза́мен. (大约 20 人通过了考试。)
Приблизи́тельно 30 часо́в *прошло́*. (大约 30 个小时过去了。)
(2) 在下列情况谓语倾向用复数。
① 表示主语的"数词+名词"词组中有数词 два, три, четы́ре(包括以 два, три, четы́ре 结尾的合成数词)和 дво́е, тро́е, че́тверо 时。例如:
Два ро́слых па́рня *подошли́* к нам. (两个魁梧的小伙子走到我们跟前。)
Больно́го *сопровожда́ли* дво́е: мужчи́на и же́нщина. (病人由两个人,即一男一女陪伴。)
Тро́е друзе́й *ожида́ли* меня́ в скве́ре. (三个朋友在街心公园等我。)
Нас бы́ло всего́ во́семь челове́к. Пя́теро *пошли́* на конце́рт, в общежи́тии *оста́лись* тро́е. (我们共八个人,五个人去听音乐会,宿舍里剩下三个人。)
但谓语用单数也可以。例如:
О́коло до́ма *росло́* две листве́нницы. (房子旁边有两株落叶松。)
Вско́ре из воро́т *вы́шло* тро́е. (过了不久从门里边走出来三个人。)
② 表示主语的"数词+名词"词组中有 все, э́ти, ука́занные, оста́вшиеся 等做定语时。例如:
Все пять лы́жников *прие́хали* одновре́менно. (五名滑雪者全部同时到达。)

Все двáдцать однá страни́ца *перепи́саны* зáново. (21页全都重抄了一遍。)

Эти сéмеро *появи́лись* недáвно. (这七位是不久前来的。)

Послéдние шéстеро больны́х *вы́писались*. (最后六个病人出院了。)

Приéхали остальны́е трóе. (剩下的三个人来了。)

③表示事物来源于不同的方向或向不同的方向分散时谓语用复数。例如：

Две маши́ны *разъéхались* в рáзные стóроны. (两辆汽车朝不同的方向开走了。)

(3) 在其他情况下谓语既可用单数，也可用复数，在口语中越来越多地倾向用复数。例如：

Пять рабóчих э́того цéха систематически *выполня́ют* план на 120%. (这个车间的五名工人经常完成计划的百分之一百二十。)

(4) 主语中有 мнóго, мáло, скóлько, нéсколько, бóльше, óколо 等词时，谓语常用单数，过去时用中性，强调主语的整体性。当特别强调行为的积极性时，也可用复数。例如：

На лéкции *бы́ло* мнóго нарóду. (听课的人很多。)

На э́тот раз в моём сочинéнии *бы́ло* мáло оши́бок. (这一次我的作文错误很少。)

Скóлько человéк *бы́ло* на собрáнии? (有多少人参加了会议？)

Нéсколько журнáлов *лежáло* на кру́глом столé. (有几本杂志放在圆桌上。)

(5) 用 большинствó, мнóжество, меньшинствó, часть, ряд, толпá 等词与名词第二格作主语时，谓语通常用单数，但主语指人时，也可用复数。例如：

На лéкции *присýтствует* большинствó студéнтов. (大多数同学都来上课。)

На плóщади *собралóсь* уже́мнóжество нарóда. (广场上聚集了很多人。)

У афи́ши *собралáсь* больша́я толпá людéй. (海报旁边聚集了一大群人。)

В подготóвке номерóв для новогóднего вéчера *учáствует* (*учáствовала*, *учáствовали*) тóлько часть студéнтов. (参加筹备新年晚会节目的只有部分同学。)

Большинствó заóчников хорошó *подготóвились* к экзáменам. (大多数函授生对考试做了充分的准备。)

集合名词之后有形动词短语或带 котóрый 的限定从句，而且形动词和 котóрый 是复数形式，谓语用复数形式。例如：

Большинствó молоды́х специали́стов, напрáвленных на Дáльний Востóк, неплóхо *спрáвились* с порýченной им рабóтой. (被派到远东去的大部分青年专家对托付给他们的工作完成得不错。)

Большинствó делегáтов, котóрые при́были на совещáние, *привезли́* с собóй интерéсные наýчные материáлы. (前来参加会议的大多数代表都带来了有意思的学术资料。)

四、系词和表语的一致关系

按动词谓语与主语一致的原则，静词性合成谓语中的系词在人称、性、数上应与主语一致。例如：

Отéц *был* учи́телем. (父亲当过教师。)

Он *бýдет* учёным. (他将成为科学家。)

但在以下几种类型的句子里，静词性合成谓语中的纯系词不与主语一致，而与合成谓语中的静词第一格表语一致，构成"逆向一致关系"。

（1）主语是表示数量意义的集合名词时。例如：

Большинство участников туристского похода *были* студенты.（参加旅行的大部分是大学生。）

Большая часть между ними *были* добрые люди.（他们中的大多数人都很善良。）

Большинство присутствовавших *были* старые, почтённые люди.（大多数与会者是德高望重的老人。）

（2）主语用代词 это 或 то 表示时。例如：

Это *была* интересная лекция.（这是一次有趣的讲演。）

Подошли двое, это *были* знакомые охотники.（有两个人走过来,这是熟识的猎人。）

（3）强调谓语,谓语本身带有逻辑重音时。例如：

Его кабинет *была* огромная комната.（他的办公室是个很大的房间。）

（4）主语使用动词不定式,谓语是静词性合成谓语,具有评价意义的名词或具有评价意义的词组做表语。例如：

Слушать этого певца — наслаждение.（听这位歌手演唱是享受。）

Быть в движении — естественное явление для детей.（爱动是孩子们的天性。）

Служить народу — большая радость.（为人民服务是最愉快的事。）

句中谓语的时间借助系词 быть 来表示。当系词是过去时和将来时的时候,表语可用第一格,也可用第五格,过去时用中性,将来时用单数第三人称,现在时用零位系词。例如：

Учиться — его мечта.

Учиться *было* его мечтою(его мечта).

Учиться *будет* его мечтою(его мечта).

表语使用第一格或第五格在修辞方面几乎没有区别,但在书面语中有时多用第五格。当表语是第一格的阴性名词时,系词 быть 的过去时也可用阴性形式,构成"逆向一致"关系。例如：

Учиться *была* его мечта.（学习是他的宿愿。）

Спорить *была* его привычка.（争论是他的习惯。）

五、不变格词做主语

不变格的词类或动词不定式做主语时,谓语用单数第三人称,过去时用中性。例如：

Вот *раздаётся*(*раздалось*) "ау" вдалеке.（远处传来了"啊乌"声。）

Курить на посту *запрещается*.（上班时不准吸烟。）

Обижаться *было* бы смешно.（抱怨该是多可笑。）

练习二十、选择正确答案。

1. Женщина с сыном _____（вошла, вошли）в магазин.

2. МИД США _____（направил, направило）ноту правительству РФ.

3. Полчаса _____（прошёл, прошло）.

4. Целые полчаса _____（прошло, прошли）.

5. Двадцать один студент _____（сдал, сдали）экзамены.

6. Все двадцать один студент _____（сдал, сдали）экзамен.

7. Кто из девушек _____ (опоздал, опоздала)?
8. Только двадцать студентов _____ (пришло, пришли) на вечер.
9. Сто сантиметров _____ (равно, равны) метру.
10. В комнате сидит женщина. Это _____ (был, была) секретарь директора.

带几个同等定语的名词的数

当一个名词同时被几个同等定语说明时,名词有时用单数,有时用复数。名词用单数还是用复数往往考虑到一系列因素的影响,如定语和被说明词的位置、连接同等定语的连接词的意义、名词和定语的组合是否具有术语性质、事物之间内在联系的紧密程度、定语的形态表达等。

1. 带有同等一致定语的名词常用单数的情况

(1)同等一致定语用对别连接词或区分连接词连接时,名词通常用单数形式。例如:

не хими́ческий, а физи́ческий *факульте́т*(不是化学系,而是物理系)
не италья́нский, а францу́зский *кинофи́льм*(不是意大利电影,而是法国电影)
Моско́вский и́ли Ки́евский *университе́т*(莫斯科大学或基辅大学)
песча́ная и́ли гли́нистая *по́чва*(沙土或粘土)
то на ве́рхней, то на ни́жней *по́лке*(有时在上铺,有时在下铺)
не то вчера́шний, не то сего́дняшний *день*(要么是昨天,要么是今天)
как в э́той, так и в сосе́дней *ко́мнате*(不论在这个房间,还是在那个房间)
не то́лько большо́й, но и ма́ленький *дом*(不仅大房子,而且小房子)

(2)同等定语用顺序数词或物主代词表示时,名词通常用单数形式。例如:

ме́жду пе́рвым и вторы́м *этажо́м*(第一层和第二层之间)
успе́хи пе́рвой и второ́й *пятиле́тки*(第一个和第二个五年计划的成就)
в ва́шем и на́шем *университе́те*(在你们和我们的大学里)
в на́шем и ва́шем *до́ме*(在我们和你们的房子里)
у моего́ и твоего́ *дру́га*(在我朋友和你朋友那里)
у моего́ и твоего́ *отца́*(在我父亲和你父亲那里)
в том и друго́м *слу́чае*(在这种和那种情况下)

此时,名词用复数也是可以的。例如:

ордена́ пе́рвой и второ́й *сте́пеней*(一等和二等勋章)
значе́ния пе́рвого и второ́го *ти́пов*(第一和第二类型的意义)

(3)如果被同等一致定语说明的名词只有单数或通常不用复数时,那么名词与一致定语均用单数。例如:

полити́ческое, экономи́ческое и культу́рное *сотру́дничество*(政治、经济与文化的合作)
чёрная и цветна́я *металлу́ргия*(钢铁工业和有色冶金业)
нау́чный и техни́ческий *прогре́сс*(科学技术的进步)
споко́йная и счастли́вая *жизнь*(宁静而幸福的生活)
сре́днее и вы́сшее *образова́ние*(中等和高等教育)
живо́тный и расти́тельный *мир*(动物界和植物界)
тяжёлая и лёгкая *промы́шленность*(重工业和轻工业)

如果被同等一致定语说明的名词有复数时，定语之后的名词可以用单数，也可以用复数。但如果该名词是专业术语，该词组是术语性的词组，最好用单数形式。例如：

существи́тельные мужско́го и же́нского *ро́да*（阳性和阴性名词）

глаго́лы действи́тельного и страда́тельного *зало́га*（主动态和被动态动词）

глаго́лы соверше́нного и несоверше́нного *ви́да*（完成体和未完成体动词）

головно́й и спинно́й *мозга́*（脑和脊髓）

(4) 几个同等定语列举事物的类别而不强调数量时，并且被说明的名词在定语之后，则该名词用单数。例如：

Успе́хи пе́рвой и второ́й *пятиле́тки* бы́ли огро́мны.（第一个和第二个五年计划的成就巨大。）

Коли́чество уча́щихся в нача́льной и сре́дней *шко́ле* ре́зко увели́чилось.（中小学生的数量急剧增加。）（此时不是强调有几个中学和小学，而是指"中学"、"小学"的类别）

(5) 同等定语用破折号连接，其两边是表示年份或世纪的顺序数词，而主导词是 год 或 век 时，如果表示"学年度"（уче́бный год）、"财政年度"（фина́нсовый год）、"预算年度"（бюдже́тный год）时，相邻年份说明的主导词 год 用单数，因为指的时间正好是一整年。例如：

2011 – 2012 уче́бный *год*（2011 – 2012 学年度）

1998/99 фина́нсовый *год*（1998 – 1999 财政年度）

当相邻的时间超过一年或者不强调时间时，既使是相邻年度做一致定语时，год 也要用复数，但当强调年度正好为一年时，虽无 уче́бный, фина́нсовый, бюдже́тный 等词时，год 仍用单数，而 век 在一般情况下，即使相邻两世纪不到一百年，век 也要用复数，如 на рубеже́ XIX-XX *веко́в*（十九世纪和二十世纪之交）。例如：

В 2000 – 2001 хозя́йственном *году́* до́ля промы́шленности составля́ла 53 проце́нта ВВП.（2000 – 2001 经济年度工业产值占 GDP 的 53%。）

1997 – 1998 уче́бный *год* ознамено́ван в Моско́вском университе́те но́выми успе́хами.（1997 – 1998 学年度莫斯科大学新成果很多。）

2. 带有同等一致定语的名词多用复数的情况

(1) 如果被说明的名词位于同等一致定语之前，则被说明的名词用复数。例如：

места́ пе́рвое и тре́тье（第一个和第三个座位）

пла́ны кварта́льный и годово́й（季度和年度计划）

фо́рмы зало́гов действи́тельного и страда́тельного（主动态和被动态形式）

Вы́полнены *пла́ны* кварта́льный и годово́й.（季度计划和年度计划已完成。）

Места́ пя́тое и шесто́е бы́ли за́няты.（第五个和第六个座位已经有人了。）

Мы лю́бим *чи́сла* — пя́тое, двадца́тое, потому́ что в э́ти дни получа́ют де́ньги.（我们喜欢五号和二十号，因为这两天发工资。）

Тут бы́ли *заво́ды* авиацио́нный, машинострои́тельный и металлурги́ческий.（这里有飞机制造厂、机械制造厂和冶金厂。）

(2) 名词表示的事物之间各自独立时。例如：

бли́зкая и да́льняя *ро́дственницы*（近亲和远亲）

пе́рвая и втора́я мировы́е *во́йны*（第一、第二次世界大战）

Бе́лый и чёрный *цвета́* в сва́дебном костю́ме — э́то обяза́тельно?（婚礼服上的黑、白颜色是

必须的吗？）

（3）如果强调多个事物，则被同等定语说明的主导词用复数形式。例如：

старшая и младшая *дочери*（大女儿和小女儿）

английский и русский *факультéты*（英语系和俄语系）

В рýсском и украи́нском *языкáх* соотноси́тельные словá нерéдко управля́ют одни́ми и тéми же фóрмами.（在俄语和乌克兰语中相应的词经常有相同的支配形式。）

练习二十一、选择正确答案。

1. Между первым и втором _____（этажом, этажами）есть лестничная площадка.
2. Я учусь на физическом, а не химическом _____（факультете, факультетах）.
3. Это не каменный, а деревянный _____（мост, мосты）.
4. _____（Место, Места）пятое и шестое заняты.
5. _____（Язык, Языки）русский и украинский нами изучены.

定语和同等成分的一致关系

一个定语说明由几个单数名词表示的同等成分时，定语可用单数（与最近的被说明词一致），也可用复数，这主要取决于定语的位置和整个句子的意义。例如：

Её *великолéпная* шýба и шля́па не произвели́ никако́го впечатле́ния.（她那华丽的皮大衣和帽子没有给人留下什么印象。）

Здесь зелене́ют *молоды́е* рожь и пшени́ца.（这里长着一片绿油油的黑麦和小麦的嫩苗。）

1. 定语用单数的情况

(1) 词组本身的意义很清楚，定语不仅说明邻近的名词，而且也说明后面的名词，这时定语可用单数。定语用单数时，要与邻近的名词同性。例如：

морско́й проли́в и отли́в（海水涨潮和退潮）

шко́льная успева́емость и дисципли́на（学校的学习成绩和纪律）

Ка́ждый студе́нт и студе́нтка должны́ учи́ться приле́жно.（每一个男女大学生都应该勤奋学习。）

Пе́тя был в *отдалённой* дере́вне и́ли городке́.（别佳去过遥远的农村或小城市。）

(2) 如果定语说明几个名词意思明显不致产生误解时，定语用单数。例如：

Издали́ услы́шал Влади́мир *необыкнове́нный* шум и го́вор.（弗拉基米尔从远处听到了非同一般的喧闹声和谈话声。）

(3) 被说明的名词具有抽象意义或集合意义时，形容词定语用单数形式。例如：

Вы успе́шно зако́нчите рабо́ту, е́сли бу́дете выполня́ть её с *пре́жним* усе́рдием и стара́нием.（如果您能像以往那样尽心竭力地工作，您一定能顺利地完成它。）

复数形式的定语说明两个以上的抽象名词很少见，具有书面语特点。例如：

Непреме́нные волне́ние и беспоко́йство за судьбу́ ребёнка сопу́тствуют проце́ссу воспита́ния дете́й.（对孩子命运必然的焦虑与不安是与对儿童的教育过程相伴的。）

(4) 被说明的名词的词义反映科学、技术、艺术、文学、社会、物质生活和精神生活等方面的内容时，形容词定语用单数形式。例如：

Росси́йская печа́ть, ра́дио и телеви́дение игра́ют большу́ю роль в распростране́нии образцо́вой литерату́рной ре́чи.（俄罗斯的报刊、广播和电视在推广规范的标准语方面起着很大的作用。）

Кита́йская литерату́ра и иску́сство по́льзуется успе́хом.（中国的文学艺术卓有成就。）

(5) 定语是物主代词 свой 时常用单数形式。例如：

Оте́ц с го́рдостью говори́л об успе́хах *своего́* сы́на и до́чери.（父亲自豪地谈及自己儿女的成就。）

Он пришёл к нам со *свое́й* сестро́й и бра́том.（他同姐姐和哥哥一起到我们这儿来了。）

(6) 同等成分之间有区分连接词时，形容词定语常用单数形式。例如：

Ученики́ охо́тно чита́ют *интере́сный* рома́н и́ли по́весть.（学生们乐意读有趣的长篇小说或

中篇小说。)

Он собирается купить *новый* костюм или пальто. (他准备买一套新西装或一件新大衣。)

但位于所说明的词之后的定语,特别是形动词独立短语,要用复数形式。例如:

Роман или повесть, *написанные* на тему воспитания молодёжи, с интересом будут прочитаны многими. (会有很多人津津乐道地阅读以对青年教育为题材的长篇或中篇小说。)

2. 定语用复数的情况

(1)当定语用单数形式难以确定只说明靠近的名词还是说明所有的同等成分时,定语用复数。例如:

Речь идёт о *способных* ученике и ученице. (谈的是一个有才华的男学生和一个有才华的女学生。)

Великолепные картина и керамика делали комнату уютной. (华美的绘画和陶器使房间显得很舒适。)

Престарелые отец и мать помогали сыну в его несложном хозяйстве. (年迈的父母帮助儿子料理简单的家务。)

Загоревшие брат и сестра вернулись из дома отдыха. (皮肤晒得黝黑的兄妹从休养所回来了。)

(2)定语位于同等成分之后,用复数形式。例如:

Визг, шум и беготня, *доносящиеся* из соседнего сада, мешали нам сосредоточиться. (从隔壁花园传来的尖叫、喧哗、乱跑声影响我们集中精力。)

练习二十二、选择正确答案。

1. _____(Мой, Мои)отец и мать здесь жили.

2. Напишите _____(свой, свои)адрес, имя и отчество.

3. _____(Каждый, Каждые)ученик и ученица хорошо учится.

4. Мы изучаем _____(русскую, русские)литературу и искусство.

5. Он читает _____(интересный, интересные)роман или повесть.

谓语和同等主语的一致关系

句中有几个同等主语时,谓语与它们的一致关系决定于许多条件,如词序、连接词的意义、主语和谓语的词汇意义等。

一、同等主语用联合连接词或不用连接词连接

1. 同等主语在谓语之前时,谓语通常用复数。例如:

Са́ша и Ю́ра *у́чатся* на второ́м ку́рсе. (萨沙和尤拉在二年级学习。)

Шум и крик *раздава́лись* везде́. (到处是喧嚷声和叫喊声。)

Воло́дя и Ко́ля на холме́ *сидя́т*. (瓦洛佳和科里亚坐在小山上。)

Мо́лодость и приро́да *ускори́ли* моё выздоровле́ние. (青春和大自然加速了我的康复。)

(1) 做主语的名词习惯上不用复数形式,即使代表两个以上的事物也要使用单数,如нау́чный и техни́ческий *прогре́сс*(科学和技术的进步),чёрная и цветна́я *металлу́ргия*(钢铁工业和有色冶金业)。在这种情况下,谓语可用单数,与主语取得语法上的一致;也可用复数,与谓语取得意义上的一致。谓语用单数,其目的在于指出所列举的事物的共同性,用复数是为了强调主体各自独立的特点。例如:

① А́томное и водоро́дное ору́жие *должно́* быть уничто́жено. (核武器和氢武器应当销毁。)

② Тяжёлая и лёгкая промы́шленность *перевы́полнили* свои́ пла́ны. (重工业和轻工业都超额完成了计划。)

例①谓语用单数指出"武器"这一同一性,无论核武器,还是氢武器都是武器,都应当销毁;例②谓语用复数,强调行为主体各自的独立性。

③ Францу́зская и росси́йская печа́ть *подчёркивали* значе́ние дости́гнутого соглаше́ния. (法国和俄罗斯报刊强调了所达成协议的意义。)

(2) 被列举的事物、现象在意义上联系紧密或者形容词与名词的组合接近术语时,谓语用复数形式。例如:

Пе́рвый и второ́й день боле́зни *прошли́* споко́йно. (生病的第一天和第二天平静地过去了。)

Моя́ и твоя́ ма́ма *беспоко́ились* о нас. (我妈妈和你妈妈惦记我们。)

Проше́дшее и бу́дущее вре́мя глаго́ла *ука́зывают* на предше́ствующее и после́дующее де́йствие по отноше́нию к моме́нту ре́чи. (动词过去时和将来时表示在"说话时刻"之前和之后发生的行为。)

2. 同等主语在谓语之后,而动词谓语不表示积极的行为时,谓语通常与其后面最靠近的那一个主语一致;如果动词谓语表示人物的共同行为时,谓语通常用复数。例如:

В дере́вне *послы́шался* то́пот и кри́ки. (村子里听到了脚步声和叫喊声。)

Мне *нра́вится* его́ споко́йствие и ро́вная речь. (我喜欢他的深沉和温和的谈吐。)

В дере́вне *рабо́тают* трактори́стами оте́ц и сын. (在村里父子都是拖拉机手。)

На заседа́нии *прису́тствовали* дире́ктор шко́лы Ивано́в, преподава́тельница матема́тики Серге́ева и други́е. (出席会议的有校长伊万诺夫、数学教师谢尔盖耶娃等人。)

В кварти́ре но́мер пять *жи́ли* инжене́р, его́ жена́ и его́ дочь. (在 5 号住宅里住着工程师、他的妻子和女儿。)

3. 如果同等主语是用连接词 ни 连接,那么谓语与主语的一致关系可以有两种情况:

(1) 同等主语用抽象名词表达的时候,谓语一般用单数。例如:

Сюда́ не *проника́л* ни свет, ни жара́. (这里既不透光,也不透热。)

Ни сжа́тие, ни охлажде́ние не *помога́ло*. (无论是压缩还是冷却都不管用。)

(2) 同等主语是表示人的名词的时候,谓语一般用复数。例如:

Ни он, ни она́ ни сло́ва не *промо́лвили*. (无论是他还是她一句话都没说。)

Ни оте́ц, ни мать не *согласи́лись*. (无论父亲还是母亲都不同意。)

4. 同等主语中如果有第一人称代词 я,谓语用复数第一人称;如有第二人称代词 ты,谓语用复数第二人称;其他情况谓语则用复数第三人称。例如:

Я и ты *смо́жем* вы́полнить зада́ние в срок. (我和你一定能按时完成任务。)

Я и он *смо́жем* вы́полнить зада́ние в срок. (我和他一定能按时完成任务。)

Я и мои́ друзья́ *ока́жем* вам по́мощь, е́сли э́то необходи́мо. (如果必要的话,我和我的朋友们一定帮助你们。)

Ты и он *смо́жете* вы́полнить зада́ние в срок. (你和他一定能按时完成任务。)

Вы и ва́ши друзья́ *приглаша́етесь* на выпускно́й ве́чер. (您和您的朋友被邀请参加毕业晚会。)

5. 同等主语中重复使用 ка́ждый, вся́кий, любо́й, весь, никако́й, ни оди́н 等这些词时,谓语与它相邻的主语保持一致。例如:

Вся Евро́па, вся Се́верная Аме́рика *смотре́ла* телепереда́чу о встре́че в Москве́ пе́рвого на Земле́ космона́вта. (整个欧洲、整个北美都在观看莫斯科迎接地球上第一个宇航员的电视转播。)

Ка́ждый живо́й челове́к Евро́пы и Аме́рики, ка́ждый го́род, ка́ждое де́рево *тре́бует* тепе́рь наступле́ния. (现在每一个活着的欧洲人和美国人、每一座城市、每一棵树都渴望着进攻。)

6. 当各同等主语的意义相近时,谓语用单数,不取决于谓语的位置。例如:

Сла́ва и популя́рность тала́нтливого писа́теля всё *растёт*. (这位天才作家的荣誉和声望与日俱增。)

二、同等主语用对别连接词连接

同等主语在前时,谓语与行为的实际发出者的主语一致,同等主语在后时,谓语与最近的主语一致。例如:

Дочь, а не сын *сопровожда́ла* роди́телей. (是女儿,不是儿子陪伴双亲。)

Сын, а не дочь *сопровожда́л* роди́телей. (是儿子,不是女儿陪伴双亲。)

Не ты, а судьба́ *винова́та*. (不是你,而是命运的错。)

Ушёл в по́ле не сын, а мать. (去田里的不是儿子,而是母亲。)

Ушла́ в по́ле не мать, а сын. (去田里的不是母亲,而是儿子。)

Родителей *сопровождал* не сын, а дочь. (陪伴双亲的不是儿子,而是女儿。)
Пошёл не Максим, а Надя. (去的不是马克西姆,而是娜佳。)

三、同等主语用对比连接词连接

1. 如果同等主语用连接词 как..., так и...(相当于 и..., и...)连接,谓语用复数。例如:
Растением одинаково *необходимы* как влага, так и теплота солнечных лучей. (无论是水分还是光照,都是植物生长所必需的。)

2. 用连接词 не только..., но и...; не столько..., сколько... 时,谓语与同等主语中和它相邻的主语保持一致。例如:
Не только большое, но и малое в жизни *должно интересовать* наблюдательного писателя. (生活中无论大事还是小事都应引起善于观察的作家的兴趣。)
Для этого *нужна* не столько сила, сколько ловкость. (做这件事需要的不是蛮力,而是巧劲。)

四、同等主语用区分连接词连接

1. 动词谓语表示的行为由几个同等主语表示的人物中的一个去进行或实现时,谓语通常用单数。例如:
Завтра в театр *пойдёт* брат или сестра. (明天弟弟或妹妹去看剧。)
Не то туман, не то дым *покрыл* всю рощу. (不知道是雾还是烟弥漫了整个小树林。)

2. 同等主语在谓语之前而又属于不同的语法性别时,谓语要用复数。例如:
Дочь или сын *провожали* родителей. (双亲由女儿或儿子送别。)
Действие или признак подлежащего *выражены* сказуемым. (主语的行为或特征由谓语表示。)
Ты или твой брат *поедете* встречать дядю. (你或是你弟弟去接叔叔。)
Врач или медсестра постоянно *дежурили* у его кровати. (大夫或护士经常在他的床前护理。)
当同等主语性别一致,谓语在后时,谓语用复数的情况较少,一般用单数形式。例如:
Люба или Катя *садится* в автобус. (柳芭或卡佳坐上了汽车。)

3. 如果同等主语是由区分连接词连接,谓语在主语之前,谓语通常用单数,以表示它和主语中的某一个相联系。例如:
Сутками *идёт* не то дождь, не то снег. (整天整夜地下,又像雨,又像雪。)
К нему *пойдёт* или брат, или сестра. (或者弟弟,或者姐姐到他那儿去。)
На лице у него попеременно *выступал* не то страх, не то досада. (他的脸上间或流露出不知是恐惧,还是苦恼的表情。)

练习二十三、选择正确答案。

1. Антон, а не Анна _____ (пришёл, пришла).
2. _____ (Пришёл, Пришла) Антон, а не Анна.
3. _____ (Пришёл, Пришла) не Анна, а Антон.

4. Ни одна травка внизу, ни один лист верхней ветви дерева не _____ (шевелился, шевелились).
5. Он, а не она _____ (встречался, встречалась) со многими простыми людьми.
6. Мне _____ (угнетала, угнетали) не боль, а тяжёлое, тупое недоумение.
7. Олег размышлял, либо Сергей, либо Любка _____ (принесла, принесли) листовки.
8. Не то насмешка, не то презрение _____ (появилось, появились) на лице Оли.
9. Шум и крик _____ (раздаётся, раздаются) везде.
10. В деревне _____ (слышался, слышались) топот и крик.

参考答案

练习一

1. находился
2. Этот
3. настоящая
4. настоящий
5. участвовало
6. лёгкое
7. чёрный
8. отличное
9. комфортабельное
10. интересное
11. занимают
12. заявила
13. Новые
14. стоял
15. прошло
16. преподавателем
17. военный лётчик
18. лаборантом
19. Уехала
20. сидела

практика 练习二

1. стоят
2. уехала
3. любит
4. солнца
5. руку
6. шапки
7. рубашке
8. ошибки
9. вопросы, вопросов
10. зубов
11. карандашей
12. Листья
13. листов
14. цветы
15. цвета
16. большой интерес
17. Общественные интересы
18. большой выбор
19. выборах
20. работы

练习三

1. молоко
2. чаю
3. крепкого чая
4. свою сестру
5. куска
6. мира
7. получаса
8. лесу
9. лесе
10. Международном физическом годе
11. прошлом году
12. первом ряду
13. ряде
14. незнакомое животное
15. интересных животных
16. Евгения Онегина
17. А. С. Пушкина
18. покойника
19. вашу дочь
20. ваших дочерей
21. свою мать
22. своих матерей
23. кадры
24. молодёжь
25. народ
26. Москвича
27. собак
28. волонтёры
29. гости
30. свою семью

练习四

1. велики
2. живой
3. глухой
4. глух
5. неважно
6. правильно
7. хорошая
8. умён
9. здоровы
10. согласен
11. похожа
12. Интересны
13. Прекрасна
14. уверен
15. знакомая
16. спокойное
17. сложна
18. счастливой
19. ответственным
20. необходима

练习五

1. светлее
2. более дешёвую
3. выше
4. потруднее
5. более интересном
6. громче
7. быстрее
8. больше
9. большей
10. большей

练习六

1. два стола, две доски
2. пять лет
3. два больных, две больные
4. три мороженых
5. четыре молодых человека
6. пять стульев
7. тридцать два преподавателя
8. одиннадцать лет
9. двадцать один год
10. двух красивых студентов
11. пять молодых преподавателей
12. двадцать два студента
13. пять студентов
14. двадцать две студентки
15. романа
16. целых два часа
17. четыре человека
18. карандашей
19. сдал
20. сдали

练习七

1. часов
2. часов
3. ста студентам
4. сотне студентов
5. тысячей рублей
6. две тысячи человек
7. миллионами лет
8. трём тысячам читателей
9. пятью тысячами новых книг
10. рублей

练习八

1. трое ворот
2. двое студентов
3. пятеро
4. два доцента
5. трое
6. двух
7. трое поросят
8. двух
9. двоих
10. три сына, трое
11. двадцати трёх
12. четверо
13. шести штук часов
14. двадцать два дня
15. четыре пушистых котят

练习九

1. много студентов 或 многих студентов
2. немногими

3. скольку 4. карандашей
5. несколько часов

练习十

1. себе 2. себе 3. себя, него
4. ей 5. себе

练习十一

1. свой 2. своим 3. его
4. своя 5. его 6. её
7. её 8. свои 9. своими 或 нашими
10. её

练习十二

1. каждый 2. всякими 3. любой
4. всякую 5. любой 6. Каждое
7. каждое 8. каждые 9. всякая
10. любой 11. каждой 12. всякие
13. всякой 14. любым 15. Каждый
16. всякие 17. всякий 18. любое
19. всяких 20. всякие 21. каждые
22. каждый 23. каждый 24. всяких
25. каждом 26. самым 27. него самого
28. самим 29. са́мой 30. самого́

练习十三

1. что-нибудь 2. Кто-нибудь 3. когда-то
4. кое-какие 5. чья-то 6. что-нибудь
7. куда-нибудь 8. что-нибудь 9. кое-что
10. что-то 11. кто-нибудь 12. что-нибудь
13. кто-нибудь 14. что-то 15. каких-нибудь

练习十四

1. переводить, перевести 2. вставать 3. учить
4. открыть 5. закрыть 6. смотреть
7. останавливаться 8. объяснять 9. звать
10. писать 11. писать 12. курить
13. посещать 14. обедать 15. отвечать
16. произносить 17. переводить 18. позавтракать
19. прочитать 20. достать 21. купить

22. встретиться	23. написать	24. вернуться
25. покупать	26. смотреть	27. соглашаться
28. оставаться	29. задерживаться	30. входить
31. войти	32. повторять	33. прийти
34. Пиши	35. забывайте	36. принимайте
37. Говорите	38. Вставай	39. Пишите
40. Войдите, Входи	41. Приходите	42. Приходите
43. Платите	44. садитесь, выбирайте	45. ставь
46. опаздывай	47. ходите	48. Разденьтесь
49. поднимите руку	50. дайте, платите	51. Скажите, Говорите
52. Зайдите	53. упадите	54. простудитесь
55. опоздай		

练习十五

1. опаздываем	2. помогал	3. заканчивал
4. опаздывал	5. приближался	6. писали
7. открывал	8. прощались	9. возвращался
10. возвращались	11. объяснял	12. сдавала
13. отдыхала, отдохнула	14. брала	15. выходил
16. приходил	17. оставляла	18. сдавала
19. закрывали	20. брал	21. включал
22. обедал	23. уговаривали	24. заказывал
25. писали	26. встречал	27. звонил
28. сдавали	29. переводил	30. получал
31. сдали	32. останавливаемся	33. поработал
34. вернулись	35. побежали	36. полетели
37. поужинала	38. легла	39. выучили
40. убрала	41. взял, брал	42. взял
43. пришёл	44. повесил	45. перевёл
46. сдаст	47. выступила	48. выступил
49. пришёл	50. устали	51. скрылась
52. начал было	53. буду вставать	54. будет начинаться
55. будет поступать	56. будем отдыхать	57. будет сдавать
58. буду учить	59. переведёт	60. прочитаю
61. заболеет	62. ответит	63. решит
64. скажу	65. выучу	

练习十六

1. ходит	2. езжу	3. едет
4. ходит	5. ходить	6. ходит

7. ездил	8. ездил	9. идёт
10. шёл	11. еду, еду	12. везёт
13. ехал	14. летит	15. летел
16. идёт	17. идёшь, ходить	18. ведёт
19. ходить	20. ходить	21. плавает, плывёт
22. ходил	23. ходила	24. ездила
25. ходил	26. ходил	27. ходить
28. будешь идти	29. будете идти	30. поплыл
31. пошли	32. обошёл	33. заходил
34. входил	35. уезжала	36. приходил, приходил
37. приезжал	38. уезжал	39. вышел
40. уходил	41. уходил	42. выходил
43. выходила	44. уезжал	45. пришёл
46. сходил	47. приехали	48. ушёл
49. приносил	50. приходила	51. поехал
52. приходила, пришла	53. приехал	54. пришёл
55. уезжает		

练习十七

1. в каникулы	2. в газете	3. на газете
4. в автобусе	5. На автобусе	6. в такси
7. на такси	8. в аэропорт	9. на аэродром
10. на стул	11. в кресло	12. на поле
13. В картофельном поле	14. на Кубе, в южной части	15. На следующей неделе
16. В будущем году	17. На следующий день	18. В день рождения
19. в неделю	20. В неделе	21. в два часа
22. В школьные годы	23. В восьмидесятые годы 或 В восьмидесятых годах	
24. В прошлом году	25. На прошлой неделе	26. На пятой минуте
27. в трудную минуту	28. В тот же миг	29. В 16 лет
30. В молодости	31. В будущем	32. в 21 – ом веке, в век
33. На другой день	34. На этой неделе	35. В такой весенний месяц
36. в год	37. на две недели	38. В старости
39. В юношеские годы	40. в апреле	

练习十八

1. из	2. Из	3. Из-за
4. от	5. Благодаря	6. Из-за
7. От	8. По	9. Из
10. Из	11. От	12. От
13. от	14. из	15. От

练习十九

1. На нашем факультете 100 студентов.　　2. К нам пришёл Алёша.
3. Мама пошла в магазин.　　4. Я получил книгу.
5. Она уехала в Пекин в субботу.

练习二十

1. вошла 或 вошли　　2. направил　　3. прошло
4. прошли　　5. сдал　　6. сдали
7. опоздал　　8. пришло　　9. равно
10. была

练习二十一

1. этажом 或 этажами　　2. факультете　　3. мост
4. Места　　5. Языки

练习二十二

1. Мой　　2. свой　　3. Каждый
4. русскую　　5. интересный

练习二十三

1. пришёл　　2. Пришёл　　3. Пришла
4. шевелились　　5. встречался　　6. угнетала
7. принесли　　8. появилось　　9. раздаются
10. слышался

参考文献

[1] АН СССР. Русская грамматика[M]. Москва:[s.n.], 1980.
[2] БЕЛОШАПКОВА В А. Современный русский язык. Синтаксис[M]. Москва:[s.n.], 1977.
[3] ВАЛГИНА Н С. Синтаксис современного русского языка[M]. Москва:[s.n.], 1978.
[4] ВСЕВОЛОДОВА М В, Владимирский Е Ю. Способы выражения пространственных отношений в современном русском языке[M]. Москва:[s.n.], 1982.
[5] ГЛАЗУНОВА О И. Грамматика русского языка[M]. Санкт-Петербург:[s.n.], 2000.
[6] ГЛАЗУНОВА О И. Грамматика русского языка в упражнениях[M]. Санкт-Петербург:[s.n.], 2003.
[7] ГОЛУБЕВА А В, Задорина А И, Кожевникова Л П, Лисицына Т А. Сборник упражнений по грамматике русского языка[M]. Санкт-Петербург:[s.n.], 2003.
[8] ИВАНОВА И С, КАРАМЫШЕВА Л М, КУПРИЯНОВА Т Ф, МИРОШНИКОВА М Г. Русский язык: практический синтаксис[M]. Москва:[s.n.], 2004.
[9] КОЛЕСНИКОВА В А. Лексика. Грамматика[M]. Москва:[s.n.], 1986.
[10] ЛЕКАНТ П А. Сборник упражнений по синтаксису современного русского языка[M]. Москва:[s.n.], 1989.
[11] РОЗЕНТАЛЬ Д Э. Практическая стилистика русского языка[M]. Москва:[s.n.], 1987.
[12] СКВОРЦОВА Г Л. Употребление видов глагола в русском языке[M]. Москва:[s.n.], 2004.
[13] СКВОПЦОВА Г Л. Глаголы движения без ошибок[M]. Москва:[s.n.], 2003.
[14] 陈国亭. 现代俄语语法研究[M]. 哈尔滨:哈尔滨工业大学出版社,1999.
[15] 高等学校外语专业教学指导委员会俄语教学指导分委员会. 高等学校俄语专业教学大纲[M]. 北京:外语教学与研究出版社,2012.
[16] 龚人放等. 俄语语法:词法[M]. 北京:北京大学出版社,1983.
[17] 顾霞君,王德孝. 俄语语法修辞[M]. 上海:上海译文出版社,1989.
[18] 胡孟浩主译. 俄语语法:上,下[M]. 上海:上海外语教育出版社,1991.
[19] 刘晓波,吴贻翼,何端苏. 俄语语法:句法[M]. 北京:北京大学出版社,1982.
[20] 王利. 俄语名词的数范畴[D]. 哈尔滨:哈尔滨工业大学硕士论文,1996.
[21] 王利众. 俄汉科学语言句法对比研究[D]. 哈尔滨:黑龙江大学博士论文,2001.
[22] 王利众. 全国高等学校俄语专业八级考试历年真题解析[M]. 哈尔滨:哈尔滨工业大学出版社,2013.
[23] 王利众,王琳,王婵娟. 新编俄语专业语法与四、八级模拟训练[M]. 哈尔滨:哈尔滨工业大学出版社,2005.
[24] 王畛. 科技俄语阅读手册[M]. 北京:化学工业出版社,1989.
[25] 吴贻翼. 现代俄语复合句句法学[M]. 北京:北京大学出版社,1999.

[26]吴贻翼.现代俄语功能语法概要[M].北京:北京大学出版社,1993.
[27]吴贻翼.现代俄语句法学[M].北京:北京大学出版社,1988.
[28]信德麟,张会森,华劭.俄语语法[M].北京:外语教学与研究出版社,1990.
[29]张会森.最新俄语语法[M].北京:商务印书馆,2000.
[30]张会森.九十年代俄语的变化与发展[M].北京:商务印书馆,1999.
[31]张会森.现代俄语的变化与发展[M].北京:人民教育出版社,1984.
[32]张会森,华劭.现代俄语语法新编:上,下[M].北京:商务印书馆,1979.
[33]张沛恒.俄语解难析疑[M].北京:人民教育出版社,1985.
[34]中国人民大学俄语教研室.俄语词法和拼写法难题解答[M].北京:商务印书馆,1989.
[35]周春祥.俄语实用语法[M].上海:上海译文出版社,2004.
[36]周春祥,王昭珄.俄语语法专题研究[M].北京:北京师范大学出版社,1991.

（在完成本书的过程中作者还参阅了《中国俄语教学》《俄语学习》等刊物,谨向这些文章的作者表示衷心感谢!）